Elisabeth Linseisen / Charlotte Uzarewicz
Aktuelle Pflegethemen lehren

Dimensionen Sozialer Arbeit und der Pflege Band 14

Herausgegeben von der Katholischen Stiftungsfachhochschule München
Abteilungen Benediktbeuern und München

Aktuelle Pflegethemen lehren

Wissenschaftliche Praxis in der Pflegeausbildung

Herausgegeben von
Elisabeth Linseisen und Charlotte Uzarewicz

mit Beiträgen von

Michael Bossle, Astrid Elsbernd, Monika Fröschl,
Constanze Giese, Peter Hammerschmid, Helen Kohlen,
Elisabeth Linseisen, Charlotte Uzarewicz

 Lucius & Lucius · Stuttgart · 2013

Anschrift der Herausgeberinnen

Elisabeth Linseisen MScN
Kantstraße 7a
80807 München
elinseisen@ksfh-mail.de

Prof. Dr. Charlotte Uzarewicz
Kath. Stiftungsfachhochschule München
Preysingstr. 83
81667 München
charlotte.uzarewicz@online.de

Foto: Bernhard Lemaire

Bibliographische Information der Deutschen Nationalbibliothek

Die Deutsche Nationalbibliothek verzeichnet diese Publikation in der Deutschen Nationalbibliografie; detaillierte bibliografische Daten sind im Internet über http://dnb.ddb.de abrufbar

ISBN 978-3-8282-0575-8

© Lucius & Lucius Verlagsgesellschaft mbH Stuttgart 2013
Gerokstraße 51 · D-70184 Stuttgart
www.luciusverlag.com

Das Werk einschließlich aller seiner Teile ist urheberrechtlich geschützt. Jede Verwertung außerhalb der engen Grenzen des Urheberrechtsgesetzes ist ohne Zustimmung des Verlags unzulässig und strafbar. Das gilt insbesondere für Vervielfältigungen, Übersetzungen, Mikroverfilmungen und die Einspeicherung und Verarbeitung in elektronischen Systemen.

Umschlaggestaltung: I. Devaux, Stuttgart
Druck und Bindung: Rosch-Buch Scheßlitz
Printed in Germany

Inhalt

Vorwort *Anna Maria Luger / Elisabeth Huber*	VII
Einleitung *Charlotte Uzarewicz / Elisabeth Linseisen*	1
Der Umgang mit Wissen-schaffen – was kann das in der Pflege(ausbildung) bedeuten? *Elisabeth Linseisen*	5
Pflegewissenschaftliche Fundierung der Pflegelehre – Herausforderungen an eine fachfundierte Pflegelehre *Astrid Elsbernd*	27
Handlungsorientierung: Dreh- und Angelpunkt für die Weiterentwicklung von Unterricht und Schule *Michael Bossle*	41
Wissen – Können – Sollen: Ethik in der Pflegebildung als Ethik eines Careberufes. Vorüberlegungen zur Förderung (pflege)ethischer Kompetenz *Constanze Giese*	59
Wie kommt das Gefühl in den Kopf? Geschichte(n) zum Thema Verantwortung für die Ethiklehre in der Pflege *Helen Kohlen*	79
Phänomenologisches Lehren und Lernen in der Pflege *Charlotte Uzarewicz*	97
Auf dem Weg zum Gesund-Sein. Gesundheitsförderung lernen und gesundheitsfördernd lehren *Monika Fröschl*	117
Beratung lehren. Grundsätze, Didaktik und Praxis *Peter Hammerschmid*	127
Räume zum Lernen – Räume zum Lehren? Über atmosphärische Einflüsse und Gestaltungsmöglichkeiten *Charlotte Uzarewicz*	143
Über die Autoren/innen	163

Vorwort

Das vorliegende Sammelwerk ist Resultat einer Fortbildungsreihe, die seit 2007 in Kooperation mit dem Institut für Fort- und Weiterbildung, Forschung und Entwicklung (IF) der Katholischen Stiftungsfachhochschule München (KSFH), dem Katholischen Pflegeverband e.V., Landesgruppe Bayern (KPV) und dem Katholischen Krankenhausverband in Bayern e.V. (KKVB) angeboten wird.

KPV und KKVB sehen die wissenschaftliche Fundierung der beruflichen Pflege als elementaren Bestandteil pflegerischen Handelns. Die Vernetzung unserer Verbände mit Hochschulen war und ist uns deshalb ein großes Anliegen. Das IF bietet akademische Fort- und Weiterbildungen seit seinem Bestehen an, ab 2005 wurde das Angebot auch für Pflegende erweitert. Deshalb war es für uns damals naheliegend, eine Kooperation einzugehen. Sie hat sich aus unserer Sicht als sehr wertvoll und erfolgreich erwiesen. Als Beispiel sei hier nur die Transformation von Wissen aus der Hochschule in die Praxis unserer Verbandsmitglieder bzw. -einrichtungen genannt; wir können im Gegenzug wichtige Themen der Praxis in die Gestaltung der akademischen Fort- und Weiterbildungsangebote einbringen.

Ursprünglich hatten wir als Zielgruppe für die Fortbildungsreihe v.a. an Lehrende in der Pflege gedacht – inzwischen durften wir erfreut feststellen, dass die akademischen Fortbildungsangebote vermehrt auch von Pflegenden aus anderen Bereichen nachgefragt werden.

Wir begrüßen es deshalb sehr, dass die Herausgeberinnen, Autorinnen und Autoren nun mit Hilfe dieses Sammelwerkes einen Teil ihres Wissens, das sie u.a. in den Angeboten vermitteln, einer breiteren Öffentlichkeit zur Verfügung stellen.

Wir wünschen Ihnen ein inspirierendes Lesevergnügen und erhellende Momente!

Regensburg, im November 2012

Anna Maria Luger M.A.	Elisabeth Huber
Geschäftsführerin	Geschäftsführerin
Katholischer Pflegeverband e.V.	Katholischer Krankenhausverband in Bayern e.V.

Einleitung

Wenn die Pflegepraxis im Wandel ist, ändert sich auch die Ausbildung der Pflegenden. Die Lehrenden in den Pflegeberufen sind in den letzten Jahren ebenso mit vielfältigen Neuerungen konfrontiert worden. Zum einen werden von Seiten der Pädagogik unterschiedliche didaktische Ansätze für den Bildungsbereich neu diskutiert, zum anderen entwickeln sich die Pflegewissenschaft und die Bezugsdisziplinen schnell weiter.

Von Seiten des Gesetzgebers ist für die Pflegeberufe in Deutschland eine pflegewissenschaftlich fundierte Ausbildung festgeschrieben, die auf den aktuellen (pflege)wissenschaftlichen Erkenntnissen fußt. Den Schulen und damit den Lehrenden wird dabei die übergeordnete Verantwortung für die gesamte Ausbildung übertragen – dies ist im Eckpunktepapier der Bund-Länder-Arbeitsgruppe zur Vorbereitung des Entwurfs eines zukünftigen neuen Pflegeberufegesetzes vom März 2012 erneut explizit formuliert. Neben dieser Verantwortung sind die Lehrenden zugleich für die Aneignung der jeweilig neuesten Erkenntnisse für sich verantwortlich. Bereits kurz nach der Verabschiedung der derzeitig gültigen Ausbildungsgesetze für die Pflegeberufe, in denen damals neue Themen wie Beratung und Gesundheitsförderung fokussiert wurden, meldeten Lehrerinnen und Lehrer von Berufsfachschulen für Pflegeberufe Bedarf an inhaltlichen und methodischen Fort- und Weiterbildungen für ihre spezielle Zielgruppe. Das Institut für Fort- und Weiterbildung, Forschung und Entwicklung (IF) der Katholischen Stiftungsfachhochschule München (KSFH) hat zusammen mit dem Katholischen Pflegeverband e.V., Landesgruppe Bayern (KPV) und dem Katholischen Krankenhausverband in Bayern e.V. (KKVB) entsprechende Seminare konzipiert. Aus diesen Veranstaltungen entstanden im Laufe der letzten Jahre Module mit unterschiedlichen Schwerpunktthemen, die nun in diesem Sammelwerk verschriftet wurden.

Das Sammelwerk folgt einem deduktiven Aufbau. *Linseisen* erläutert im ersten grundlegenden Aufsatz wissenschaftliches Arbeiten für die Pflegebildung. Dabei gibt sie einen kurzen wissenschaftshistorischen Einblick in die Entstehung von Denksystemen. Andererseits führt sie aber auch auf eine sehr anwendungsbezogene und pragmatische Weise in wissenschaftliches Denken ein, vermittelt verschiedene Verständnisweisen von Wissenschaft für die Pflegebildung und zeigt die Ziele und den damit verbundenen Sinn für die Pflegepraxis deutlich auf. *Elsbernd* nimmt diese Thematik auf und beleuchtet aus berufspädagogischer Sicht die Frage, wie viel Fachwissenschaft Pflegelehrende benötigen. Im Vergleich mit anderen Berufen und deren pädagogischen und fachlichen Grundlagen zeigt sie die Situation in den Pflegeausbildungen auf und leitet daraus pflegefachliche

Anforderungen ab. *Bossle* fokussiert diese allgemein theoretischen Überlegungen dann auf das Thema des Handlungsorientierten Unterrichts und zeigt aus historischer und aus fachdidaktischer Perspektive die methodischen Konkretisierungen für Lehr-Lernsituationen auf. Abschließend erläutert er aus philosophischer Perspektive die Auswirkungen auf die Lehrenden und die Lernenden. *Giese* schließt grundsätzliche Überlegungen zur ethischen Kompetenzentwicklung an. Nach einer ebenfalls historischen Einleitung zeigt sie die normativ-ethischen Bezüge auf und expliziert die verschiedenen Verantwortungsbereiche der Pflege, die in der Ausbildung vermittelt werden müssen. *Kohlen* konkretisiert diese ethisch-theoretischen Überlegungen für den pflegeethischen Unterricht. Anhand des Themas ‚Umgang mit Geschichte(n)' und Verantwortung zeigt sie sehr praxisnah, wie Schüler und Schülerinnen für ethische Fragestellungen sensibilisiert werden können. Neben Überlegungen zum Hintergrund der deutschen Geschichte gibt sie methodisch-didaktische Hinweise zur Auswahl und Analyse von Fallgeschichten. *Uzarewicz* adaptiert die phänomenologische Methode aus der Klassischen und Neuen Phänomenologie auf die Anwendungsbereiche der Pflege. Sie erläutert den Erkenntnisgewinn eines solchen Vorgehens und beschreibt die strukturellen Voraussetzungen, um diese Methode im Rahmen der Ausbildung anwenden zu können. Schritt für Schritt führt sie in diesen Lehr-Lernansatz ein. *Fröschl* stellt ein aktuelles, aber immer noch wenig beachtetes Thema in der Pflegeausbildung vor: Gesundheitsförderung lehren und lernen. Nach den theoretischen Grundlagen der Gesundheitsförderung erläutert sie die Handlungsstrategien sowie die verschiedenen Ebenen der Gesund-Seins-Förderung. Hier wird schnell klar, dass es nicht nur um Handlungsstrategien gehen kann, sondern Lehrende eine bestimmte Haltung offenbaren müssen, soll Gesund-Seins-Förderung tatsächlich im Pflegeberuf wirkungsmächtig werden. *Hammerschmid* differenziert in seinem Artikel Beratung, Schulung, Pflegeberatung und die Therapie. Nachdem er in die Begrifflichkeiten eingeführt hat, stellt er verschiedene Beratungskonzepte und Modelle vor und steckt die Rahmenbedingungen für Beratung in der Pflege ab. *Uzarewicz* schließt den Band mit einem mittelbar bedeutungsvollen Thema für die Pflegelehrenden ab. Sie führt in die Grundlagen der ästhetischen Theorie und der Leibphänomenologie ein und stellt in ihrem Konzept zur Raumanalyse mögliche Wirkungsweisen von lernförderlichen Atmosphären vor. Am Ende findet sich ein Leitfaden für die Analyse und Gestaltung von lernförderlichen Atmosphären in Lehr-Lernräumen.

Der vorliegende Band ist zum einen als Nachschlagewerk für diejenigen gedacht, die uns im Rahmen der Seminare kennen gelernt haben. Zum anderen enthält er weiterführende Themen für alle interessierten Pflegelehrenden, die zum Nachdenken anregen sollen. Alle Themen werden – in veränderter Form – weiterhin am IF der KSFH als Seminare angeboten.

Die Verwendung einer geschlechterdifferenzierenden Schreibweise haben wir den Autorinnen und Autoren bewusst selbst überlassen. Auch wenn es vielleicht nicht immer explizit dabei steht: In den Beiträgen sind immer alle Menschen angesprochen, egal, welches Geschlecht sie sich zuschreiben.

Wir danken dem Verlag Lucius + Lucius, der uns auf die Idee gebracht hat, einzelne Modulinhalte der langjährigen Fortbildungsreihe des IF zu publizieren. Und wir danken allen Autorinnen und Autoren, die sich spontan bereit erklärt haben, ihre Fortbildungsangebote zu verschriftlichen. Nicht zuletzt danken wir den Teilnehmerinnen und Teilnehmern der Fortbildungsreihen ‚Pflegewissenschaft aktuell' und ‚Pflegepädagogische Zusatzqualifikation' für ihre konstruktiven Rückmeldungen, die auf verschiedene Weise in die Beiträge hier eingeflossen sind. Frau Carolin Haase hat die Texte umsichtig redigiert und das druckfertige Manuskript erstellt. Für dieses vertrauensvolle Hand-in-Hand-Arbeiten in der letzten Phase der Bucherstellung möchten wir ihr ganz herzlich danken. Ohne sie wären wir nicht just-in-time fertig geworden!

Wir hoffen, dass Ihnen die Texte Anregungen geben, Ihre kreativen Ideen wecken und zur kritischen Reflexion auffordern und freuen uns über Rückmeldungen.

München, im November 2012

Elisabeth Linseisen   Charlotte Uzarewicz

Der Umgang mit Wissen-schaffen – was kann das in der Pflege(ausbildung) bedeuten?

Elisabeth Linseisen

1. Einleitung – oder: Welche Hinweise sind zu beachten?

Pflegewissenschaftliche Erkenntnisse werden von (Pflege)Wissenschaftlerinnen als Basis für die Pflegepraxis angesehen. Beruflich Pflegende sind sich da nicht immer so sicher, ob es wirklich ‚richtig' ist, dass theoretisch geschaffenes Wissen ihr praktisches Handeln beeinflussen soll. Diese Zweifel spiegeln sich in der Ausbildung wider. Pflegelernende erklären mir ab und an, dass sie bewusst einen praktischen Beruf erlernen und mit dem ‚wissenschaftlichen Gedöns' nichts zu tun haben wollen. Da ich diese Meinung nicht teile, möchte ich im folgenden Beitrag aufzeigen, was sich hinter dem Begriff (Pflege)Wissenschaft verbergen kann.

Das Wort ‚kann' intendiert immer auch eine einschränkende Komponente und ist im vorigen Satz und im Titel bewusst gewählt. So ist die Thematik des Beitrags sicherlich nicht umfassend bearbeitet. Zudem gewinne ich nach meinem Wissenschaftsverständnis durch die intensive Auseinandersetzung mit einem Thema im Augenblick des Schreibens für mich neue Erkenntnisse, die nicht sofort eingearbeitet werden können – das bedarf wieder einer weiteren Phase des Nachdenkens ... . Was in diesen Beitrag jedoch mit einfließt, ist meine Sichtweise als Pflegewissenschaftlerin, die in der primären Pflegeausbildung grundständig noch nicht wissenschaftlich ausgebildet worden ist. Von ‚Pflegewissen schaffen' hatte ich während meiner Ausbildung nichts erfahren. Zudem bin ich sicherlich geprägt von meinen persönlichen Erfahrungen als Gesundheits- und Krankenpflegerin, der Tätigkeit mit Lernenden in der Pflege und von konstruktiven Fragen, die mir Lehrer für Pflegeberufe gestellt haben.

Wichtig ist für mich im Laufe der Zeit die Auseinandersetzung mit dem Thema Sprache geworden. Sie hat einen großen Anteil an der Festigung von Klischees. Das betrifft auch den Gebrauch einer geschlechterneutralen oder -differierenden Bezeichnung von Menschen, Berufen und Ähnlichem. Ich habe mich deshalb entschlossen, die weibliche und männliche Form bunt gemischt zu verwenden; versucht habe ich, diese entgegen der bekannten Klischees einzusetzen.

2. Hintergrund oder – Warum sollen sich Lernende der Pflege mit wissenschaftlichem Denken und mit Wissenschaft beschäftigen?

Zugegeben – unter den derzeitig gültigen Merkmalen für Wissenschaftlichkeit ist die Eingangsfrage nicht unbedingt wissenschaftlich gestellt. Implizit geht sie zum einen davon aus, dass sich Lernende in der Pflege mit wissenschaftlichem Arbeiten und Denken beschäftigen.[1] Zum anderen verleitet sie zu der Annahme, dass dies gut oder notwendig sei. Das bedeutet, dass meine subjektiven Ansichten Grundlage für die Frage sind. Diese Vorannahmen habe ich (vorerst noch) unbegründet und ohne weitere Erklärungen in der Frage verarbeitet.

Eine pragmatische Antwort ergibt sich aus den strukturellen und formalen Gegebenheiten, in denen sich Lernende und Lehrende in den Berufsfachschulen für Pflegeberufe[2] bewegen. Nach den Vorgaben der derzeit gültigen Gesetze für die Ausbildung in der Kranken- sowie der Altenpflege soll die Ausbildung wissenschaftliche Erkenntnisse der Pflege, Medizin und weiterer Bezugswissenschaften vermitteln (AltPflG 2003: § 3 Abs. 1; KrPflG 2003: § 3 Abs. 1). In den entsprechenden Prüfungsbestimmungen für die Ausbildung in der Gesundheits- und Krankenpflege oder Gesundheits- und Kinderkrankenpflege wird im Themenbereich 6 *Pflegehandeln an pflegewissenschaftlichen Erkenntnissen ausrichten* explizit gefordert, dass die Schülerinnen und Schüler zu befähigen seien, „sich einen Zugang zu den pflegewissenschaftlichen Verfahren, Methoden und Forschungsergebnissen zu verschaffen" (KrPflAPrV 2003: Anlage 1 Teil A Nr. 6). In Bayern wurden 2005 vom Staatsministerium für Unterricht und Kultus Lehrplanrichtlinien vorgegeben, in denen der Themenkomplex (Pflege)Wissenschaft im Kontext des pflegerischen Handelns ebenso beschrieben wird: „Die Schülerinnen und Schüler erschließen sich pflegewissenschaftliche Verfahren, Methoden und Forschungsergebnisse [...], richten ihre pflegerischen Maßnahmen an pflegewissenschaftlichen Erkenntnissen aus. [...] Die Schülerinnen und Schüler erklären ihr Pflegehandeln anhand pflegetheoretischer Konzepte und beziehen die Erkenntnisse der Pflegewissenschaft mit ein. Sie integrieren Forschungsergebnisse in das Pflegehandeln." (Bayerisches Staatsministerium für Unterricht und Kultus 2005: 25)

---

[1] Mit dieser Annahme gehe ich natürlich auch davon aus, dass Lehrende in den Schulen ihre/n Lehre/Unterricht auf eine (pflege)wissenschaftlich fundierte Basis gestellt haben und die Pflegewissenschaft inhaltlicher Ausgangs- und Bezugspunkt ihres Unterrichtens ist (vgl. Reuschenbach & Lau 2005).

[2] In diesem Beitrag werden hierunter die Berufsfachschulen für Kranken-, Kinderkranken- und Altenpflege verstanden. Nicht berücksichtigt sind die Hochschulen mit grundständigen Pflegestudiengängen und die zukünftig akademisch ausgebildeten Pflegenden, die ihre Berufszulassung an Hochschulen erwerben. In Deutschland wird diese Möglichkeit seit einigen Jahren diskutiert und modellhaft geprüft. Die Bund-Länder-Arbeitskommission zur Weiterentwicklung der Pflegeberufe hat diesen Weg als Eckpunkt 5 in ihr Positionspapier mit aufgenommen, da sie eine vertiefte und auf wissenschaftlicher Basis beruhende Ausbildung als notwendig erachtet (Bund-Länder-Arbeitsgruppe 2012: 29).

Schüler müssen also nach den gesetzlichen Vorgaben pflegewissenschaftliche Erkenntnisse umsetzen können. Aus pädagogischer und wissenschaftlicher Sicht ist es hilfreich, wenn sie eine Ahnung davon haben, wie diese Erkenntnisse gewonnen werden. Es muss für sie klar sein, woher sie stammen und wie sie gedacht sind.

Neue pflegewissenschaftliche Erkenntnisse entstehen nicht ohne theoretische Hintergründe. Sie basieren auf den unterschiedlichen ‚Schulen', Traditionen und Erfahrungen, die die jeweiligen Wissenschaftlerinnen geprägt haben. Um die zentralen Konzepte, Modelle und Theorien einordnen zu können, müssen aber die Grundsätze der Wissenschaft bekannt sein (Brandenburg & Dorschner 2008: 18).

Pflegefachlich notwendig ist dieses Wissen, um kritisch hinterfragen zu können, ob etwa die jeweilige Erkenntnis für das eigene Feld sinnvoll oder gültig ist. Lernende müssen – ebenso wie in der Praxis tätige Pflegefachkräfte – erkennen, wann sich welche Ergebnisse für ihr Handeln eignen; oder auch, ob sie vielleicht nur Teilergebnisse verwerten können. Der Expertenstandard *Ernährungsmanagement zur Sicherstellung und Förderung der oralen Ernährung in der Pflege* ist beispielsweise das Ergebnis eines methodisch strukturierten Verfahrens, das durch ein (pflege)wissenschaftliches Team initiiert und durchgeführt wird (vgl. DNQP 2011). Die Herausgeber formulieren in der Präambel der Veröffentlichung klar, dass „der Expertenstandard auf die Zielgruppe der erwachsenen Menschen, die der Pflege bedürfen und ganz oder teilweise in der Lage sind, oral Nahrung und Flüssigkeit zu sich zu nehmen" (DNQP 2010: 11), ausgerichtet ist. Das bedeutet, dass die Wissenschaftlerinnen ihre Ergebnisse nicht auf Säuglinge, Kinder oder Jugendliche übertragen. Auch für pflegebedürftige Menschen, die ausschließlich oder zum größten Teil parenteral ernährt werden, sollten Pflegende die Ergebnisse nicht einfach übernehmen. In dieser Publikation werden die Einschränkungen deutlich beschrieben und sind gut nachvollziehbar. Bei anderen wissenschaftlichen Veröffentlichungen muss die Leserin diese möglicherweise selbst erkennen, indem sie die Vorgehensweise näher betrachtet.

Ein weiterer Aspekt, der für die Vermittlung der Entstehung von (Pflege)Wissen spricht, ist die Rückkopplung von Fragen aus der Praxis an die Wissenschaft (vgl. Reuschenbach & Lau 2005). In der Regel entscheiden Wissenschaftlerinnen selbst, was sie untersuchen und welche methodischen Perspektiven sie dabei einnehmen. Aber für eine praxisorientierte Wissenschaft – wenn die Pflegewissenschaft als solche gelten soll – ist es sinnvoll, wenn ihre Erkenntnisse für die Praxis von der Praxis kritisch reflektiert werden (Kirkevold 2002: 23). Zudem können für die Praxis relevante Fragen von wissenschaftlich tätigen Pflegenden nur bearbeitet werden, wenn sie auch gestellt werden.

Was letztlich noch für die Beschäftigung mit der ‚wissenschaftlichen Thematik' in der Ausbildung spricht: Zunehmend werden in Deutschland mehr akademisch ausgebildete Pflegende in der Praxis tätig werden.[3] In den Pflegeteams werden berufsqualifizierend gebildete Pflegende und akademisch gebildete Pflegende bzw. die Schüler und Studentinnen gemeinsam tätig werden. Für eine kooperative Arbeitsweise ist es sinnvoll, die jeweilige Vorgehensweise des Anderen zu kennen.

Wenn es also notwendig ist, dass Lernende in den Berufsfachschulen Wissen über die (Pflege)Wissenschaft erlangen, welches ‚Wissen' ist hierfür notwendig? Und müsste nicht zunächst geklärt werden, was eigentlich Wissenschaft ist?

3. Verständnis von Wissenschaft – oder: Was ist denn eigentlich Wissenschaft?

Leider oder glücklicherweise ist „das Wort ‚Wissenschaft' [...] nicht eindeutig. Vielleicht ist es nicht möglich, eine Definition zu geben, die alles abdeckt, was wir heute ‚Wissenschaft' nennen, egal ob wir nun die Einzelwissenschaften meinen oder die als ein umfassendes, gemeinmenschliches Projekt identifizierte Wissenschaft. Der Begriff ‚Wissenschaft' ist mit anderen Worten ein ‚Dachbegriff' und erfordert eine Spezifizierung." (Nerheim 2001: 9) Auf der Suche nach einer für die eigene Person bestmöglichen Antwort können verschiedene Blickwinkel auf ‚die Wissenschaft' helfen. Die intensivste Auseinandersetzung mit der Thematik führen Wissenschaftstheoretikerinnen,[4] Pflegewissenschaftler knüpfen an diese Diskurse analog zu den Wissenschaftlerinnen anderer Disziplinen an.

3.1 Wie wird Wissenschaft im geschichtlichen Verlauf gesehen?

Die Wissenschaft unterliegt einem sozio-historischen und kulturellen Wandel; deshalb ist die Entwicklung des Wissen-schaffens niemals vollständig abgeschlossen und der Begriff bzw. seine Bedeutung ändern sich im Laufe der Zeit (Uzarewicz 2006: 74). Heiner Friesacher analysiert in seiner Dissertation den Wissenschaftsbegriff aus historischer Perspektive (2008: 23 ff.). So wurde in der Antike zwischen ‚doxa' und ‚episteme' unterschieden. Ersteres umfasst das erfahrungsabhängige, aber auch zufällige Alltagswissen, durch das sich die Person

---

[3] Der Wissenschaftsrat empfiehlt im Juli 2012 ein Quote von 10-20% akademisch primärqualifizierter Pflegenden pro Ausbildungsjahr. Dazu müssten zunächst ca. 4.500 Studienplätze neu geschaffen werden (Wissenschaftsrat 2012: 85).

[4] Die Wissenschaftstheorie gilt als Teilgebiet der Philosophie; ihre Vertreter setzen sich mit Fragen auseinander, die den Aufbau von Einzelwissenschaften, die Beziehung von unterschiedlichen Disziplinen zueinander, die Wissensgenerierung und den historischen Verlauf der Wissenschaften betreffen.

eine bestimmte Meinung bildet. Wichtig hierfür waren Sinneswahrnehmungen. Der Mensch erzeugte dadurch für sich bereits Wissen. Die episteme (oder im lateinischen Sprachraum scientia) war das geschaffene Wissen, das durch Verstehen und Einsicht gewonnen wurde. Es bildete die Erkenntnisse über die Daseinsprinzipien ab, die durch vernünftiges und nachvollziehbares Schlussfolgern gefunden wurden. Dies bedeutete nicht, dass hierfür unbedingt ein Studium notwendig war! Im Mittelalter war das Wissen eng verbunden mit ‚ich weiß'. Das heißt, die Person, die etwas wusste, war im Besitz von etwas – einer bestimmten Erkenntnis, die sie durch Anschauung gewonnen hatte. Zugleich hatte das ‚schaft' von Wissenschaft etwas mit einer Tätigkeit, einem Verhalten zu tun. Wissenschaft umfasste zunächst das persönliche, eigene Wissen, das man besaß und das mit Klugheit und Weisheit konnotiert war. Desgleichen bedeutete es auch, dass das Individuum geschickt war und praktische Fertigkeiten besaß. Lange Zeit war deshalb die Kunst(fertigkeit) in der Wissenschaft mit enthalten, Künstler galten als Wissenschaftler. Im Laufe der Jahrhunderte wurden zum *subjektiven* Wissen die *objektiven* Wissensbestände hinzugefügt; seit der Aufklärung stehen anscheinend objektive und objektivierbare Inhalte im Vordergrund, wenn der Terminus Wissenschaft verwendet wird. Ab dem 18./19. Jahrhundert wurden die ‚schönen, kunstfertigen' Wissenschaften, die Geisteswissenschaften, von den ‚ernsten' Wissenschaften, wie beispielsweise den Naturwissenschaften, unterschieden. Eine Folge dieser Unterteilung findet sich heute noch in der Bezeichnung des akademischen Grades Bachelor/Master of ‚Science' oder Bachelor/Master of ‚Arts'. Der Zusatz ‚Science' wird für Studiengänge verliehen, die eher einem naturwissenschaftlichen Paradigma folgen, ‚Arts' kennzeichnet die Studiengänge, die eher den Geisteswissenschaften zugeordnet werden.

In der Jetzt-Zeit kann man nach Friesacher drei Leitbegriffe von Wissenschaft feststellen. In den Kontext des *soziokulturellen Wissenschaftsbegriffes* gehören sowohl die Personen, die tun und produzieren, ihre Methoden, als auch die apparative Ausstattung und die Institutionen, in denen getan wird. Gemeinsam finden sich diese Wissenschaftlerinnen in einer ‚Scientific Community'. Sie erkennen für den jeweiligen Bereich leitende Überzeugungen, charakteristische Denkstile oder Paradigmen[5] an. Mit dem *operativen Wissenschaftsbegriff* wird die Wissenschaft als spezifische Tätigkeit und als typisches Verhalten von Menschen bezeichnet. In der Regel wird darunter Forschung bzw. Produktion von neuem Wissen verstanden. Schließlich findet sich der *propositionale Wissenschaftsbegriff*. Hierunter wird die

---

[5] Der Terminus ‚Denkstil' wurde von Ludwik Fleck (1896-1961) geprägt. Sein Werk ‚Entstehung und Entwicklung einer wissenschaftlichen Tatsache. Einführung in die Lehre vom Denkstil und Denkkollektiv' (2006, Erstauflage 1935) gilt zwischenzeitlich unter Wissenschaftshistorikern als Klassiker. Von Fleck nachhaltig beeinflusst war nach eigenen Angaben Thomas S. Kuhn (1922-1996), ein US-amerikanischer Wissenschaftshistoriker. Für ihn war der Begriff ‚Paradigma' ein zentraler Punkt seiner Wissenschaftsansicht (Kuhn 1972: 8 ff.).

Wissenschaft als System von Aussagen über einen bestimmten Bereich subsumiert. Diese Aussagen beziehen sich aufeinander und stehen in einem Begründungszusammenhang. Sie orientieren sich damit am Postulat der objektiven erkenntnistheoretischen ‚Wahrheit' und stützen sich auf die Logik der ‚ernsten' Wissenschaften (siehe oben). Frühere Verbindungen von Wissen-schaffen mit Kunst-schaffen und praktischen Fertigkeiten stehen in der jetzigen Zeit meist im Hintergrund, wenn von Wissenschaft gesprochen wird (Friesacher 2008).[6]

3.2 Was sind die Ziele von Wissenschaft?

„Das Ziel der Wissenschaft ist also die Wahrheit: Wissenschaft ist Wahrheitssuche. Und wenn wir auch [...] nie wissen können, ob wir dieses Ziel erreicht haben, so können wir dennoch recht gute Gründe für die Vermutung haben, daß wir unserem Ziel, der Wahrheit, nähergekommen sind" (Popper 1987: 51-52). Diese Aussage von Karl Popper[7] stammt aus dem vergangenen Jahrhundert. Bereits René Descartes (1596-1650) zweifelte während seiner Suche nach einem Beweis für die Unsterblichkeit der Seele an den überlieferten Wahrheiten. Ihm wurde klar, dass es Sinnestäuschungen gibt und dass Menschen falsche Schlussfolgerungen aus ihren Beobachtungen und Überlegungen ziehen können.

Die derzeitige Suche nach der Wahrheit wird auch anders interpretiert. In unserer säkularisierten Welt hat sich diese Suche auf die Suche nach neuen Erkenntnissen gerichtet. Menschen erleben ihre Welt unterschiedlich; die ‚eine Wahrheit', die für alle gültig ist, kann es folglich nicht geben. Die verschiedenen Wissenschaftsdisziplinen versuchen aus ihren spezifischen Blickwinkeln ihre Wirklichkeiten zu erforschen und zu beschreiben (Uzarewicz 2006: 75). Damit produzieren sie einen Wissenskorpus für ihre Disziplin, mit dessen Hilfe weitere Phänomene gesehen, verstanden und evtl. vorhergesagt werden können (Mayer 2007: 22). Während dieses Prozesses gelangen sie zu für sie neuen Erkenntnissen, sie ‚ent-decken' bislang ‚be-deckte' Gegebenheiten. Diese können sie durchaus bereits kennen, die Gegebenheiten sind ihnen bekannt. Durch eine neue Betrachtung können die Wissenschaftlerinnen sie aber anders er-kennen. Dieses Erkennen führt dann wiederum zu einem Kennen.

Mit welcher Brille – also aus welchem Blickwinkel – die Wirklichkeiten erforscht und gesehen werden, ist stark vom eigenen theoretischen Hintergrund geprägt. Unterschiedliche wissenschaftstheoretische Ansätze beeinflussen die Wissen-

---

[6] In der Pflegewissenschaft werden diese Aspekte thematisiert, wie in Kapitel 4.2 deutlich werden wird.

[7] Sir Karl Popper (1902-1994), österreichisch-britischer Wissenschaftsphilosoph, gilt als bedeutender Wissenschaftstheoretiker des letzten Jahrhunderts und als Begründer des kritischen Rationalismus.

schaftlerinnen.[8] Aber auch Pflegelernende sind und werden wie ihre Lehrenden von bestimmten Annahmen und Richtungen geprägt. In den bereits erwähnten Lehrplanrichtlinien sind beispielsweise im zweiten Schuljahr, Lernfeld 1 *Menschen mit Störungen bei der Ernährung und Ausscheidung pflegen*, Ziele formuliert, die überwiegend einer *erklärenden* Sichtweise zugeordnet werden können. Die Schüler sollen physiologische und anatomische Verhältnisse des Verdauungstraktes kennen, Störungen der Nahrungsaufnahme und Nährstoffverwertung und die dazugehörenden pathophysiologischen Prozesse erkennen und Krankheitsbilder beschreiben können. Darüber hinaus sollen sie die Pflegeempfänger in der Eigenwahrnehmung der Störung unterstützen (Bayerisches Staatsministerium für Unterricht und Kultus 2005: 26). Eine andere wissenschaftliche Zugangsweise wäre eine eher *verstehende*. So legen Anja Kröner et al. (2012) in einer aktuellen Studie ihren Fokus auf das *Erleben* von Ernährung und Gewichtsverlust bei Patienten, die an einem Tumor leiden. Hier steht das Verstehen der Situation im Vordergrund; das Ziel der wissenschaftlichen ‚Ent-deckung' war nicht, etwa ein Erklärungsmodell für die gestörte Nährstoffverwertung zu finden.

3.3 Wie macht man Wissenschaft?

Descartes stellte für sich das gesamte Dasein in Frage. Er zweifelte alle bisherigen Selbstverständlichkeiten an – und das systematisch. Dieser systematische Zweifel, das ständige Hinterfragen und In-Frage-stellen von Tatsachen, die anscheinend klar sind, gilt immer noch als die Grundlage der Wissenschaft und des wissenschaftlichen Denkens. Allgemein geht es in wissenschaftlichem Denken und Vorgehen darum, zu neuen Erkenntnissen zu gelangen, indem das Selbstverständliche gezielt und radikal in Frage gestellt und Gegebenheiten und Erfahrungen nicht (mehr) widerspruchslos hingenommen werden. Damit hat Wissenschaft in diesem Verständnis in erster Linie etwas mit *Fragen stellen* zu tun. Die Überschriften, die in diesem Beitrag alle als Frage formuliert sind, sollen dies symbolhaft verdeutlichen.

Als eine der schwierigsten Übungen stellt sich für Studierende in den Einführungsveranstaltungen zum wissenschaftlichen Arbeiten tatsächlich das Fragen-finden dar. Ich gehe davon aus, dass es Lernenden in Berufsfachschulen ähnlich erginge! Eigentlich ist allen klar, dass – grammatikalisch gesehen – eine Frage aus Worten besteht, die anders arrangiert sind als in Aussagesätzen – und das am Ende ein ? steht. Inhaltlich gesehen ist eine wissenschaftliche Frage von Erkenntnisinteresse geleitet. Das bedeutet, der Fragensteller will tatsächlich et-

---

[8] In seinem Beitrag ‚Wie sich Wissenschaft ihr Wissen schafft' bietet Jens Clausen (2005) einen kurzen Überblick über die wissenschaftstheoretischen Ansätze in einem Standardwerk für Pflegepädagogikstudenten an.

was für ihn Unbekanntes erfahren. Er will neue Fakten oder bisher unbekannte Beziehungen zwischen bereits bekannten Fakten finden. Dafür ist es nötig, sich als Fragenstellerin klar zu werden, was ich eigentlich bereits weiß und was für mich im Kontext des Themas wirklich von Interesse ist. Die Frage ‚*Was* genau will *ich* wissen?' leitet die oben genannten Studierenden zu vertieftem Nachdenken und Reflektieren. Sie kann zu Nebenschauplätzen – die sich vielleicht im Laufe der Bearbeitung als Hauptschauplätze herauskristallisieren – und Irrwegen führen, ist aber hilfreich, um den eigenen Weg, das eigene Interesse zu finden.

Als Beispiel für Lernende in den Berufsfachschulen verwende ich wieder das Lernfeld 1 *Menschen mit Störungen bei der Ernährung und Ausscheidung pflegen*. Wird die Frage auf diesen Themenkomplex angewandt, ergeben sich möglicherweise folgende Fragen: Was ist eine Störung? Wie funktioniert die Ausscheidung beim gesunden Kind/älteren Menschen? Was bedeutet Essen oder Trinken für einen Menschen anderer kultureller Herkunft? Diese Aufzählung ist natürlich nicht umfassend. Zudem produzieren bereits diese wenigen Fragen erneut weitere Fragen. Bei ‚Wie funktioniert die Ausscheidung?' könnte man fragen, was der Lernende unter ‚funktionieren' versteht. Ist es für ihn wichtig zu erfahren, wie der physiologische Ausscheidungsvorgang beschrieben wird (hat es da evtl. im Laufe der Jahre Veränderungen gegeben?), was die Ausscheidung für die Pflegeempfängerin oder Angehörige bedeutet, wie er damit umgeht oder evtl. ganz etwas anderes?

Während und nachdem sich die Wissenschaftlerin ihre Fragen stellt, versucht sie diese mit den passenden Methoden *systematisch* zu beantworten, zu erforschen. Je nach Fragestellung und Disziplin können diese Methoden beispielsweise aus einer theoretischen Auseinandersetzung mit dem bereits vorhandenem Wissen bestehen, aus der Erhebung von beobachteten Daten oder aus Experimenten (Panfil 2011: 27). Die Grundhaltung des systematischen Zweifels und einer fragenden Perspektive bleibt dabei aber immer bestehen. Für Bernd Reuschenbach & Dirk Lau (2005: 77) ist Forschung als Teilbereich der Wissenschaft „der Motor der Weiterentwicklung", Hanna Mayer (2007: 41) bezeichnet Forschung als das „Instrument" der Wissenschaft.[9]

---

[9] Die Thematik Forschung als Bestandteil der Wissenschaft umfasst ein weites Gebiet. Im Rahmen dieses Beitrags ist es nicht möglich, auf die unterschiedlichen Methoden, Prinzipien, Voraussetzungen oder Einschränkungen einzugehen. Inzwischen gibt es speziell auf die Pflegeforschung ausgerichtete Literatur, die für ein unterschiedliches Zielpublikum geeignet ist. Mayer, eine österreichische Pflegewissenschaftlerin, die in Wien lehrt, hat beispielsweise mit ‚Pflegeforschung kennenlernen' (2011) ein Lehrbuch für die Grundausbildung veröffentlicht. Ihre Publikation ‚Pflegeforschung anwenden' (2007) ist vom Aufbau identisch, vertieft aber die Inhalte des erstgenannten Buches und ist als Basiswissen für Studenten und Weiterbildungsteilnehmerinnen vorgesehen. Für Studentinnen in Pflegestudiengängen siehe beispielsweise auch Sabine Bartholomeyczik et al. (2008); Hermann Brandenburg et al. (2007); Nancy Burns & Susan K. Grove (2005); Geri LoBiondo-Wood & Judith Haber (2005).

Wissenschaftstheoretiker unterscheiden zwei grundsätzliche Ausrichtungen in diesem Beantwortungs- oder Forschungsprozess. Beim *deduktiven Vorgehen* wird aus derzeit allgemeingültigen Gesetzen auf das Besondere, Einmalige geschlossen. Im Gegensatz hierzu ist der Ausgangspunkt der Überlegungen beim *induktiven Vorgehen* das Individuum, das Besondere. Durch die Beobachtung und Erforschung des Einzelnen werden letztlich Schlussfolgerungen gezogen und Theorien gebildet, die allgemeingültig sind, solange sie nicht durch neue Erkenntnisse widerlegt werden.

Unabdingbarer Bestandteil der Wissensgenerierung ist die Reflexion über den Entstehungsprozess und das Ergebnis der neuen Erkenntnisse. Dafür werden sie (meist) verschriftet und der Öffentlichkeit zur kritischen Überprüfung und Diskussion übermittelt. Sind die Ergebnisse relevant für die Praxis, müssen sie transformiert und vermittelt werden. Dies geschieht natürlich auch durch Unterricht und Lehre.

3.4 Welche Definitionen oder Definitionsversuche von Wissenschaft gibt es?

Am Anfang des Kapitels 3 steht ein Zitat der norwegischen Philosophin Hjordis Nerheim. Darin steht, dass es keine vollständigen Definitionen von Wissenschaft geben kann. Dennoch stelle ich hier die Frage nach Definitionen – und intendiere mit meiner Frageform somit, dass es welche gibt! Ein wichtiges Kriterium von wissenschaftlichem Denken und Arbeiten ist eine möglichst eindeutige und genaue Sprache. Alle Beteiligten der wissenschaftlichen Szene sollen erkennen können, wovon die Wissenschaftlerin spricht und über was genau sie sich Gedanken macht. Dafür ist es nötig, die grundlegenden Begriffe möglichst präzise zu benennen. Wie bereits erwähnt, unterliegt auch die Wissenschaft dem Zeitgeist, bestimmten Normen oder Trends. Zudem gibt es in den verschiedenen Disziplinen unterschiedliche Methoden des Nachdenkens und Forschens und natürlich unterschiedliche Wissensbestände. Aus den genannten Gründen finden sich deshalb Definitionen oder Definitionsversuche von Wissenschaft. Einige wenige habe ich ausgewählt und gleich im Anschluss aufgeführt. Die erste entstammt dem Brockhaus, einem allgemeinen wissenschaftlichen Nachschlagewerk, die zweite ist von Herbert Tschamler, einem (emeritierten) Professor für Pädagogik, der für Pädagogen eine Einführung über die Wissenschaftstheorie veröffentlichte, und die letzten beiden stammen von Wissenschaftlerinnen, die in der Pflege lehren. Welche gefällt Ihnen – und warum? Welche würde Ihren Schülern gefallen? Und schließlich: Wie würden *Sie* derzeit für sich Wissenschaft definieren? Diese letzte Frage stelle ich häufig am Anfang von Einführungsveranstaltungen zu Pflegewissenschaft – es ergaben sich daraus immer interessante weiterführende Diskussionen.

„Wissenschaft [...], das jeweils historisch, sozial oder sonst wie *kollektiv bezogene System menschlichen Wissens*, das nach je spezifischen Kriterien erhoben, gesammelt, aufbewahrt, gelehrt und tradiert wird; eine *Gesamtheit von Erkenntnissen*, die sich auf einen Gegenstandsbereich beziehen, nach bestimmten *Regeln* erworben und nach bestimmten Mustern, gegebenenfalls institutionell organisiert beziehungsweise *geordnet* werden und in einem *intersubjektiv nachvollziehbaren Begründungszusammenhang* stehen. In der für die abendländisch-westlich geprägten Gesellschaften charakteristischen Differenzierung von Wissen und Wissenschaft drückt sich eine diese Gesellschaften und deren Geschichte kennzeichnende Tendenz zur Systematisierung, zur Institutionalisierung und zur *Unterscheidung* von *abstraktem* (theoretischem) und *alltagsbezogenem* (praktischem) Wissen aus, die sich so in anderen kulturellen Zusammenhängen nicht unbedingt findet und die zugleich auch in den aktuellen Wissenschaftsentwicklungen erneut zur Debatte steht. [...]" (Brockhaus 2005-06; Hervorhebungen E.L.)

„Wissenschaft ist das *methodisch gewonnene*, *systematische*, durch *Sprache* vermittelte *Wissen* über die *Wirklichkeit*. Dabei werden die Interdependenzen dessen, der Wissenschaft betreibt, des *Wissenschaftlers*, mit einbezogen." (Tschamler 1996: 23; Hervorhebungen E.L.)

„Unter Wissenschaft versteht man 1. alle *Aktivitäten*, die auf wissenschaftliche *Erkenntnis abzielen*, wie das Forschen und das Entwickeln von Theorien 2. die *Gesamtheit der Erkenntnisse*, die auf diesem Weg gewonnen werden." (Mayer 2007: 22; Hervorhebungen E.L.)

„Wissenschaft kann als eine *Denkhaltung* umschrieben werden, wobei die Kunst darin besteht, trotz *systematischen Zweifelns* und permanenten *Hinterfragens* des Gegebenen, nicht den Boden unter den Füßen zu verlieren, sondern im Gegenteil, sich dazu auszubilden, *eigene Standpunkte zu entwickeln* und auch wieder zu *verwerfen*." (Uzarewicz 2006: 76; Hervorhebungen E.L.)

Als Zusammenfassung sind in der nachfolgenden Abbildung die für mich derzeit zentralen Elemente des Wissenschaftsbegriffes in einem Schaubild verdeutlicht.

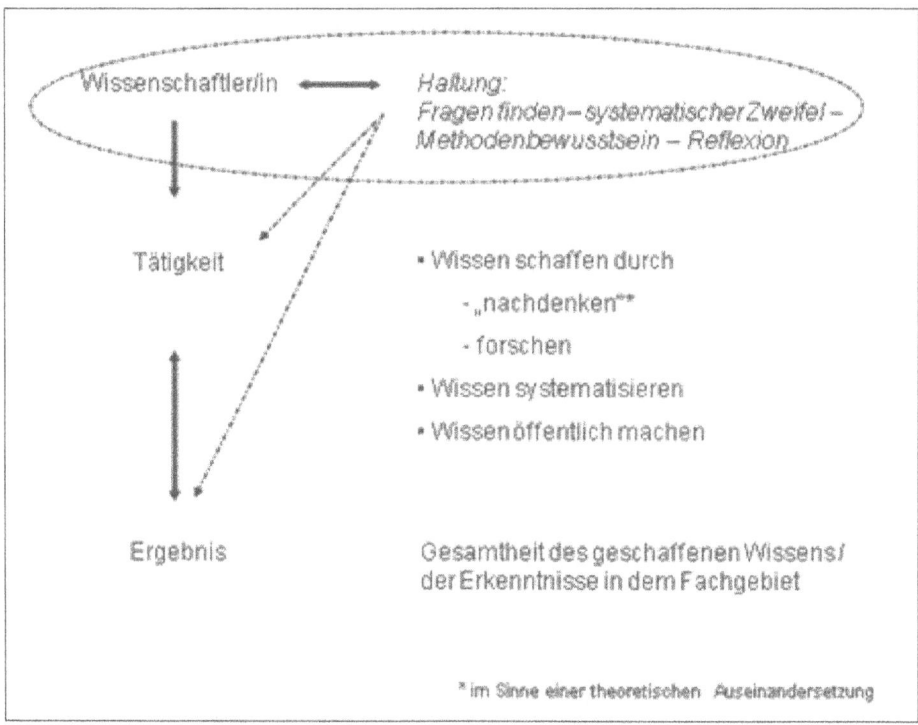

Abb. 1: Zentrale Elemente des Wissenschaftsbegriffs (Elisabeth Linseisen ©)

4. Verständnis von Pflegewissenschaft – oder: Was ist denn eigentlich Pflegewissenschaft?

Nach den Ausführungen zu dem Begriff Wissenschaft ist es logisch, den Terminus Pflegewissenschaft näher zu bestimmen. Gleich zu Beginn: Auch für diesen Begriff gibt es wie für ‚Wissenschaft' keine allgemeingültige, abschließende theoretische Definition (Brandenburg & Dorschner 2008: 47). Eva-Maria Panfil verwendet in ihrem Lehrbuch ‚Wissenschaftliches Arbeiten in der Pflege' eine Definition, die sehr gut als Basis für eine vertiefte Auseinandersetzung geeignet ist:[10] „Pflegewissenschaft ist die Wissenschaft vom Phänomen ‚Pflegen' und beschäftigt sich mit der Sammlung, Ordnung, Überprüfung, Generierung und Weitergabe pflegerischen Wissens und den theoretischen Grundlagen von Pflege. Als Methode zur Sammlung, Ordnung, Überprüfung, Generierung und Weitergabe

---

[10] Panfil beruft sich dabei auf die Denkschrift ‚Pflegewissenschaft' der Robert-Bosch-Stiftung, die 2006 als Grundlegung für Forschung, Lehre und Praxis veröffentlicht wurde.

des Wissens wird die Pflegeforschung angewendet." (Panfil 2011: 28) In dieser Definition sind die Termini ‚Pflegen' und ‚pflegerisches Wissen' essenziell. Deshalb erscheint es mir sinnvoll, sich zunächst zu diesen beiden Begriffen Gedanken zu machen, bevor sie dann zu ‚Pflegewissenschaft' zusammengeführt werden.

4.1 Was ist Pflege?

Wie verstehen Sie Pflege? Was ist für Sie Pflege? Die Grundfrage, die wohl alle Pflegelehrenden irgendwann ihren Lernenden stellen ... . Ich gehe davon aus, dass Sie selbst für sich Pflege schon häufiger definiert haben, deswegen finden Sie nur einige Gedankensplitter zu dieser Frage.

Überliefert ist, dass sich bereits Florence Nightingale 1858 an einer Antwort versuchte und ihre Limitationen erkannte: „I use the word nursing for want of a better. It has been limited to signify little more than the administration of medicines and the application of poultices. [...] I believe, on the contrary, that the very elements of nursing are all but unknown." (Nightingale 1969: 8)[11]

Im deutschsprachigen Raum veröffentlichten die Mitarbeiterinnen des Instituts für Pflegewissenschaft der Universität Basel 2006 einen Artikel, in dem sie beschreiben, wie aufwändig und komplex die Entwicklung einer fundierten Definition ist (Spichiger et al. 2006). Mit wissenschaftlichen Methoden erarbeiteten sie sich eine Definition, die ihr derzeitiges Verständnis von professioneller Pflege aufzeigt. Während des Prozesses stellten sie sich in der Gruppe v.a. Fragen, um mögliche Inhalte zu erkennen: „‚Wer wird gepflegt?' ‚Wo wird gepflegt?' ‚Wer pflegt?' ‚Was tun Pflegende?' ‚Wie wird gepflegt?'" (Spichiger et al. 2006: 47) Jede dieser Fragen wurde wiederum genauer untersucht und bildete anschließend die Grundlage der Definition, die sich am Ende des Artikels auf einer Seite befindet: „Professionelle Pflege fördert und erhält Gesundheit, beugt gesundheitlichen Schäden vor und unterstützt Menschen in der Behandlung und im Umgang mit Auswirkungen von Krankheiten und deren Therapien. Dies mit dem Ziel, für betreute Menschen die bestmöglichen Behandlungs- und Betreuungsergebnisse sowie die bestmögliche Lebensqualität in allen Phasen des Lebens bis zum Tod zu erreichen." Ergänzt werden die beiden Sätze durch acht Abschnitte, in denen ausführlicher dargestellt wird, wer die Zielgruppe dieser professionellen Pflege ist, welche Aufgaben sie hat, wie sie womit und mit wem ausgeübt werden kann und wer sie durchführt (Spichiger et al. 2006: 51). Zu welchen Erkenntnissen

---

[11] „Ich brauche das Wort ‚nursing' mangels eines besseren. Es wurde bisher so eingeengt, dass es wenig mehr bedeutete als die Verabreichung von Medikamenten und die Anwendung von Umschlägen... Ich glaube dagegen, dass die eigentlichen Elemente der Krankenpflege noch völlig unbekannt sind." (Deutsche Übersetzung in Wettreck 2001: 12).

kommen Ihre Lernenden, wenn ihnen diese Fragen gestellt werden? Und – zu welchen Ergebnissen kommen diese, wenn sie die Fragen aus dem Blickwinkel von noch ‚unwissenden' Pflegepersonen, evtl. sogar aus der Sichtweise von Pflegeempfängern betrachten?

Eine auch in der Praxis bekannte Definition stammt vom International Council of Nurses (ICN). Sie wird in regelmäßigen Abständen evaluiert und angepasst. In der derzeit gültigen Version von 2012 wird ausgeführt, dass „Pflege [...] die eigenverantwortliche Versorgung und Betreuung, allein oder in Kooperation mit anderen Berufsangehörigen, von Menschen aller Altersgruppen, von Familien oder Lebensgemeinschaften, sowie von Gruppen und sozialen Gemeinschaften, ob krank oder gesund, in allen Lebenssituationen (Settings) [umfasst]." (ICN 2012)[12] Gesundheitsförderung und Krankheitsverhütung sind ebenso Aufgaben wie das Eintreten für Pflegeempfänger in der Gesellschaft, die Mitwirkung an politischen Prozessen und die Förderung von Forschung. Implizit gehen die Autorinnen dabei von einem aktiven Tun bzw. Handeln aus. Sie beschreiben – wie die Autorinnen um Elisabeth Spichiger – die berufliche Konnotation des Pflegebegriffs.

Pflege ist ein umfassender, komplexer Begriff mit weiteren Dimensionen. Das ist gut, spiegelt er doch somit die Vielfältigkeit der Individuen und des Arbeitsprozesses wider, wenn Pflegeempfängerin und Pflegender eine professionelle Beziehung eingehen. Das ist schwierig, weil es gerade für Anfänger eine große Herausforderung darstellt, gute Pflege zu lernen, wenn sie nur einen winzigen Ausschnitt dieser Dimensionen wahrnehmen (können). Aber auch Pflegende, die bereits einige Berufsjahre tätig waren, werden immer wieder nachdenklich, wenn sie beispielsweise zu Beginn einer Weiterbildung oder eines Studiums den Pflegebegriff aus verschiedenen Perspektiven für sich und in Gruppen reflektieren. Sehr interessante Ergebnisse finden sich, wenn dabei zusätzlich Personen, die in keiner direkten Verbindung mit professioneller Pflege stehen, nach der Bedeutung von Pflege befragt werden. Folgende Betrachtungsweisen bieten sich an (für weitere Dimensionen und Ausführungen siehe auch Brandenburg & Dorschner 2008: 46):

---

[12] Die deutsche Übersetzung ist über den DBfK (Deutscher Berufsverband für Pflegeberufe) erhältlich.

Perspektive	Inhalte der Perspektive (beispielhaft)
Individuelle Perspektive	Eigene Sichtweise von Pflege – Prägung durch Familie, Erfahrungen, Umwelt, Erziehung
Historische Perspektive	Entwicklungsgeschichte der Pflege allgemein
	Geschichte der Pflege in der eigenen Institution, der eigenen regionalen Umgebung usw.
	Einfluss von Religion auf den Entstehungsprozess der Pflegepraxis, der -ausbildung
	Verhältnis Pflege – Medizin
Gesetzgeberische Perspektive	Diskussion um Pflegebedürftigkeit
	Unterscheidung von „Grund- und Behandlungspflege" (vgl. Müller 1998)
Institutionelle Perspektive	Pflegeleitbild der Einrichtungen
Geschlechtsspezifische Perspektive	Frauen-/Männerberuf
	Angehörigenpflege durch Männer/Frauen
Gesellschaftliche Perspektive	Pflege als gesellschaftlicher Auftrag
Berufspolitische Perspektive	Verkammerung
	Professionalisierung der Pflege
	Akademisierung

Abb. 2: Perspektiven der Pflege

Für diesen Beitrag wird Pflege im Sinn eines institutionalisierten Tätigkeitsfeldes gesehen. Die Dimensionen des anthropologischen Phänomens Pflege (im Sinne von Sorge)[13] stehen nicht im Zentrum der Überlegungen.

4.2 Auf welchem Wissen baut die Pflege auf?

Barbara Carper, eine US-amerikanische Pflegende und Lehrende, hatte Anfang der 1970er Jahre untersucht, auf welches Wissen Pflegende in der Praxis zurückgreifen. Ihre Ergebnisse veröffentlichte sie 1978 in dem Artikel ‚Fundamental

---

[13] Vgl. hierfür z.B. Pschyrembel (2012: 772); Uzarewicz & Uzarewicz (2005: 39 ff.); Benner & Wrubel (1997).

Patterns of Knowing',[14] der bis heute als einer der nachhaltigsten für die Entwicklung der Pflegewissenschaft gilt (vgl. z.B. Brandenburg & Dorschner 2008: 37; Chinn & Kramer 2011; Chinn & Kramer 1996; Friesacher 2008: 204 ff.; Risjord (im Druck): 19; White 1995). Peggy Chinn & Maeona Kramer verwenden Carpers Erkenntnisse als Fundament für ihre eigenen wissenschaftlichen Arbeiten im Kontext der Pflegetheorieentwicklung. Seit der Übersetzung ihres Pflegetheorie-Buches 1996 werden Carpers Ergebnisse zunehmend auch im deutschsprachigen Raum rezipiert. Sie stellt vier Wissensmuster oder -formen fest:

- „Empirics: The Science of Nursing"[15] ⇨ empirisches Wissen
- „Esthetics: The Art of Nursing"[16] ⇨ intuitives Wissen / ästhetisches Wissen/ Pflegekunst
- „The Component of Personal Knowledge"[17] ⇨ persönliches Wissen / personengebundenes Wissen
- „Ethics: The Moral Component"[18] ⇨ ethisches Wissen

In der deutschsprachigen Diskussion werden zum Teil unterschiedliche Begriffe in der Übersetzung verwendet; eine fundierte Explikation solcher zentraler Begriffe ist noch eine der kommenden Herausforderungen der Pflegewissenschaft (Friesacher 2008: 208).

Empirics ist das Wissen, das auf der Grundlage von Pflegeforschung systematisiert und organisiert ist. Pflegephänomene werden beobachtet, gezählt, klassifiziert, kategorisiert, erprobt, durch Experimente erklärt und beschrieben. Für Chinn & Kramer (1996: 12) sind folgende Fragen für dieses Wissen zielführend: Was ist das? Wie funktioniert das? Es ist die Wissenskomponente, die häufig als das ‚wissenschaftliche Wissen' schlechthin bezeichnet wird und *das* Kernelement des wissenschaftlich basierten pflegerischen Handelns. Dies war sicherlich nicht die Intention von Carper – sie betonte in ihrem Artikel vielmehr, dass *jede* der vier Dimensionen wichtig und bedeutsam sei, gelehrt werden müsse und immer die Verbindung der Wissensdimensionen beachtet werden müsse.

Esthetics bedeutet, dass Pflegende Situationen oder Phänomene in einer ganz individuellen, subjektiven Ausdrucksform erfassen können und dann ihre Handlung danach ausrichten. In vielen Situationen geschieht dies ohne bewusstes

---

[14] Die Untersuchung und ihre Hintergründe sind vermutlich ausführlich in ihrer Doktorarbeit, die als Grundlage für den Artikel dient, dargestellt. Bislang hatte ich noch keine Zugriffsmöglichkeit auf diese Arbeit, die an der Columbia University 1975 entstanden ist.
[15] Carper 1978: 14.
[16] Carper 1978: 16.
[17] Carper 1978: 18.
[18] Carper 1978: 20.

Nachdenken; durch ihr intuitives Wissen agieren Pflegende kunstfertig.[19] Hinterfragen kann man diese Wissensform mit „Was bedeutet das?" oder „Wie ist das bedeutsam?" (Chinn & Kramer 1996: 12). Diese Komponente wird in der wissenschaftlichen Diskussion sehr divergent diskutiert – unterschiedliche Definitionen und Sichtweisen von Intuition, implizitem Wissen, Expertentum, Ästhetik und Kunst spielen dabei eine große Rolle.

Ein drittes Wissensmuster stellt das *personal knowledge* dar. Es beinhaltet die Erfahrungen, die der Pflegende im Laufe seiner beruflichen (und damit natürlich auch der persönlichen) Entwicklung macht. Ziel dieser Komponente ist die eigene Persönlichkeitsentwicklung im professionellen Kontext. Wichtig ist sie v.a. im Beziehungskontext zwischen Pflegeempfängerin und Pflegendem: Der Pflegende muss sich selbst kennen, er muss um seine Haltungen, Einstellungen und Praktiken im Alltag wissen. So ist es möglich, Widersprüche und Diskrepanzen im pflegerischen Handeln anzunehmen bzw. auszuhalten. Auch hier stellen Chinn & Kramer wieder zwei Fragen zur Verfügung, anhand derer das persönliche Wissen reflektiert werden kann: „Weiß ich was ich tue?" „Tue ich, was ich weiß?" (Chinn & Kramer 1996: 12)

Carpers viertes Wissensmuster umfasst *ethics*. Es befasst sich mit der moralischen Komponente des pflegerischen Handelns: Ist das, was ich tue, richtig? Ist es verantwortbar? Für wen? (Chinn & Kramer 1996: 12) Die Fähigkeit, moralische Entscheidungen zu treffen und zu begründen, ist v.a. in Dilemma-Situationen bedeutsam. Pflegerisches Handeln ist oft mit Interessens- und Zielkonflikten verbunden, die nicht mit Hilfe der anderen Wissensformen geklärt werden können. Pflegelernende müssen deshalb unbedingt ethisches Wissen erwerben und immer wieder reflektieren.

Jill White, Dekanin der Nursing School der University of Sydney, sieht in den 1990er Jahren ein weiteres relevantes Wissensmuster für pflegerisches Handeln (White 1995):

- „Sociopolitical Knowing: Context of Nursing" ⇨ soziopolitisches Wissen

White subsumiert darunter das Wissen von Pflegenden über das Umfeld, in dem pflegerisches Handeln stattfindet. Damit sind einerseits die direkten Lebensbedingungen der Pflegeempfängerinnen und Pflegenden gemeint. Zudem versteht sie darunter den soziopolitischen Rahmen, in dem Pflege als Profession tätig ist. Damit wird die Perspektive des pflegerischen Handelns von der direkten Beziehung zwischen Pflegender und zu Pflegendem erweitert, der Kontext wird brei-

---

[19] Friesacher exploriert Carpers Verständnis von Kunst ausführlich und stellt zusammenfassend fest, dass sie eine *weite* Definition verwendet. Zudem verweist er auf weitere Pflegewissenschaftlerinnen, die sich mit der Rolle der Kunst in der Pflege beschäftigen (Friesacher 2008: 204 ff., 382-383).

ter. White denkt, dass ein vertieftes Verständnis von Gesellschaft und Politik und deren Beziehungen zur Pflege in einer zunehmend ökonomisch gesteuerten Welt essenzieller Bestandteil pflegerischen Handelns ist. Auch sie geht analog zu Chinn & Kramer vor und stellt Fragen zur Verfügung: Welche Stimme wird gehört? Welche Stimme wird zum Schweigen gebracht?

Chinn & Kramer stellen seit der 7. Auflage ihres Pflegetheorie-Buches ebenfalls ein zusätzliches Wissensmuster für pflegerisches Handeln zur Diskussion. Sie nennen es

- „Emancipatory Knowing: The Praxis of Nursing" ⇨ emanzipatorisches Wissen

Sie verstehen darunter „the human capacity to be aware of and to critically reflect upon social, cultural, and political status quo and to figure out how and why it came to be that way." (Chinn & Kramer 2011: 5)[20] Dieses Wissen stärkt pflegerisches Handeln, das Ungleichheiten oder Ungerechtigkeiten reduziert oder gar verhindert. Reflektiert und überprüft wird es über Fragen wie „Wem nützt es?" „Was ist an dieser Darstellung falsch?" „Welche Hindernisse für Freiheit gibt es?" oder „Welche Veränderungen sind nötig?" (Chinn & Kramer 2011: 14).

Im deutschsprachigen Raum wird seit einiger Zeit eine *leibliche Perspektive* für die Pflege und das Hebammenwesen diskutiert, deren Ausgangspunkt in der Neuen Phänomenologie mit dem Philosophen Hermann Schmitz zu finden ist (vgl. Uzarewicz 2003; Schürenberg 2004; Uzarcwicz & Uzarewicz 2005; Weidert 2007; Dörpinghaus 2010; Moers 2012; Uzarewicz & Moers 2012). „Mit einer leibphänomenologischen Basis in der Pflege kann die ausschließliche Perspektive der Funktionalität des Körperlichen überwunden werden" (Uzarewicz & Moers 2012: 108). Für ein pflegerisches Handeln, das auf dem theoretischen Konzept der leiblichen Kommunikation und leiblicher Interventionen basiert, ist vermutlich ein weiteres Wissensmuster nötig:

- Leibliches Wissen

Martin Moers beschreibt als „einzige, allerdings wesentliche Bedingung" (2012: 118) das Einlassen der Pflegenden auf ihre eigene Leiblichkeit. Sie müssten diese bewusst wahrnehmen bzw. auf die eigenleiblich gespürten Signale achten und sie ernst nehmen. Im Kontext Pflege und Leibphänomenologie ist ein großes Forschungsdesiderat offensichtlich; darunter fallen auch Erkenntnisse, wie leibliches Wissen ausdifferenziert werden könnte.

---

[20] Übersetzungsvorschlag E.L.: Es handelt sich dabei um die Fähigkeit von Pflegenden, sich des sozialen, kulturellen und politischen Status Quo bewusst zu sein und diesen kritisch reflektieren zu können. Zudem können sie herausfinden, wie und warum es gerade zu diesem Status Quo kam.

Alle Wissensmuster können und sollten mit wissenschaftlichen Methoden exploriert werden. Die Pflegewissenschaft ist dafür als Fachdisziplin der richtige Ort.

4.3 Wie können Pflege und Pflegewissen zu Pflegewissenschaft verbunden werden? Ein Vorschlag

Neben den oben beschriebenen Wissensmustern ist für die Pflege (im Verständnis des beruflichen Kontextes, wie es beispielsweise Spichiger et al. und das ICN vermitteln) professionelles Handeln ein Kernelement. Dieses besteht sowohl aus der Verwendung von Wissen, wie sie in den Wissensmustern beschrieben werden, als auch aus einem individuellen Fallverstehen des konkreten Gegenübers.[21] Pflegende müssen beide Elemente kennen und in der Ausbildung erlernen und in ihrem beruflichen Alltag weiter entwickeln. Dafür ist eine Grundhaltung sinnvoll, die auch Wissenschaftler für ihr Tun – dem Wissen schaffen – benötigen. Wissenschaft stellt Fragen, *Pflege*wissenschaft sollte Fragen stellen und aufgreifen, die speziell sie bestmöglich beantworten kann (Kirkevold 2002: 166). Deshalb besteht eine enge Verbindung zur *Pflege*. Zusammenfassend habe ich versucht, diese Gedanken in einem Schaubild zu verdeutlichen, das auf der Abbildung der für mich zentralen Elemente der Wissenschaft basiert.

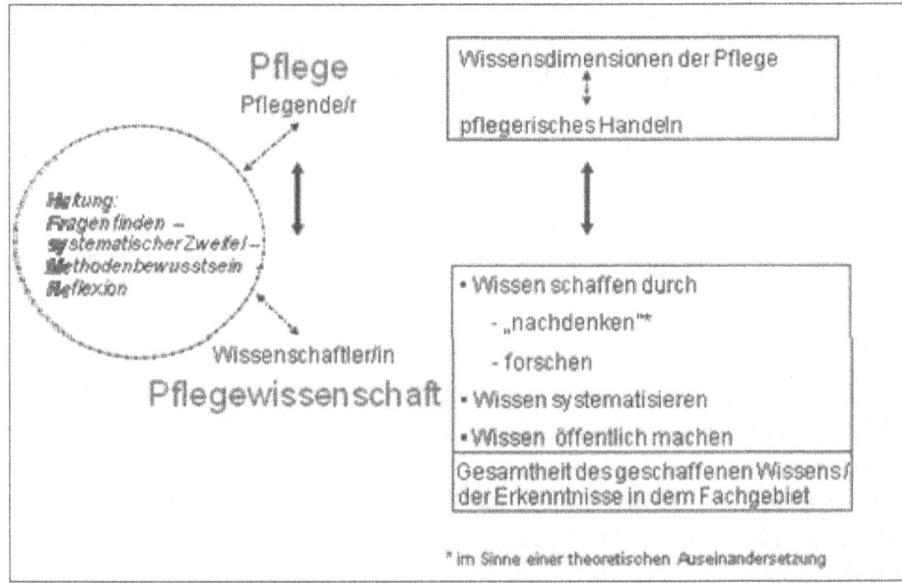

Abb. 3: Verbindung von Pflege und Wissenschaft (Elisabeth Linseisen ©)

---

[21] Siehe hierfür beispielsweise Weidner (1999); Remmers (2011).

5. Kurzes Fazit – oder: Was bedeuten die Ausführungen nun für die Pflegeausbildung?

Kenntnisse von Wissenschaft und speziell von Pflegewissenschaft sind essenzieller Bestandteil in der Pflegeausbildung. Allerdings kann es nicht darum gehen, ‚Pflegewissenschaft' als separates Unterrichtsfach in einem bestimmten Ausbildungsjahr für einige Stunden zu unterrichten. Das würde ‚Pflege-wissenschaffen' im ausgeführten Verständnis konterkarieren. Aus pflegewissenschaftlicher Perspektive sollte vielmehr eine Grundhaltung wissenschaftlichen Denkens erlernt und geübt werden, so dass Pflegelernende einen anderen Zugang zum Denken, Verstehen und Erklären gewinnen. Ständiges Hinterfragen, Nachdenken und Zweifeln ist eine mühsame Arbeit und muss erlernt werden – ich gehe aber (derzeit) davon aus, dass sich diese Mühe lohnt!

Literatur

AltPflG (2003): Altenpflegegesetz. In: BGBl. I: 1690

Bartholomeyczik, Sabine / Linhart, Monika / Mayer, Hanna & Mayer, Herbert (2008): Lexikon der Pflegeforschung. Begriffe aus Forschung und Theorie. Elsevier, München

Bayerisches Staatsministerium für Unterricht und Kultus (2005): Lehrplanrichtlinien für die Berufsfachschule für Krankenpflege und Kinderkrankenpflege. München

Benner, Patricia & Wrubel, Judith (1997): Pflege, Stress und Bewältigung. Gelebte Erfahrung von Gesundheit und Krankheit. Hans Huber, Bern

Brandenburg, Hermann & Dorschner, Stephan (Hg.) (2008): Pflegewissenschaft 1. Lehr- und Arbeitsbuch zur Einführung in das wissenschaftliche Denken in der Pflege. Hans Huber, Bern: 17-29

Brandenburg, Hermann / Panfil, Eva-Maria & Mayer, Herbert (Hg.) (2007): Pflegewissenschaft 2. Lehr- und Arbeitsbuch zur Einführung in die Methoden der Pflegeforschung. Hans Huber, Bern

Brockhaus (2005-06): Wissenschaft. Brockhaus – Die Enzyklopädie in 30 Bänden. F.A. Brockhaus, Leipzig. https://15091.lip.e-content.duden-business.com/lip-suche/-/lip_article/B24/24027704 (30.08.2012)

Bund-Länder-Arbeitsgruppe Weiterentwicklung der Pflegeberufe (2012): Eckpunkte zur Vorbereitung des Entwurfs eines neuen Pflegeberufegesetzes. http://bmg.bund.de/fileadmin/dateien/Downloads/P/Pflegeberuf/20120301_Endfassung_Eckpunktepapier_Weiterentwicklung_der_Pflegeberufe.pdf (02.03.2012)

Burns, Nancy & Grove, Susan K. (2005): Pflegeforschung verstehen und anwenden. Elsevier, München

Carper, Barbara A. (1978): Fundamental Patterns of Knowing in Nursing. In: Advances in Nursing Science, Jg. 1, 1: 13-23

Chinn, Peggy L. & Kramer, Maeona K. (2011): Integrated Theory and Knowledge Development in Nursing. Mosby, St. Louis, Missouri

Chinn, Peggy L. & Kramer, Maeona K. (1996): Pflegetheorie. Konzepte, Kontext, Kritik. Ullstein, Berlin

Clausen, Jens (2005): Wie sich Wissenschaft ihr Wissen schafft. In: Schneider, Kordula / Brinker-Meyendriesch, Elfriede & Schneider, Alfred (Hg.): Pflegepädagogik. Für Studium und Praxis. Springer, Berlin: 215-246

DNQP Deutsches Netzwerk für Qualitätsentwicklung in der Pflege (2011): Methodisches Vorgehen zur Entwicklung, Einführung und Aktualisierung von Expertenstandards in der Pflege, Osnabrück. http://www.wiso.hs-osnabrueck.de/fileadmin/groups/607/DNQP_Methodenpapier.pdf (23.08.2012)

DNQP Deutsches Netzwerk für Qualitätsentwicklung in der Pflege (Hg.) (2010): Expertenstandard Ernährungsmanagement zur Sicherstellung und Förderung der oralen Ernährung in der Pflege. Entwicklung – Konsentierung – Implementierung. Fachhochschule Osnabrück, Osnabrück

Dörpinghaus, Sabine (2010): Dem Erspürten vertrauen. Leibphänomenologie in der Geburtshilfe. In: Dr. med. Mabuse, 183 Januar/Februar: 40-44

Fleck, Ludwik (2006): Entstehung und Entwicklung einer wissenschaftlichen Tatsache. Einführung in die Lehre vom Denkstil und Denkkollektiv. Suhrkamp, Frankfurt am Main

Friesacher, Heiner (2008): Theorie und Praxis pflegerischen Handelns. Begründung und Entwurf einer kritischen Theorie der Pflegewissenschaft. V&R Unipress, Osnabrück

ICN International Council of Nurses (2012): Definition of Nursing. http://www.icn.ch/about-icn/icn-definition-of-nursing/ (31.08.2012)

Kirkevold, Marit (2002): Pflegewissenschaft als Praxisdisziplin. Hans Huber, Bern

Kröner, Anja / Stoll, Hansruedi & Spichiger, Elisabeth (2012): Malnutrition und Gewichtsverlust – Erfassen des Ernährungsstatus und Beratung durch Pflegende: Das Erleben von Patienten mit einer neu diagnostizierten oder rezidivierten Tumorerkrankung. In: Pflege, Jg. 25, 2: 85-95

KrPflAPrV (2003): Ausbildungs- und Prüfungsverordnung für die Berufe in der Krankenpflege. In: BGBl. I: 2263

KrPflG (2003): Krankenpflegegesetz. In: BGBl. I: 1442

Kuhn, Thomas S. (1976): Die Struktur wissenschaftlicher Revolutionen. Suhrkamp, Frankfurt am Main

LoBiondo-Wood, Geri & Haber, Judith (2005): Pflegeforschung. Methoden, Bewertung, Anwendung. Elsevier, München

Mayer, Hanna (2011): Pflegeforschung kennenlernen. Elemente und Basiswissen für die Grundausbildung. Facultas, Wien

Mayer, Hanna (2007): Pflegeforschung anwenden. Elemente und Basiswissen für Studium und Weiterbildung. Facultas, Wien

Moers, Martin (2012): Leibliche Kommunikation, Krankheitserleben und Pflegehandeln. In: Pflege & Gesellschaft, Jg. 17, 2: 111-119

Müller, Elke (1998): Grundpflege und Behandlungspflege. Historische Wurzeln eines reformbedürftigen Pflegebegriffs. In: Pflege & Gesellschaft, Jg. 3, 2: 1-6

Nerheim, Hjördis (2001): Die Wissenschaftlichkeit der Pflege. Paradigmata, Modelle und kommunikative Strategien für eine Philosophie der Pflege- und Gesundheitswissenschaften. Hans Huber, Bern

Nightingale, Florence (1969): Notes on Nursing. What it is, and what it is not. Dover Publications, New York

Panfil, Eva-Maria (2011): Willkommen in der Branche der Wissenschaftlerinnen und Wissenschaftler: Eine Einführung. In: Panfil, Eva-Maria (Hg.): Wissenschaftliches Arbeiten in der Pflege. Lehr- und Arbeitsbuch für Pflegende. Hans Huber, Bern: 25-39

Popper, Karl R. (1987): Auf der Suche nach einer besseren Welt. Vorträge und Aufsätze aus 30 Jahren. Piper, München

Pschyrembel (2012): Wörterbuch Pflege. de Gruyter, Berlin

Remmers, Hartmut (2011): Pflegewissenschaft als transdisziplinäres Konstrukt. Wissenschaftssystematische Überlegungen – Eine Einleitung. In: Remmers, Hartmut (Hg.): Pflegewissenschaft im interdisziplinären Dialog. Eine Forschungsbilanz. V&R Unipress, Göttingen: 7-47

Reuschenbach, Bernd & Lau, Dirk (2005): Pflegeforschung in der Pflegeausbildung. Ein Erfahrungsbericht und Anregungen zur Umsetzung. In: PrInterNet – Zeitschrift für Pflegewissenschaft, Jg. 9, 2: 76-85

Risjord, Mark (im Druck): Nursing Science. (Penultimate draft). In: Gifford, Fred (Ed.): Philosophy of Medicine. Elsevier, Amsterdam

Robert-Bosch-Stiftung (1996): Pflegewissenschaft: Grundlegung für Lehre, Forschung und Praxis; Denkschrift. Bleicher, Gerlingen

Schürenberg, Ansgar (2004): Basales Berühren. Ein Entwurf im Ausgang vom Konzept Basaler Stimulation in der Pflege und Phänomenologie der Leiblichkeit. In: Schnell, Martin W. (Hg.): Leib. Körper. Maschine. Interdisziplinäre Studien über den bedürftigen Menschen. Selbstbestimmtes Leben, Düsseldorf: 71-103

Spichiger, Elisabeth / Kesselring, Annemarie / Spirig, Rebecca / Geest, Sabina de & Gruppe ‚Zukunft Medizin Schweiz' (2006): Professionelle Pflege – Entwicklung und Inhalte einer Definition. In: Pflege, Jg. 19, 1: 45-51

Tschamler, Herbert (1996): Wissenschaftstheorie. Eine Einführung für Pädagogen. Klinkhardt, Bad Heilbrunn

Uzarewicz, Charlotte & Moers, Martin (2012): Leibphänomenologie für Pflegewissenschaft – eine Annäherung. In: Pflege & Gesellschaft, Jg. 17, 2: 101-110

Uzarewicz, Charlotte (2006): Pflegewissenschaftliche Grundlagen. In: Dibelius, Olivia & Uzarewicz, Charlotte: Pflege von Menschen höherer Lebensalter. Kohlhammer, Stuttgart: 74-100

Uzarewicz, Charlotte & Uzarewicz, Michael (2005): Das Weite suchen. Einführung in eine phänomenologische Anthropologie für Pflege. Lucius & Lucius, Stuttgart

Uzarewicz, Charlotte (2003): Das Konzept der Leiblichkeit und seine Bedeutung für die Pflege. In: DV Pflegewissenschaft (Hg.): Das Originäre der Pflege entdecken. Pflege beschreiben, erfassen, begrenzen. Mabuse, Frankfurt am Main: 13-26

Weidert, Sabine (2007): Leiblichkeit in der Pflege von Menschen mit Demenz. Zum Umgang mit anspruchsvollen Pflegesituationen im Klinikalltag. Mabuse, Frankfurt am Main

Weidner, Frank (1999): Was bedeutet Professionalisierung für die Pflegeberufe? In: Sauter, Dorothea & Richter, Dirk (Hg.): Experten für den Alltag. Professionelle Pflege in psychiatrischen Handlungsfeldern. Psychiatrie, Bonn: 18-38

Wettreck, Rainer (2001): „Am Bett ist alles anders" Perspektiven professioneller Pflegeethik. LIT, Münster

White, Jill (1995): Patterns of Knowing: Review, Critique, and Update. In: Advances in Nursing Science, Jg. 17, 4: 73-86

Wissenschaftsrat (2012): Empfehlungen zu hochschulischen Qualifikationen für das Gesundheitswesen. Drs. 2411-12, Berlin. http://www.wissenschaftsrat.de/download/archiv/2411-12.pdf (25.08.2012)

Pflegewissenschaftliche Fundierung der Pflegelehre – Herausforderungen an eine fachfundierte Pflegelehre

Astrid Elsbernd

1. Ausgangslage – Diskussionsstand

Was müssen Lehrende für Pflegeberufe, Pflegepädagogen/innen wissen und was müssen Auszubildende der Pflege lernen? Der Diskurs zu diesen beiden Kernfragen hat in Deutschland eine lange Tradition, auch wenn sich das noch immer nicht stringent in den Bildungswegen von Pflegepädagogen/innen abbildet. Die damit grundsätzlich verbundene Frage nach den zentralen Kompetenzen von Lehrerinnen und Lehrern beschäftigt allerdings nicht nur die Pflege, sondern nahezu alle Fachdisziplinen, insbesondere die Berufspädagogen/innen. In den unterschiedlichen (allgemeinen) Standards zur Lehrerbildung werden beispielsweise die folgenden vier Bereiche beschrieben und mit Standards erfasst (Terhart 2002: 33 ff.):

- Standards für Unterrichtsfächer
- Standards für die Fachdidaktik
- Standards für das erziehungswissenschaftliche Studium
- Standards für die schulpraktischen Studien

Wie viel Fachexpertise müssen Lehrende haben, um das notwendige Fachwissen zu vermitteln? Dass sie Fachwissen benötigen, liegt auf der Hand, jedoch in welcher Breite und Tiefe scheint in der Pflegeausbildung noch nicht ausreichend geklärt. Auch die zunehmende Akademisierung des Pflegeberufes hat nicht zu einer Klärung dieser grundsätzlichen Frage geführt. In ihrem Beitrag ‚Pädagogin, Fachwissenschaftlerin oder Berufsexpertin' mahnt Karin Reiber an, dass sich „Lehrerinnen stärker mit ihrer pädagogischen Rolle [...] identifizieren, als sich über ihre fachwissenschaftliche Expertise zu definieren. Auch Studierende halten die bildungswissenschaftlichen Studienanteile für berufsrelevanter als die fachwissenschaftlichen" (Reiber 2011: 27). Die Unterschiedlichkeit der Meinungen spiegelt sich auch in den Ausführungen von Manuela Keller-Schneider wider. Sie stellt fest, dass „Fachwissen [...] unabdingbar [ist], um Unterrichtsinhalte den Lernenden zu vermitteln", doch gelte Fachwissen, in Anlehnung an Georg Hans Neuweg, „als notwendig, aber nicht als hinreichend für guten Unterricht" (Keller-Schneider 2011: 9). Dem gegenüber stellt Reiber zusammenfassend Folgendes fest: „Professionelles Lehren in der Pflegeausbildung setzt zunächst eine fachwissenschaftliche Expertise voraus: Die für professionelles Pflegehandeln maßgebliche Disziplin Pflegewissenschaft ist der inhaltliche Ausgangs- und Bezugspunkt des Unterrichtens. Zugleich ist der professionell Lehrende auch Pädagoge – allerdings im Sinne einer wissenschaftlich-reflexiven Haltung." (Reiber 2011: 28) Diese Position wird durch eine Studie des Max-Planck-Instituts für Bildungsforschung (2011), die u.a. den Zusammenhang zwischen Aspekten der Lehrerkompetenz und den Lernerfolgen ihrer Schüler/innen untersucht hat, untermauert. Erste Auswertungen des empirischen Materials, das im Rahmen von Unterrichtsanalysen mit Schülern/innen im Fach Mathematik erhoben wurde, zeigen, dass „das Fachwissen der Lehrkraft als Bedingung für das fachdidaktische Wissen verstanden werden kann." (Max-Planck-Institut für Bildungsforschung 2011)

Die Frage, ob die Fachwissenschaft in einem erheblichen Ausmaß von den Pädagoginnen und Pädagogen benötigt wird, ist in den Bildungswissenschaften allgemein weitestgehend geklärt: Ohne Fachwissenschaft ist Lehren und Lernen nicht in der erforderlichen Qualität möglich. „Ein solides systematisch, methodisch und wissenschaftsgeschichtlich gestütztes *Wissen in den und über die Unterrichtsfächer(n)* ist eine conditio sine qua non." (Terhart 2002: 31) Ewald Terhart fordert sogar, dass sich „die Disziplinen bzw. Fächer selbst [...] viel stärker als bisher in die Diskussion um die Lehrerbildung und deren Inhalte und Standards einmischen" sollen (Terhart 2002: 31). Zwar bezieht er sich hier auf die allgemeine Lehrerbildung, doch leuchtet diese Forderung auch für die Disziplin Pflege ein. Die Frage nach Breite und Tiefe der fachlichen Verortung von Lehrerinnen und Lehrern in der Pflege stellt sich dabei deutlicher denn je, denn auch die Disziplin Pflege ist komplex und umfangreich.

Die Pflegewissenschaft ist eine junge und international unterschiedlich weit entwickelte Disziplin. Vor diesem Hintergrund stellt sich auch die Frage nach einer Strukturierung bzw. Unterteilung in verschiedene ‚Fächer' oder Schwerpunktthemen, denn längst zeichnet sich ab, dass es selbst den Pflegewissenschaftlern/innen kaum noch möglich ist, die gesamte Disziplin in ihrer Breite und Tiefe zu kennen. Allerdings gibt es noch keine allgemein anerkannte Fachsystematik und man darf von einer eher evolutionären Entwicklung der Disziplin sprechen. Vor dem Hintergrund dieser Problematik soll sich der folgende Buchbeitrag damit beschäftigen, welche pflegewissenschaftlichen bzw. pflegefachlichen Inhalte in den kommenden Jahren von Pflegelehrenden gekannt werden sollten bzw. welche fachlichen und methodischen Kompetenzen Pflegende im Rahmen ihrer Pflegeausbildung erwerben sollten. Dabei kann es nicht die Aufgabe sein, eine umfassende Systematisierung der Disziplin zu diskutieren. Gleichwohl soll hier der Versuch unternommen werden, zentrale Fachgegenstände einzuteilen und der Diskussion zugänglich zu machen.

2. Pflegefachliche Kompetenzen von Pflegelehrern/innen

2.1 Grundsätzliche pflegefachliche Anforderungen

Ein einschlägiges Lehrbuch ‚Pflegepädagogik' (Schneider et al. 2005) zeigt das Dilemma der fachwissenschaftlichen Verortung von Pflegelehrern/innen recht deutlich: Pflegewissenschaftliche Themen sind in verschiedenen Kapiteln bearbeitet, eine Begründung für die Auswahl, eine Verbindung der fachwissenschaftlichen Themen oder eine Verschränkung von verschiedenen wissenschaftlichen Ansätzen aus unterschiedlichen Disziplinen fehlen. Eine Auseinandersetzung mit der fachwissenschaftlichen Verortung der Lehrenden ist nicht vorhanden und damit auch die Orientierung für die zukünftigen Pflegepädagogen/innen. Die schwer verständliche Gesamtsystematik im Lehrbuch zeigt deutlich, in welchem Dilemma die aktuelle Bildung der Pflegepädagogen/innen steckt: Breite und Tiefe der fachwissenschaftlichen Verortung und die Verbindung von erziehungswissenschaftlichen Themen sind unzureichend geklärt und werden nicht vermittelt. Dies kann zu einer unklaren beruflichen Identität der Pflegepädagogen/innen führen.

Der bereits zitierte Pädagoge Terhart (2002) schlägt disziplinenübergreifend die folgenden Kompetenzen und Inhalte im Bereich der Fächer vor:

1. „Allgemeine Struktur der Disziplin
2. Zentrale Konzepte und Inhalte der Disziplin
3. Zusammenhänge und Querverbindungen der Inhalte
4. Sich bewegen können in den Strukturen/Inhalten der Disziplin
5. Forschungsmethoden der Disziplin
6. Ausgewählte Spezialisierungen/Vertiefungen
7. Geschichte, Erkenntnisprobleme und Erkenntnisgrenzen der Disziplin
8. Ausgewählte Themen und Probleme an der Forschungsfront der Disziplin
9. Verbindungen zu anderen Disziplinen (Inter-/Transdisziplinarität)
10. Bedeutung/Vermittlung der Disziplin für/an außerwissenschaftliche Kontexte" (Terhart 2002: 34).

Die Systematisierung ist recht hilfreich für die Identifizierung des Fachwissens, das Pflegelehrer/innen benötigen. Diese Bereiche zeigen, dass das Fachwissen relativ umfangreich sein sollte, insbesondere aber muss Struktur und Entwicklung der Fachdisziplin und damit die innere Logik gekannt und konsistent vermittelt werden. Dies ist sehr gut nachvollziehbar, besteht doch für Lehrer/innen die Aufgabe, unterschiedliche Themen (der Praxis) theoretisch einzuordnen.

Gerade diese Einordnungs- und Strukturierungsaufgaben können Auszubildende selbst nicht leisten, weil sie praktisch zunächst induktiv die zukünftige Disziplin kennenlernen und erst im fortgeschrittenen Ausbildungsverlauf in der Lage sind, die notwendigen disziplinären und interdisziplinären Verknüpfungen zu erkennen und gar selbst vorzunehmen. Folgende Einordnungen müssen daher meines Erachtens von Lehrenden fachlich geleistet werden:

- Zuordnung eines Themas, einer Fragestellung zu den über- und untergeordneten Themen bzw. Bereichen
- Interdisziplinäre Verortung und Abgrenzung der Fragestellung und Thematik
- Einordnung des Nutzens und der Grenzen von den bestehenden Wissensbeständen und neu generierten Wissens für die Pflegepraxis
- Einordnung bzw. Identifizierung von lückenhaften Wissensbeständen
- Einordnung bzw. Zuordnung von Methoden, Verfahren und Instrumenten zu pflegerelevanten Inhalten und Pflegephänomenen
- Einordnung von Sprache und Bedeutung im professionellen Kontext.
- Anthropologische und ethische Basierung der Disziplin Pflege und Einordnung zentraler ethischer Fragestellungen in der Pflegepraxis

Lehrende sollten neben dieser Einordnungsarbeit den Lernenden vermitteln, wie sie bestehende Wissensbestände systematisch erschließen können. Es zeigt sich, dass Lehrende v.a. die Breite der Disziplin erkennen und vermitteln müssen. Ziel ist es dabei, dass die Lernenden ein stetig wachsendes Bild von der eigenen Disziplin mit ihren Grenzen bekommen bzw. sich erarbeiten. Die Lehrenden haben dabei die Aufgabe, zentrale ‚Bildanteile' mitzuformen, sodass ein Gesamtbild entsteht, das von der Profession Pflege und damit von den anderen Pflegenden geteilt wird.

Darüber hinaus ist es Aufgabe der Lehrenden, die Lernenden in die verschiedenen Teilbereiche inhaltlich einzuführen und dabei die erforderliche Tiefe des Wissens zu erreichen. Die Teilbereiche können sich auf Inhalte, aber auch Methoden, Verfahren und Instrumente beziehen. Es ist selbstverständlich, dass Lehrende nicht alle Bereiche ihrer Disziplin inhaltlich in der Tiefe kennen und vermitteln können. Die Pflegewissenschaft ist heute eine stark ausdifferenzierte Disziplin, die in der Breite und Tiefe weder von Pflegewissenschaftlern/innen noch von Pflegepädagogen/innen umfassend gekannt werden kann. Für die Lehrenden in der Ausbildung stellt sich deshalb die Frage, welche Inhalte in welcher Tiefe generell von allen Lehrenden gekannt und vermittelt werden sollten und bei welchen Inhalten und Themen bewusst Spezialisierungen der Lehrenden genutzt werden. Das ist eine alte Frage der bildungstheoretischen Didaktik: einerseits einen Bildungskanon zu bestimmen, andererseits mit exemplarischen Vertiefungen zu arbeiten (vgl. Klafki 1995). Darüber hinaus sollte auch in den Blick genommen werden, dass exemplarisches Lernen den Vorteil mit sich bringt, Spezialisierungen und Kooperationen der Lehrenden zu fördern.

Pflegelehrer/innen haben auch die Aufgabe, in der Praxis vorfindbare Fragestellungen und Themen in einen theoretischen Diskurs zu überführen, um darauf aufbauend die Themen wieder in die praktische Arbeit zu überführen. Der Umgang mit den praktischen Erfahrungen der Lernenden ist von zentraler Bedeutung, denn die Praxis ist einer der wichtigsten Anknüpfungs- und Sozialisierungsorte für die Lernenden. Dabei ist es wichtig, Handlungssicherheit zu fördern und zugleich Handlungsunsicherheit zu provozieren. Die systematische inhaltliche Reflexion über das Pflegehandeln stellt hohe Anforderungen an die Lehrenden, denn sie müssen vermitteln, dass oftmals unsichere Wissensbestände vorliegen, welche die Praxis dazu auffordern, Pflegehandeln nicht nur sorgfältig zu evaluieren, sondern stets auch kritisch zu hinterfragen, ohne dabei handlungsunfähig zu werden. Dabei sollten die Lehrenden einen außerordentlichen fachlichen ‚Bildungshunger' provozieren, der dazu führen kann, dass die Lernenden motiviert sind, sich selbstständig immer wieder (neue) Wissensbestände anzueignen. Was bedeuten nun die angeführten Forderungen konkret für Lehrende in der Pflege?

2.2 Pflegefachliche Einordnungsarbeiten: Die Breite der Disziplin vermitteln

Die Pflegewissenschaft hat sich einerseits aus den Naturwissenschaften – insbesondere der Medizin – andererseits aus den Geisteswissenschaften – und hier besonders aus der Soziologie – heraus entwickelt. Diese Wurzeln führen zu unterschiedlichen Logiken und zu unterschiedlichen Forschungsparadigmen in der Pflegewissenschaft. Darüber hinaus hat sich die Pflegewissenschaft an dem allgemeinen erkenntnistheoretischen Diskurs orientiert. Die frühen Pflegetheoretiker/innen (v.a. amerikanische) haben den Versuch unternommen, den Gegenstand ‚Pflege' mittels zumeist normativ entwickelter theoretischer Konstrukte zu definieren und daraus die Kernaufgaben der Disziplin herzuleiten. Diese Ansätze sind noch immer wegweisend für die unterschiedlichen und vielfältigen Aufgabenbereiche von Pflegenden. Pflegelehrer/innen sollten diese Theorien und ihren Wirkungsgrad kennen und einordnen können. Die Komplexität des Gegenstands ‚Pflege' kann umso mehr durchdrungen werden, je mehr erkannt wird, dass Theorien mit unterschiedlichen Reichweiten benötigt werden, um begründet in der Pflege handeln zu können.

Die Pflege und ihre Wissenschaft hat sich international in den vergangenen 100 Jahren stark emanzipiert, insbesondere von der Disziplin Medizin, und kann mittlerweile auf einen beträchtlichen theoretischen Fundus zurückgreifen. Die amerikanischen und britischen Pflegewissenschaftler/innen haben in den 1950er Jahren erkannt, dass zur Identifizierung des Gegenstandsbereiches der Pflege eigene theoretische Konstrukte benötigt werden. Die daraufhin entstandenen Pflegetheorien der ersten Generation zeigten die Spannbreite und die Schwerpunkte pflegerischen Handelns und definierten die originären Aufgaben von Pflegenden. Diese Theorien wurden teilweise übersetzt und damit auch der deutschen Pflegewissenschaft zugänglich gemacht. Einige Theorien haben starken Einfluss auf die Pflegepraxis genommen, z.B. Nancy Roper / Winifred W. Logan & Alison J. Tierney, Dorothea Orem, Virginia Henderson, Martha Rogers, Hildegard Peplau, andere blieben unentdeckt und wurden eben auch nicht in die deutsche Sprache übersetzt. Obwohl die deutsche Pflegewissenschaft immer wieder gezweifelt hat, ob diese Theorien überhaupt für die Pflegepraxis erforderlich sind, waren sie lange die einzigen theoretischen Bestände, die den Pflegenden aufgezeigt werden konnten. Mit diesen Theorien können Pflegende die Schwerpunkte, den Kern ihrer pflegerischen Arbeit identifizieren, systematisch pflegerisches Handeln planen und evaluieren. Nach einigen Jahren der Auseinandersetzung hat die Praxis Pflegetheorien der ersten Generation entdeckt: Innovative Pflege- und Gesundheitseinrichtungen nutzen diese theoretischen Konstrukte zum Erkennen und Bewerten von Pflegebedarfen (z.B. Assessment-Instrumente vor dem Hintergrund der Theorie von Roper et al.). Doch neben dieser Bedarfsermittlung gibt es viele Themen und Pflegephänomene, die nicht mit den Theorien dieser ersten Generation bearbeitet werden können. Die Pflege ist international auf dem Weg, Theorien von kleiner und mittlerer Reichweite zu generieren, immer mehr stützen sich die Pflegewissenschaftler/innen auf empirische Befunde. ‚Evidence based nursing' (EBN), das Ende der 1990er Jahre in Deutschland von der Pflegewissenschaft aufgegriffen wurde, hat das Denken, Forschen und Handeln zunehmend stark beeinflusst. Fragen der Evidenzbasierung und Fragen nach der damit verbundenen Methodik zur Bestimmung/Bewertung von wissenschaftlicher Beweiskraft haben viele Jahre das Zentrum der wissenschaftlichen Auseinandersetzung geprägt. Zunehmend zeichnet sich aber auch ab, dass die Pflegewissenschaft neben der Generierung von Wissen durch Forschung viel Arbeit vor sich hat, das so generierte Wissen zu sichten, zu bewerten und der Theorienbildung zugänglich zu machen. Dabei darf nicht unterschätzt werden, dass deduktiv entwickelte Theorien benötigt werden, insbesondere in Bereichen, die schwer mit Forschungsstrategien zu erkunden sind.

Aufgabe der Pflegepädagogen/innen ist es, die wissenschaftliche Breite der Disziplin zu vermitteln, um sicherzustellen, dass die Pflegenden der Zukunft in der Lage sind, die damit verbundenen unterschiedlichen Handlungsfelder in vergleichbaren Anteilen zu besetzen. Pflegebildung hat dabei die Aufgabe, die komplexen Zugänge theoretisch zu eröffnen, die empirischen und methodologischen Grundlagen zu vermitteln und Arten der Wissensgenerierung darzustellen. Erst darauf aufbauend kann konkretes Pflegewissen vermittelt werden, das so immer den Anschluss an Wissenschaft und den wissenschaftlichen ‚Unterbau' hat.

2.3 Systematisches und fachlich begründetes Pflegehandeln lehren

Ist der Gegenstand pflegerischen Handelns grundlegend und damit theoretisch verortet, stellt sich die Frage, wie Pflegende im Pflegealltag Pflegephänomene erkennen und bearbeiten können. Dafür brauchen sie neben fundiertem Fachwissen auch Methodenwissen. Darüber hinaus müssen sie im Rahmen des Aushandlungsprozesses mit den Betroffenen über hohe soziale Kompetenzen und hohe Selbstkompetenzen verfügen. Dies ist auch deshalb dringend erforderlich, weil Pflegende in aller Regel in existenziell betroffenen, bisweilen sogar bedrohten Lebensbereichen wirken.

Aufbauend auf den oben beschriebenen Grundlagen ist es gut möglich, die Disziplin Pflege und die vielfältigen Pflegephänomene systematisch zu erschließen und dabei ein Wissensniveau zu erreichen, das entsprechend dem Bildungsstand hoch ist. Es ist inzwischen hinlänglich bekannt, dass der Pflegeprozess ein systematisches Problemlösungsverfahren ist. Der Pflegeprozess wird seit 1985 in der Ausbildung in Deutschland gelehrt. Umso erstaunlicher ist es, dass noch immer nicht allen Pflegenden der eigentliche Sinn dieses Verfahrens einleuchtet. Dies ist aus meiner Sicht nachvollziehbar, denn lange Zeit war vielen Pflegenden nicht klar, dass die einzelnen Schritte im Pflegeprozess durch anwendbare Instrumente unterstützt und diese miteinander verzahnt werden müssen (z.B. Assessment-Instrumente, Planungs-Instrumente, Interventions-Instrumente, Evaluations-Instrumente). Ein deutliches Indiz für fehlende oder nicht gut anwendbare Instrumente ist eine Dokumentationsfülle, die versucht, diese Lücken zu schließen. Doch erst durch die Anwendung von geeigneten Instrumenten, die eine Eigendokumentation zulassen, kann dieser Dokumentationsaufwand eingedämmt werden. Zurzeit ‚kämpft' die Pflegepraxis mit einer Fülle von geeigneten Instrumenten, die allerdings oftmals nicht oder noch zu wenig aufeinander abgestimmt sind und so Synergieeffekte fehlen. Doppeldokumentation ist deshalb in vielen Bereichen unvermeidbar. Noch komplexer wird die Thematik, wenn berufsgruppenübergreifend gearbeitet wird.

Aufgabe der Pflegelehrenden ist es, die damit zusammenhängende Methodenkompetenz im Rahmen der Ausbildung grundzulegen. Die Lehrenden müssen deshalb in einem erheblichen Maß über das entsprechende Methodenwissen verfügen und die Lernenden exemplarisch an die Methodenkompetenz heranführen. Im Rahmen der Vermittlung des Pflegeprozesses ist dies sicher sehr gut möglich, denn es können exemplarisch Instrumente (z.B. Assessment-Instrumente) vorgestellt und kritische Aspekte – vor dem Hintergrund ihres praktischen Nutzens – reflektiert werden.

Grundsätzlich geht es darum, dass es Pflegenden theoriegeleitet möglich ist, Pflegebedarfe zu erkennen, sie zu bewerten und zu analysieren, welche Hilfe- und Unterstützungsoptionen vorhandenen sind. Die pflegerischen Hilfen können einfach und direkt, aber eben auch hoch komplex sein. Vor diesem Hintergrund ist es wichtig, dass die Pflegenden das Analysierte und ihre Hilfeoptionen selbstreflexiv einordnen können. Anschließend ist es dann wichtig, die Hilfe- und Unterstützungsangebote darzustellen und damit den Betroffenen zugänglich zu machen. Der stattfindende Aushandlungsprozess mit den Betroffenen muss mit einbeziehen, dass die Betroffenen oftmals vor Problemen stehen, die sie nicht kennen und die zugleich lebensverändernd, bisweilen auch existenziell bedrohlich sind. Es gibt aber auch den umgekehrten Fall: Einige Menschen, die unter einer chronischen Erkrankung leiden, eignen sich enormes Wissen an und werden zu Experten/innen in diesem Bereich. Deshalb benötigen die Pflegenden viel Wissen über Verarbeitungs- und Entwicklungsprozesse, die Betroffene in den verschiedenen Lebens- und Krankheitsphasen potentiell durchleben. Hilfeangebote müssen in einem demokratischen, möglichst machtfreien Diskurs geführt werden. Pflegende müssen konkret lernen, diese Diskurse zu führen, besser noch kommunikativ einzuleiten und zu begleiten (vgl. Habermas 1983). Herausstellen sollte man an dieser Stelle, dass es sicherlich einiger Jahre Berufstätigkeit bedarf, um diese Diskurse auf hohem Niveau einleiten und führen zu können. Trotzdem müssen die Grundlagen in der Ausbildung gelegt werden. Dabei ist es nicht nur wichtig, die Prinzipien und kommunikativen Voraussetzungen zu lernen, sondern auch, dass die Pflegenden eine Grundhaltung, im Sinne einer Werthaltung, entwickeln, die sich mit den Werten der Disziplin Pflege decken. Da Werthaltungen nur langfristig beeinflussbar sind, sollte meines Erachtens bereits zu einem sehr frühen Zeitpunkt daran ‚gearbeitet' werden; die Reflexion persönlicher, gesellschaftlicher, professioneller und betrieblicher Werte ist in diesem Zusammenhang eine Grundbedingung zum Ausbilden einer professionell abgestimmten und persönlich getragenen Werthaltung.

Für viele Pflegethemen bietet es sich an, dass die Einrichtung auf ihre Patienten/innen oder Bewohner/innen abgestimmte Konzepte entwickelt, die es ermöglichen, Themen theoretisch zu verankern, auf die jeweiligen Zielgruppen hin abzustimmen und Instrumente und Verfahren zu entwickeln, die anwendbar sind und aufeinander bezogen werden können. Einige Beispiele für geeignete Konzeptthemen sollen hier genannt werden: Ernährungsmanagement in einer Einrichtung, Umgang mit speziellen Zielgruppen (z.B. mit dementiell erkrankten Menschen), Schmerzmanagement, Wundmanagement, Umgang mit aggressivem Verhalten. Eine Vertiefung der Thematik Pflegekonzepte und Konzeptentwicklung finden interessierte Leser/innen in der Veröffentlichung mit dem Titel ‚Konzeptentwicklung in der Pflege' (Elsbernd 2011). Die in der Praxis entwickelten und verwendeten Konzepte sollen im Rahmen der Ausbildung exemplarisch genutzt werden, um Inhalte, aber auch Methodenkompetenzen zu vermitteln. Dabei können die Lernenden Relevanz, Methodik, und Fachwissen themenspezifisch erkennen und bei Nutzung eines geeigneten fachdidaktischen Modells dieses Wissen auch auf andere Themen bzw. Situationen übertragen lernen.

An dieser Stelle möchte ich hervorheben, dass es zurzeit in der Pflege nur in wenigen Bereichen zuverlässige (im Sinne der Wissenschaft geprüfte) Instrumente und Verfahren gibt. Deshalb müssen zu vielen Themen Praxisinstrumente entwickelt werden. In den letzten zwölf Jahren hat die Erarbeitung von Expertenstandards in der Pflege dazu beigetragen, dass nicht nur die damit angesprochenen fachlichen Themen sich in der Praxis erheblich weiterentwickelt haben, sondern auch die Entwicklung von spezifischen Instrumenten und Verfahren. Leider sind jedoch viele Einrichtungen fachlich und methodisch überfordert, praxistaugliche und effektive Instrumente daraus abzuleiten. Sicherlich können Auszubildende nicht an die Erarbeitung von praxistauglichen Instrumenten herangeführt werden. Aber: Auszubildende sollten sich mit den in der Praxis vorfindbaren Instrumenten und Verfahren vertraut machen. Sie sollten eine Vielzahl von Instrumenten und Verfahren kennenlernen und im Rahmen des Unterrichts kritisch reflektieren. So haben sie die Chance, diesen methodischen Bereich der Pflege systematischer kennenzulernen und dabei zu entdecken, dass andere Instrumente und damit verbundene Inhalte und Systematiken auch zu anderen Ergebnissen führen. Dies kann man beispielsweise gut an den verschiedenen vorhandenen Assessment-Instrumenten erlernen. Mindestens sollten aber die Auszubildenden die Instrumente und Verfahren kennen, die in den Einrichtungen, in denen sie ausgebildet werden, angewendet werden. Hier bietet es sich an, die Entwicklungspotentiale der Instrumente und Verfahren zu reflektieren.

2.4 Wissensbestände erschließen, bewerten und nutzbar machen

Nachdem in diesem Beitrag bereits einige theoretische und v.a. auch methodische Themen aufgegriffen wurden, möchte ich an dieser Stelle auf das Fachwissen im engeren Sinne eingehen. Die Pflegelehrbücher der vergangenen 30 Jahre versuchten, die Selbstständigkeit der Pflege durch die Darstellung eines expliziten Pflegewissens voranzubringen. Pflegende lernten und lernen heute mit der

Unterstützung von Lehrbüchern. Diese Pflegelehrbücher haben in den vergangenen Jahrzehnten eine enorme fachwissenschaftliche Entwicklung vollzogen, die einer eigenen Betrachtung bedürften. Dies ist im Rahmen dieses Fachbeitrags nicht möglich. Die heute gängigen Lehrbücher haben Anschluss an das internationale Wissen und sind zu beachtlichen Kompendien des Pflegewissens herangewachsen. Sie dokumentieren aber auch, wie schwer es ist, Lehrbücher fachlich auf dem aktuellen Wissensstand der Disziplin zu halten. Aufgrund der enormen Forschungs- und Wissenschaftsaktivitäten müssen die Herausgeber/innen von Lehrbüchern in gewisser Weise anerkennen, dass nur eine sehr rasche Aktualisierung durch Neuauflagen der enormen Wissensentwicklung Rechnung tragen kann. Diese Aktualisierung hat jedoch Grenzen, die Lehrende und Lernende erkennen müssen. Lehrbücher können v.a. die Breite der Disziplin abdecken und dabei Grundlagenwissen, das häufig eine gewisse zeitliche Beständigkeit hat, vermitteln. Lehrende wie Lernende müssen also Techniken zur Ermittlung und Verarbeitung von aktuellem Wissen vermitteln bzw. erlernen.

In diesem Zusammenhang wird allzu deutlich, dass mit einer akademischen Bildung von Pflegenden deutlich weniger Probleme bestehen, diese Techniken und Methoden der Wissensermittlung und -bewertung zu vermitteln. In nichtakademischen Kontexten steht zum einen oftmals nicht die Infrastruktur zur Verfügung (z.B. Bibliothek, Datenbanken) und zum anderen können die Techniken des wissenschaftlichen Arbeitens nur in eingeschränktem Umfang vermittelt werden. An dieser Stelle möchte ich auch darauf hinweisen, dass die Bildungsvoraussetzungen der Lernenden ebenfalls eine bedeutsame Rolle spielen, denn sie entscheiden u.a. darüber, in welcher Tiefe Techniken des wissenschaftlichen Arbeitens in dem vorgegebenen Ausbildungsprogramm erlernbar sind. Die Techniken des wissenschaftlichen Arbeitens werden in diesem Beitrag in ihrer Komplexität gesehen: Es geht eben nicht nur darum, geeignete Suchstrategien zum Finden von geeigneten Studien, Analysen und sonstigen Texten zu vermitteln, sondern die Lernenden müssen langfristig in der Lage sein, das Gefundene vor dem Hintergrund der wissenschaftlichen Aussagekraft bewerten zu können. Um dies tun zu können, müssen Lernende die Kriterien wissenschaftlicher Güte kennen und anwenden können. Das Niveau, welches sie mindestens erreichen müssen, ist die Bewertung, ob dargestelltes Wissen plausibel ist und vor dem Hintergrund anerkannter wissenschaftlicher/empirischer Arbeitsmethoden generiert wurde. Lehrende müssen demnach in erheblichem Umfang im Bereich des wissenschaftlichen Arbeitens gebildet sein. Und dies nicht nur, weil sie das wissenschaftliche Arbeiten vermitteln, sondern auch, weil sie immer wieder bei Fachinhalten selbst den Stand des Wissens recherchieren müssen. Da das Lehrbuchwissen in aller Regel eher als Grundlagenwissen genutzt werden kann, müssen zu den jeweiligen Einzelthemen aktuelle Wissensbestände ergänzt und in die Lehr-Lern-Prozesse mit einbezogen werden.

(Pflege)fachliche Spezialisierungen

Da die Pflege eine sehr breit gefächerte Disziplin ist, bietet es sich an, Fachspezialisierungen auch unter den Pädagogen/innen zu fordern. So ist etwa denkbar, dass im Rahmen der Bildung von Pflegepädagogen/innen erste Spezialisierungen vorgenommen werden, später im Rahmen von Weiterbildungen weitere Differenzierungen stattfinden. Grundsätzlich kann die Pflege auf verschiedene Weise binnendifferenziert werden: Es gibt die Möglichkeiten, sich entlang der medizinischen Fachrichtungen zu spezialisieren (z.B. Herzerkrankungen, Orthopädie), entlang von Pflegephänomenen (z.B. Mobilität) oder entlang von pflegerischen Zielgruppen (z.B. chronisch erkrankte Menschen, akut erkrankte Menschen, Kinder, alte Menschen). Aus meiner Sicht sind alle hier genannten Spezialisierungen sinnvoll und haben zugleich ihre Grenzen. Deshalb sollte es meines Erachtens ein ‚Misch-System' geben, das den verschiedenen Anforderungen aus der Praxis und den unterschiedlichen Einrichtungsarten Rechnung trägt. Pflegelehrende sollten mindestens zwei bis drei pflegefachliche Vertiefungen beherrschen. In einer Bildungseinrichtung sollte dann darauf geachtet werden, dass die Lehrenden zusammen eine ausreichende pflegefachliche Breite mitbringen.

Bezugsdisziplinen

Das Thema Nutzbarmachen von Bezugsdisziplinen möchte ich an dieser Stelle ebenfalls kurz ansprechen. Dabei ist die erste grundlegende Frage, was denn die Bezugsdisziplinen der Pflege sind. Aus meiner Sicht sind es die folgenden großen Disziplinen: Medizin, Soziologie, Psychologie, Philosophie/Ethik, Recht. Die Bezugsdisziplinen sollten im Kontext der Pflege gelehrt werden. Das bedeutet, dass bereits die Lehrenden einen Transfer zwischen den unterschiedlichen Wissensgebieten herstellen müssen und die Übertragung nicht allein den Lernenden überlassen dürfen. Voraussetzung dafür ist, dass die Lehrenden, die Bezugswissenschaften unterrichten, das Feld der Pflege kennen und auch zumindest Grundlagen der Pflegewissenschaft kennen. Zudem ist denkbar, dass sich Pflegelehrende in die jeweiligen Bezugsdisziplinen einarbeiten und diese vermitteln. Dabei besteht aber die Gefahr, dass diese Bezugsdisziplinen nicht in der erforderlichen Breite und Tiefe vermittelt werden. Curricular sollte abgesichert werden, wie diese Breite und Tiefe ausgesteuert werden können.

Theorie-Praxis-Transfer

Wissenschaft (damit Theoriebildung und Forschung) und Praxis sind in gewisser Weise zwei Welten, die sich nicht im gleichen Tempo entwickeln, nicht immer die gleichen Themen bearbeiten und die personell und institutionell getrennt sind. Die sogenannte Theorie-Praxis-Kluft wird oftmals als nachteilig und als etwas bewertet, das es zu überwinden gilt, kann aber auch als vorteilig angesehen werden: Die Wissenschaft braucht Freiräume, um Themen differenziert zu betrachten, mit verschiedenen Methoden zu beforschen und vorliegendes Wissen zu systematisieren und zu bewerten. Oftmals arbeitet Wissenschaft an Themen, die noch nicht in der Praxis angekommen sind oder aber an Themen, die in der Praxis anders eingestuft werden. Dieser vermeintliche Dissens ist produktiv. Und auch die Praxis braucht Freiheit. Sie muss einzelfallorientiert unter gegebenen Bedingungen handlungsfähig bleiben, sie muss den enormen Zeitdruck bewältigen und in einem interdisziplinären Arbeitsteam Abwägungen vornehmen. Wissenschaft und Praxis müssen immer wieder ihre Verbindungen suchen und aufbauen. Verbindungen bestehen etwa im Bereich der Konzept- und Instrumentenentwicklung, der Standardentwicklung und in der Bildung. Diese Verbindungen müssen Anschluss an aktuelles Wissen aus Wissenschaft und Forschung haben und zugleich den Bedingungen der Praxis Rechnung tragen und praxistauglich konzipiert werden. Deshalb ist zu fordern, dass Pflegende zum einen um die Bedeutung von Bildung für ihr alltägliches Tun wissen, zum anderen die Methodik der Konzept- und Instrumentenentwicklung sowie der Standardentwicklung mittels der Stationsgebundenen Qualitätsentwicklung (SQE) (z.B. Elsbernd et al. 2011) kennen. Pflegelehrende müssen in der Lage sein, Forschungsergebnisse vor dem Hintergrund ihrer Entstehung und ihrem Nutzen im Rahmen von Konzepten und Instrumenten bewerten zu können.

Kollektives Lernen
Pflegende arbeiten in Teams und mit Teams anderer Disziplinen zusammen. Sie müssen lernen, sich Wissensgebiete gemeinsam zu erschließen, mit und in der Gruppe Gelerntes zu reflektieren und in sogenannten ‚Lernschleifen' das Wissen nutzbar zu machen. Diese Art des Lernens in der Gruppe und von der Gruppe muss gelernt werden und dient im erheblichen Maß dem Theorie-Praxis-Transfer. Die Methoden der Konzept- und Instrumentenentwicklung und der Entwicklung von Praxisstandards sind teamorientierte Methoden, die allerdings voraussetzen, dass Pflegende Teamarbeit erlernt haben und durch entsprechende Führungskonzepte unterstützt werden. Pflegelehrende sollten deshalb teamorientierte Lehr- und Lernmethoden in der Ausbildung einsetzen und vermitteln, in welchen Lernbereichen der Einsatz gerade dieser Methoden sinnvoll ist. Vorbehalte sollten ebenso in der Ausbildung abgebaut werden wie falsche Anwendungsvorstellungen. Mittels teamorientierter Lehr- und Lernmethoden lernen Auszubildende, sich mit ihrem Wissens- und Erfahrungsspektrums einzuordnen. Diese Einordnung ist wichtig, denn später arbeiten sie in Teams mit einer heterogenen Wissen- und Erfahrungsstruktur. Hohe Akzeptanz und Wertschätzung der Unterschiedlichkeit ist ein nachhaltiger Garant für den Erfolg von Gruppenlernen. In diesem Zusammenhang ist das Thema Feedback geben und nehmen von Bedeutung. Pflegelehrende sollten die Auszubildenden darauf vorbereiten, dass Pflegende und Pflegeteams ein wichtiger Ort der fachlichen Reflexion sind und deshalb das Feedback eines Kollegiums einen unschätzbaren Wert darstellt.

3. Ausblick

Die Akademisierung des Pflegeberufes hat in Deutschland mittlerweile einen beachtlichen Umfang eingenommen, noch immer allerdings sind Bildungsfragen und -anliegen des Pflegeberufes nicht auf internationalem Qualitätsniveau beantwortet bzw. realisiert. Akademisierung ist dabei kein Selbstzweck! Die Akademisierung des Pflegeberufes kann dazu führen, dass insbesondere die fachwissenschaftliche Verortung sicherer und nachhaltiger ist. Einmal abgesehen von dem enormen Wissenschafts- und Forschungsdruck der Disziplin, in der in vielen Bereichen das Wissen um geeignete Interventionsangebote noch immer nicht gesichert ist, braucht die Praxis Pflegende, die fachlich stark verankert sind in ihrer eigenen Disziplin. Diese Verankerung muss so stark sein, dass die Pflegenden in der Praxis in der Lage sind, eigenes und wissenschaftlich empfohlenes Vorgehen kritisch zu reflektieren und die Wirkung ihrer Arbeit kontinuierlich zu evaluieren. Dies ist eben nicht nur eine Frage von Instrumenten (z.B. aussagekräftige Evaluationsinstrumente), sondern auch eine Frage der Haltung zum Beruf und zum eigenem professionellen Handeln. Dabei geht es auch um Analysefähigkeiten und ethische Kompetenz. Pflegende müssen in der Lage sein, Anliegen, die sich aus der Person der Betroffenen, aus der Situation und aus dem vorfindbaren Pflegephänomen ergeben, systematisch zu erkennen und miteinander in Verbindung zu bringen, um darauf aufbauend ihre Fach-, Methoden- und Sozialkompetenzen zielgerichtet einzubringen. Auf diese komplexen Aufgaben müssen die Pflegenden bereits im Rahmen ihrer Ausbildung vorbereitet werden, im späteren Berufsleben müssen sie sich kontinuierlich weiterentwickeln, um langfristig zu entsprechend gebildeten ‚Pflegeexperten' zu wachsen. Die Ausbildung ist eine erste wesentliche Grundlage hierzu und alle hierfür Verantwortlichen sollten sich deshalb ihrer weitreichenden Aufgabe bewusst sein. Pflegelehrende lehren in einem sehr großen Lehrgebiet, das sie sicherlich nicht umfänglich vertreten können. Neben den hier im Beitrag skizzierten Grundlagen ist es sinnvoll, eine weitere fachlich orientierte Binnendifferenzierung in der Disziplin vorzunehmen. Im Rahmen ihres Studiums sollten Pflegepädagogen/innen deshalb das Erstfach ‚Pflegewissenschaft' mit einem entsprechend hohen Stundenanteil belegen. In der sich anschließenden beruflichen Praxis werden die Lehrenden in der Pflege sich neben den fachdidaktischen Themen kontinuierlich pflegefachliche Themen erschließen oder weiter vertiefen müssen. Aufgrund der Vielfalt in der Disziplin sollte es zunehmend möglich werden, sich fachlich zu differenzieren und beispielweise an einer Bildungseinrichtung verschiedene fachwissenschaftliche Vertiefungen durch in verschiedenen pflegewissenschaftlichen Themen qualifizierte Pflegelehrende zu repräsentieren.

Pflegepädagogen/innen wird seit einigen Jahren die Rolle der „Gestalter, Moderator[en] und Berater von Lern- und Bildungsprozessen" (Ostermann-Vogt 2011: 36) zugeschrieben. Damit wendet man sich scheinbar ab von der ‚traditionellen' Rolle des Fachmannes/der Fachfrau, der/die aufgrund seines/ihres Fachwissens und einer gewissen pädagogisch-didaktischen Fundierung Fachwissen vermittelt. Diese Rollenentwicklung mag sinnvoll sein, insbesondere vor dem Hintergrund der Aktivierung von Selbstlernpotentialen: Auszubildende müssen lernen, sich Wissen zu erschließen. Selbstverständlich bleibt es wichtig, dass Lehrende in der Pflege nicht nur Lernbegleiter/innen sind, sondern Fachpersonen, die ihre Disziplin wissenschaftlich durchdrungen haben und den Lernenden fachlich voraus sind und eine Fach-Vorbild-Rolle einnehmen können. Das hier dargestellte Spannungsfeld gilt es auch in der Lehrerbildung deutlich zu thematisieren. Die Curricula für Pflegepädagogik sollten explizit hohe fachwissenschaftliche Anteile aufweisen, damit eine fachwissenschaftliche Identitätsbildung fördern und dabei bereits im Studium Spezialisierungen ermöglichen. Aufgrund der Breite des Pflegeberufes wäre es dauerhaft möglich, sogenannte Erst- und Zweitfächer auch innerhalb der Pflegewissenschaft abzubilden. Die hier notwendige Systematik muss allerdings noch in der Fachwissenschaft diskutiert werden.

Literatur

Elsbernd, Astrid (2011): Konzepte für die Pflegepraxis: Theoretische Einführung in die Konzeptentwicklung pflegerischer Praxis. In: Riedel, Annette / Lehmeyer, Sonja & Elsbernd, Astrid (Hg.): Einführung von ethischen Fallbesprechungen – ein Konzept für die Pflegepraxis. Ethisch begründetes Handeln praktizieren. Jacobs, Lage: 13-38

Elsbernd, Astrid / Allgeier, Christine & Lauffer-Spindler, Barbara (2011): Praxisstandards und Qualitätsindikatoren in der Pflege. Jacobs, Lage

Habermas, Jürgen (1983): Moralbewusstsein und kommunikatives Handeln. Suhrkamp, Frankfurt am Main

Keller-Schneider, Manuela (2011): Lehrer/in werden – eine Entwicklungsaufgabe. Kompetenzentwicklung in der Auseinandersetzung mit Wissen und Überzeugungen. In: Padua, Jg. 6, 4: 6-14

Klafki, Wolfgang (1995): Neue Studien zur Bildungstheorie und Didaktik. Zeitgemäße Allgemeinbildung und kritisch-konstruktive Didaktik. Beltz, Weinheim

Max-Plank-Institut für Bildungsforschung (2011): COACTIV: Professionswissen von Lehrkräften, kognitiv aktivierender Mathematikunterricht und die Entwicklung mathematischer Kompetenz. Studienergebnisse von 2006. http://www.mpib-berlin.mpg.de/coactiv/studie/ergebnisse/index.html (Mai 2012)

Ostermann-Vogt, Bettina (2011): Biographisches Lernen und Professionalitätsentwicklung. Lernprozesse von Lehrenden in Pflegeberufen. VS, Wiesbaden

Reiber, Karin (2011): Pädagogin, Fachwissenschaftlerin oder Berufsexpertin? Leitbilder und Berufsverständnis vom professionellen Lehren in der Pflegeausbildung. In: Padua, Jg. 6, 4: 26-28

Schneider, Kordula / Brinker-Meyendriesch, Elfriede & Schneider, Alfred (Hg.) (2005): Pflegepädagogik. Für Studium und Praxis. Springer, Berlin

Terhart, Ewald (2002): Standards für die Lehrerbildung. Eine Expertise für die Kultusministerkonferenz. Universität Münster, Zentrale Koordination Lehrerbildung, Münster. http://miami.uni-muenster.de/servlets/DerivateServlet/Derivate-1151/Standards_fuer_die_Lehrerbildung_Eine_Expertise_fuer_die_Kultusministerkonferenz.pdf (30.08.2012)

Handlungsorientierung: Dreh- und Angelpunkt für die Weiterentwicklung von Unterricht und Schule

Michael Bossle

1. Der Handlungsorientierte Unterricht – historische Position

Die Handlungsorientierung erlebt in der beruflichen Bildung Pflege[1] seit Beginn der Jahrtausendwende einen vergleichslosen Aufschwung. Dies hängt auf der methodisch-didaktischen Ebene mit der Debatte um Lernfeldorientierung, fächerübergreifendem Unterricht und den Forderungen nach einer umfassenden Bildung und Kompetenzorientierung für die Lernenden in der Pflege zusammen. Strukturell haben gesetzliche Vorschriften wie das letzte Krankenpflegegesetz und diverse föderale Lehrpläne und Curricula, die in enger Verbindung mit Prinzipien wie Schlüsselqualifikation, beruflicher Handlungskompetenz oder dem lebenslangen Lernen stehen, diesen Ansatz salonfähig gemacht.

Handlungsorientierung ist trotz der rasanten Zunahme an Information, Mobilität oder sonstigen Globalisierungsgeschehnissen unserer Gesellschaft keine Erfindung der Moderne. Im Gegenteil: Solche Ansätze und ihre Überführung in konkretes pädagogisch-methodisches Handeln finden sich schon bei klassischen Vertretern wie Johann Heinrich Pestalozzi oder John Dewey.

1.1 Verdienste 1 – Johann Heinrich Pestalozzi (1746-1827)

Ich möchte hier zumindest soweit zurück gehen, um auf einen zentralen Impulsgeber der Pädagogik zu treffen – Johann Heinrich Pestalozzi. Im 19. Jahrhundert machte sich der Schweizer Pestalozzi um den Ansatz der Ganzheitlichkeit in der Pädagogik verdient. Das sogenannte Lernen mit Kopf, Herz und Hand ist eng mit seiner Idee der Elementarbildung verbunden. Besonderes Augenmerk legte

---

[1] Ich möchte hier auf die strukturelle Bedeutung dieses Begriffes und seine Verwendung im Text hinweisen. Wenn von beruflicher Bildung in der Pflege die Rede ist, schließe ich folgende Modi von Qualifizierungsmöglichkeiten ein: den generalistischen Weg über die Lebensalterskonzeption hinweg, die bestehenden dreijährigen Bildungswege in der Pflege sowie neue akademischen Bildungsformen. Auch für die Helferausbildungen müssen Prinzipien der Handlungsorientierung gelten. Jedoch müssten spezifische Ausführungen des Beitrags nochmals dezidiert auf die Helfer zugeschnitten und überarbeitet werden. Das leistet dieser Text nicht, auch weil die Situation im Hinblick auf konsentierte Wege, wie bzw. wie lange die Helfer bestenfalls ausgebildet sein sollen (Pflegeassistenz, Servicepersonal usw.), noch nicht abschließend geklärt ist.

er dabei auf die intellektuellen, die sittlich-religiösen und die handwerklichen Anteile im Lernen. Ziel Pestalozzis war, in der Bildung eine Ausgewogenheit zwischen allen drei Merkmalen herzustellen. Hier zeigt sich der systematische Versuch, Verbindungen zwischen kognitiven Lernprozessen, affektiv-emotionalen Aspekten sowie körperlichen Anteilen des Lernens herzustellen.

Mit Sicherheit ist Pestalozzis Anschauungspädagogik[2] als ein Ausgangspunkt für die Reformpädagogik zu verstehen. Sein Antrieb war die Bildung für Jedermann nach Prinzipien bestimmter Stadien neuronaler Reifung, also die Begleitung des Lernprozesses von Kindesbeinen an, in der Idee, dass die Lernprozesse im Kind bereits angelegt und entsprechend gefördert werden müssen. Pestalozzi war dabei stark vom Aufklärer Jean-Jacques Rousseau geprägt. Der Verdienst Pestalozzis an der Entwicklung der modernen Pädagogik ist unschätzbar, war er doch selbst immer Beispiel für aktives und lebendiges Lernen und vertrat damit als handelnde Person vorbildlich seine pädagogischen Ansätze. Dies geschah in gesellschaftlich-prekären Feldern wie Armenanstalten, Waisenhäusern oder in den eigens gegründeten Instituten in Schloss Burgdorf (Kanton Bern) oder Yverdon (Kanton Waadt) mit jeweils mehr oder weniger Erfolg.

Sein Leben lässt sich sinngemäß mit den Worten auf seinem Grabstein zusammenfassen: „Hier ruht Heinrich Pestalozzi, geb. in Zürich am 12. Jänner 1746, gest. in Brugg am 17. Hornung 1827. Retter der Armen auf Neuhof. Prediger des Volkes in Lienhard und Gertrud. Zu Stans Vater der Waisen, zu Burgdorf und Münchenbuchsee Gründer der neuen Volksschule. Zu Iferten Erzieher der Menschheit. Mensch, Christ, Bürger, Alles für Andere, für sich Nichts. Segen seinem Namen!"[3] Es wäre allerdings unangemessen den Eindruck zu erwecken, dass Pestalozzi als alleiniger ‚Erfinder' der Handlungsorientierung gilt. Aus diesem Grund soll für diesen Ansatz exemplarisch noch ein weiterer Impulsgeber vorgestellt werden (vgl. Raithel et al. 2008: 110 ff.).

1.2 Verdienste 2 – John Dewey (1859-1952)

Rund 30 Jahre nach dem Tod Pestalozzis wurde in den USA John Dewey geboren. Er gilt als der prominenteste Vertreter des sogenannten amerikanischen Pragmatismus in der Pädagogik. In einem seiner frühen Werke ‚Demokratie und Erziehung', das erstmals 1916 erschien, zeigt sich sein pädagogisches Leitthema bereits im Titel: die Demokratisierung aller gesellschaftlichen Bereiche.

---

[2] Unter Anschauungspädagogik wird insgesamt die Wende von der rein lehrerzentrierten Vermittlungshaltung hin zu anschaulichem Unterricht verstanden, in dem im Rahmen von Selbststeuerung und Aktivität der Lernenden erreicht wird, dass der Lernstoff verstehend erfasst werden kann.

[3] Pestalozzi im Internet: http://www.heinrich-pestalozzi.de/de/dokumentation/biographie/letzte_lebensjahre/index.htm (20.07.2012).

Dieses Werk wird für die Pädagogik umso erwähnenswerter und bedeutender, wenn man bedenkt, dass es im Original während des Ersten Weltkrieges erschien. Die Handlungsorientierung[4], die Dewey in seinem Werk mit dem demokratischen Prinzip verknüpft, war zur damaligen Zeit für die deutsche Pädagogik kaum denkbar. Dies ist ein eindrückliches Beispiel dafür, dass sich die allgemeinen gesellschaftlichen Verhältnisse auch in den pädagogischen Mainstream-Theorien widerspiegeln. In deutscher Sprache erschien Deweys Werk erst mehr als zehn Jahre nach dem Originalwerk; wenige Jahre später wurde jegliche Form demokratischen Denkens und Handelns durch den Nationalsozialismus staatlich gänzlich verunmöglicht. Nicht verwunderlich ist in der Folge, dass erst Ende der 60er Jahre des vergangenen Jahrhunderts der reformpädagogische Gedanke auch in Deutschland aufkam, also 50 Jahre nachdem Dewey ihn erstmals beschrieben hatte. Das Thema der Demokratisierung – sowohl der Gesellschaft als auch der Pädagogik – ist also auch aus historischer Sicht ein verspätetes für die deutsche Entwicklung.

Der Untertitel der deutschen Ausgabe von ‚Demokratie und Erziehung' lautet: ‚Eine Einleitung in die philosophische Pädagogik'. Damit ist ein zweites Hauptthema des Lebenswerkes Deweys benannt: die Auseinandersetzung mit wissenschaftstheoretischen Denkschulen, insbesondere der Philosophie selbst, deren Entwicklung sich eng an der der Theologie anlehnt. Dewey entwickelt dabei das Postulat der pragmatischen Wende, indem er versucht, die Philosophie in ihrem traditionellen Sinne durch eine zeitgemäße Neuerfindung der Philosophie zu ersetzen. Als Grundsatz für dieses Unterfangen führt er die These an, dass sich die Philosophie an der Nützlichkeit und der Tauglichkeit der Lebens- und Erfahrungswelt der Menschen messen lassen müsse. Damit entwickelt er die Philosophie als eine Art Wissenschaft der Werte für die Naturwissenschaft.

Deweys anwendungs- und lebensnahes Verhältnis zur Philosophie taucht auch in vielen seiner Formulierungen in seinem pädagogischen Werk auf, exemplarisch sei hier in Bezug auf die berufliche Bildung folgendes Zitat genannt: „Berufliche Bildung erfordert ein Mindestmaß an Reibung und ein Höchstmaß an Befriedigung [...]" (Dewey 1964: 399).

Dewey schildert seine philosophische Sicht auf die Pädagogik, indem er zumeist von Erziehung[5] spricht und das auch in Bereichen, die wir in unserem deutschsprachigen Verständnis eher dem Bereich der Bildung zuordnen würden. Eine

---

[4] Handlungsorientierung meint hier: Lehrer sollen auf Augenhöhe mit den Schülern verhandeln.

[5] Zur tieferen Auseinandersetzung mit den Begriffen Erziehung, Pädagogik und Bildung sei hier auf Gudjons (2008) verwiesen. Dort werden Erziehungswissenschaft und Pädagogik synonym genannt, wobei die Erziehungswissenschaft die eher theoretischen Bestandteile und die Pädagogik die eher angewandte Seite des beruflichen Handelns markiert (Gudjons 2008: 21). Zur kritischen Auseinandersetzung von Bildung und Erziehung siehe auch Spitzer (2012).

Ausnahme bildet dabei die Ebene, die sich mit der theoretischen Fassung des Wissens und seiner Wissenschaften beschäftigt: In Anlehnung an die schon weiter oben erwähnte Auseinandersetzung mit geistes- und naturwissenschaftlichen Fachgebieten wird hier der Begriff ‚Bildung' benutzt (Dewey 1964: 14).

Dewey entwickelte an der Universität Chicago die dortige pädagogische Fakultät aus der ‚School of Education', einem Motor für die ‚Soziologie der Bildung' der amerikanischen Pädagogik. Er prägte dabei die folgenden Leitsätze, die das amerikanische Bildungswesen aus tradierten Vorstellungen von Bildung und Erziehung heraus führen sollten:

- „Alle echte Erziehung wird bewirkt, indem die Kräfte des Kindes durch die Anforderungen, die seine soziale Situation an es stellt, angeregt werden.
- Der Erziehungsvorgang hat zwei Seiten, eine psychologische und eine soziale, und keine von ihnen darf vernachlässigt oder der anderen untergeordnet werden.
- Erziehung, die nicht in den Formen des Lebens erfolgt, nicht um ihrer selbst willen wertvoll ist, ist immer nur ein kümmerlicher Ersatz für die Wirklichkeit und birgt die Gefahr, zu verkrampfen und zu ertöten.
- Erziehung ist die grundlegende Methode des sozialen Fortschritts. Die Pflicht der Gesellschaft zu erziehen, ist daher ihre höchste sittliche Pflicht. Durch Gesetze und Strafen, soziale Agitation und Diskussion kann sich die Gesellschaft nur in planloser und zufälliger Weise regeln und formen. Durch Erziehung kann sie ihre eigenen Zwecke formulieren, ihre Mittel und Hilfsquellen organisieren und sich so mit geringstem Aufwand in der Richtung entwickeln, in der sie dies zu tun wünscht" (Dewey 1964: 8).

Für die ‚berufliche Seite der Erziehung' nennt Dewey u.a. folgende Maßgaben:

- „Idealtypisch bringt der Beruf die besonderen Fähigkeiten des Einzelnen mit seinem Dienst an der Gesellschaft in Einklang, [...]
- Berufsarbeit ist ziel- und ergebnisorientiert, [...]
- Reflexion ist Mittel, um Willkür und Routine in Tätigkeiten zu erkennen,
- Berufsarbeit ist eine ‚ununterbrochene Tätigkeit im Dienste eines bestimmten Zweckes', sie verbindet damit die größte Zahl von Antrieben zum Lernen, sie setzt ‚Instinkte und Verhaltungsweisen in Einklang',
- Sie ist ein Feind alles bloß passiven Hinnehmens" (Dewey 1964: 399-400).

Die angeführten historischen Aspekte können zusammengefasst auf die heutige Zeit und Situation übertragen werden, denn die nun folgenden Ausführungen zeigen die hohe Aktualität von Pestalozzis und Deweys Ansätzen. Um die zunehmenden Forderungen nach einem handlungsorientierten Paradigma auch in der Pflegepädagogik zu erläutern, wird zunächst das sich verändernde und ausdifferenzierende Berufsfeld Pflege in aller Kürze dargestellt.

2. Bezugsrahmen des Handlungsorientierten Unterrichts – fachdidaktische Position

Es genügt an dieser Stelle nicht, sich ausschließlich auf den veränderten Kontext in der Pädagogik, insbesondere den des Bildungssystems in der Pflege, zu beziehen. Würde man sofort und ausschließlich diesen Blickwinkel einnehmen, wäre mit der Pflegepraxis ein wichtiger Bezugspunkt der Pflegepädagogik übersprungen und womöglich verirrte man sich in Allgemeinschauplätzen der Didaktik.

Das Berufsfeld der Pflegepraxis ist konstituierend für eine zeitgemäße Pädagogik in der Pflege. Ich möchte sogar so weit gehen und behaupten, dass eine zeitgemäße Pädagogik in der Pflege die Berufspraxis mit- und fortentwickeln kann, denn die Lerner sind Grenzgänger zwischen den theoretischen und praktischen Pflegewelten. Diese Darstellung will mitnichten eine Überbetonung der einzelnen Bereiche ‚Theorie und Praxis' fördern. Vielmehr möchte sie das Bewusstsein der Lehrenden schärfen, dass unterrichtliche Praxis nicht nur in einer Art ‚Laborsituation' stattfinden kann, damit wichtige Fragen der Theorie an die Praxis und umgekehrt die Fragen der Praxis an die Theorie herangeführt werden können. Die Lernenden sind dabei wichtige Botschafter, die diese Fragen transportieren und damit bestenfalls Pädagogik und Praxis transformieren.

2.1 Bezugspunkt 1 – Wandlungsphänomene der Praxis

Das Berufsfeld Pflege unterliegt einem rasanten Wandel und erfordert passfähige Strategien der Pflegepädagogik, die sich in adäquaten Lehr- und Lernarrangements ausdrücken. An dieser Stelle soll deswegen kurz auf einige dieser prominenten strukturellen Veränderungen eingegangen werden:

Demografisch drückt sich der Wandel im deutschen Gesundheitswesen besonders durch die zunehmende Hochaltrigkeit aus. Zudem kommt es dazu, dass aufgrund der längeren Lebenserwartung vor allen Dingen Frauen das hohe Alter erreichen. Die Feminisierung des Alters spiegelt sich auch in soziologischen Geschehnissen wie der Vereinzelung und der Altersarmut wider. Des Weiteren ist der Geburtenrückgang zu nennen: In Deutschland werden wie in anderen europäischen Ländern immer weniger Kinder geboren. Dieses Szenario wird sich in wenigen Jahren auch für die berufliche Bildung und damit für die berufliche Pflegebildung manifestieren. Immer weniger Ausbildungskandidaten sehen sich einer immer größeren Konkurrenz um ihre Person ausgesetzt. Das ist eine gute Situation für die Bewerber, allerdings eine angespannte für die Anbieter, die im Wettbewerb um die qualifizierten Interessenten stehen. Ich möchte hier nicht so weit gehen, die Pflege als Modernisierungsverlierer zu bezeichnen. Bei der öffentlichen Darstellung des Berufsbildes sowohl in Medien als auch in der Berufsgruppe selbst, lässt die Identifikation mit dem Berufsbild allerdings noch deutlichen Nachholbedarf erkennen, was sich im Rahmen eines noch mangelhaften Bewerbermarketings der Ausbildungsinstitutionen bemerkbar macht (vgl. Bossle 2012).

Epidemiologisch ist der gesellschaftliche Wandel gekennzeichnet von Mehrfacherkrankungen und chronischen Leiden der betroffenen Individuen, die gerontopsychiatrischen Störungsbilder nehmen zu. Insgesamt wird den psychischen Erkrankungen ein größeres Augenmerk in der Berichterstattung und der Leistungserbringung zugemessen, als noch vor zehn Jahren. Das hohe Alter ist gekoppelt an ein steigendes Risiko pflegebedürftig zu werden, der medizinische Fortschritt und die rasante Weiterentwicklung im Bereich der Medizintechnologie lassen neue ethische Problemfelder entstehen, die vor Einführung neuer Technologien nicht relevant gewesen sind[6] (Bossle 2012). Vor dem Hintergrund der eingetretenen ökonomischen Trendwende im deutschen Gesundheitswesen, die man auf Mitte der 90er Jahre des letzten Jahrhunderts rückdatieren kann, werden die Herausforderungen in der Versorgung Kranker und Pflegebedürftiger immer deutlicher und komplexer. Für den Klinikbereich gilt, dass immer mehr Menschen in kürzerer Zeit durch diesen Sektor ‚gemanaged' werden müssen. Die rückgehenden Personalkapazitäten und der einsetzende Pflegenotstand insgesamt zeigen sich inzwischen auch an der Schließung von Versorgungseinheiten, vor allen Dingen in Ballungsräumen. Auch im Sektor der Heimversorgung nach SGB XI sowie in der ambulanten Versorgung durch mobile Pflegedienste treten vermehrt Dilemma-Situationen für die Pflegenden auf: Mangelnde Zeit für die Pflegebedürftigen, erhöhter Arbeitsdruck und *betriebswirtschaftliche Glaubensbekenntnisse* erschweren gute professionelle Pflege (Bossle 2012).

Interessanterweise hat der ‚Boom' der Akademisierung der Pflege[7] an deutschen Hochschulen ungefähr zur gleichen Zeit eingesetzt, als der ökonomische Wandel sich mehr und mehr Raum im Gesundheitswesen verschafft hat. Es wird damit

---

[6] Dazu gehören beispielsweise Debatten um Lebensabbruch, Pränatal-Diagnostik oder insgesamt zunehmende Möglichkeiten in der Diagnostik der Medizin. In solche Bereiche ist zum Teil auch die Pflege maßgeblich involviert. Es gilt hier alle Beteiligten, inklusive die Pflegenden, vermehrt zu sensibilisieren und mit ethisch-moralischen Kompetenzen auszustatten.

[7] Damit beziehe ich mich auf die Phase der Akademisierung der weiterführenden Bereiche, zumeist Pflegemanagement und Pflegepädagogik.

zu Recht vermutet, dass in diesem Zusammenhang dem Management und der Lehre schon vor knapp 20 Jahren zentrale Bedeutung zugeschrieben wurde. Inzwischen sieht sich die Pflege mit einer rasanten Erfolgsgeschichte der Akademisierung zumeist an Fachhochschulen konfrontiert, die auch im grundständigen Bereich seit einigen Jahren ihre Fortsetzung findet. Blickt man in differenzierter Sichtweise auf die gesamte Entwicklung der pflegerischen Versorgung in Deutschland, dann steht mittlerweile die zunehmende strukturelle Professionalisierung[8] der Berufsangehörigen einer *habituellen De-Professionalisierung*[9] gegenüber.

2.2 Bezugspunkt 2 – pflegewissenschaftliche und pflegedidaktische Entwicklungen

Eine gute pädagogische Praxis allein kann diesen Problemen natürlich nicht Herr werden. Sie kann lediglich Rücksicht auf diese Geschehnisse im Feld nehmen und ihre methodischen Instrumente anpassen. Trotzdem muss die Pflegepädagogik diese Problemstellungen als eine ihrer Herausforderungen erkennen, auch wenn die Bildungseinrichtungen in ihrem jeweiligen Mikrokosmos örtlich größtenteils außerhalb dieser problematisch-aufgeladenen Felder beheimatet sind.

Es ist konsequent, die Pflegewissenschaft in die Pflicht zu nehmen, um sich dieser komplexen Gemengelage anzunehmen, denn sie ist konstituierender Bestandteil der ‚Disziplin' Pflegedidaktik (Ertl-Schmuck & Fichtmüller 2009). Das angesprochene Defizit an Grundlagenarbeit kann nur durch die Pflegewissenschaft selbst bewältigt werden. Erkenntnisse aus einer verstärkten Grundlagen- und Theoriearbeit tragen nicht nur zur deutlicheren Positionierung der Pflegewissenschaft in interdisziplinären Forschungsvorhaben bei (vgl. Bossle 2012; Moers 2011). Solche Forschungsleistungen würden auch der Pflegepädagogik ein weniger diffuses Bild an wissenschaftlichen Erkenntnisinteressen und methodologischen Ausrichtungen liefern, als es für Lehre oder curriculare Arbeit bislang der Fall ist. Dabei müsste idealtypisch parallel die Einordnung der gewonnenen empirischen Erkenntnisse und Befunde in ein theoretisches Netz vorgenommen werden, was aber wegen fehlender universitärer Strukturen nur marginal erfolgen kann (Friesacher 2008; Bossle 2012). Zudem muss es für die Pflegewissenschaft zukünftig auch darum gehen, konsentierte Wege in Bezug auf grundsätzliche Leitkategorien pflegebezogener Studiengänge (vgl. Hülsken-Giesler et al. 2010) oder einen Qualifikationsrahmen in der Pflege (vgl. Hülsken-Giesler 2011) zu finden.

---

[8] Darunter werden hier im soziologischen Sinne die Akademisierungsprozesse und die einsetzende Verwissenschaftlichung der Pflege verstanden.
[9] Unter habitueller De-Professionalisierung wird ein erodierendes Berufsethos und eine zunehmende Identitätskrise Pflegender in der Berufspraxis verstanden (Bossle 2012).

Nach diesem kurzen strukturellen Ausflug, zurück zur Handlungsorientierung: Damit sie als passfähiges methodisches Stilmittel und geeignete pädagogische Haltung für die genannten Herausforderungen diskutiert werden kann, muss sie im Folgenden noch in einem pflegedidaktischen Bezugsrahmen verortet werden, der die bereits angesprochenen Bereiche miteinander in Verbindung bringt.

Hierzu möchte ich gleich anmerken, dass an diesem Ort der Terminus der ‚Fachdidaktik Pflege' synonym zu Begrifflichkeiten wie ‚berufliche Didaktik Pflege', ‚Didaktik des Berufsfeldes Pflege' oder ‚Pflegedidaktik' Verwendung findet. Dies geschieht in der Tradition pflegepädagogischer Publikationen (Ertl-Schmuck & Fichtmüller 2009: 25) und der ureigenen Sozialisation als ehemals Studierender in diesem Feld.

Die Pflegedidaktik sieht sich als wissenschaftliche Disziplin in einer Gemengelage von Pflegebildungspraxis, Erziehungswissenschaft sowie Pflegewissenschaft und Pflegepraxis verortet. Die Bedeutung der letzten beiden Bezugspunkte wurde oben erwähnt. Der erziehungswissenschaftliche Bezugspunkt ist – zumindest aus historischer Sicht – mit Pestalozzi und Dewey ebenfalls zu Beginn gezeigt worden. Nun geht es darum, die Pflegebildungspraxis näher zu beleuchten. Die bereits angesprochene Distanz zum (Pflege)Praxisgegenstand wurde bereits thematisiert, soll jedoch nochmals aufgegriffen werden, um zu zeigen, dass ein vergleichbares Verhältnis zwischen Pflegedidaktik und Pflegebildungspraxis herrscht. Mit Roswitha Ertl-Schmuck und Franziska Fichtmüller (2009) wird das Ziel und der Sinn der Pflegedidaktik als „Beschreibungs-, Reflexions- und Orientierungsinstanz verstanden, dessen Anliegen es ist, das Praxisfeld in seinen Selbstäußerungen zu verstehen, Begriffe zur Verfügung zu stellen, Zusammenhänge herzustellen und in Theorien zu beschreiben" (Ertl-Schmuck & Fichtmüller 2009: 31).

Zwischen Pflegedidaktik und Pflegebildungspraxis ergibt sich demnach eine ähnliche Problematik, wie sie bereits zwischen Pflegepädagogik/-didaktik und Pflegepraxisfeld beschrieben wurde. Ein Grundproblem ist dabei die Distanzierung vom Gegenstand der unterrichtlichen Praxis, die einerseits notwendig ist, um den notwendigen Abstand zu Reflexionszwecken herzustellen. Andererseits sind berufliche Bildungsprozesse immer auch Prozesse sozialer Praxis, die man kaum umfänglich und komplett mittels wissenschaftlicher Methodik im Rahmen von Unterrichtsforschung einfangen und abbilden kann. Die Pflegedidaktik ist damit als Reflexionshilfe geeignet, jedoch ist sie kein unmittelbares Problemlösungswerkzeug, das für Störungen oder andere Irritationen genutzt werden kann (Ertl-Schmuck & Fichtmüller 2009: 31).

2.3 Bezugspunkt 3 – methodische Konkretisierung

Zentrale Merkmale der Handlungsorientierung sind die Subjektorientierung oder die Lernerzentrierung, das ausgewogene Handeln mit ‚Kopf, Herz und Hand' bzw. die aktivierende Haltung des Lernens. Kordula Schneider (2003) zeigt im Rahmen gesammelter Lehreraussagen noch weitere Wesensmerkmale:

- „Lernen, bei dem man einen gemeinsamen Start hat und ein gemeinsames Ziel verfolgt [...],
- [...] zirkuläres Lernen, bei dem alle Sinne beteiligt sind,
- [...] gemeinsames Lernen, wo Emotionen ihren Platz haben,
- [...] Lernen, dass den ganzen Menschen berücksichtigt und ihn in seiner Entwicklung fördert,
- [...] für die Lehrenden wie die Lernenden wie ein Überraschungspaket, beide wissen nicht, was auf sie zukommt,
- das Ziel kann im handlungsorientierten Unterricht auf unterschiedliche Weise erreicht werden,
- Lehrer und Schüler sind gleichberechtigt und kommunizieren untereinander" (Schneider 2003: 114).

Auch die Kultusministerkonferenz (KMK) formuliert in einer ihrer Handreichungen theoretische Orientierungspunkte für die Handlungsorientierung:

1. „Didaktische Bezugspunkte sind Situationen, die für die Berufsausübung bedeutsam sind (Lernen für Handeln).
2. Den Ausgangspunkt des Lernens bilden Handlungen, möglichst selbst ausgeführt oder aber gedanklich nachvollzogen (Lernen durch Handeln).
3. Handlungen müssen von den Lernenden möglichst selbstständig geplant, durchgeführt, überprüft, ggf. korrigiert und schließlich bewertet werden.
4. Handlungen sollten ein ganzheitliches Erfassen der beruflichen Wirklichkeit fördern, z.B. technische, sicherheitstechnische, ökonomische, rechtliche, ökologische, soziale Aspekte einbeziehen.
5. Handlungen müssen in die Erfahrungen der Lernenden integriert und in Bezug auf ihre gesellschaftlichen Auswirkungen reflektiert werden.
6. Handlungen sollen auch soziale Prozesse, z.B. der Interessenklärung oder der Konfliktbewältigung einbeziehen" (KMK, zit. in Schwarz-Govaers 2011: 263).

Es bleibt damit noch die Frage zu klären, inwiefern der Handlungsorientierte Unterricht konkret Anwendung in Lehr-Lerngeschehnissen findet.
Um handlungsorientierte Geschehnisse zu ermöglichen, bedarf es einer adäquaten Umgebung. Die Stundentaktung in Einheiten von 45-60 Minuten bzw. die Schulglocke, die ein Fach vom anderen trennt, macht hierzu keinen Sinn (mehr). Die Lernumgebung muss sich für die Fragen der Lernenden kompatibel zeigen. Einen Experten der Praxis zu befragen, eine Recherche im Internet oder ein spontanes Gespräch mit dem begleitenden Lehrer sollte jederzeit möglich und machbar sein. Nicht unterschätzt werden darf eine Art dramaturgischer Spannungsbogen, der sich von Einheit zu Einheit, von Jahr zu Jahr neu entwickeln kann. Obwohl die Themen-/Problemstellung gleich ist, stellen sich die Lernenden jeweils unterschiedliche Fragen, setzen unterschiedliche Schwerpunkte und Fokussierungen und entwickeln individuell passende Ideen. Die Lernenden dabei zu unterschätzen, ist als eines der grundsätzlichsten Hindernisse für einen Lernerfolg oder für gute Lernatmosphäre anzusehen. Zutrauen und Vertrauen in die Lerner sowie eine gute Einschätzungsgabe der Lehrpersonen für die Leistungsfähigkeit ihrer Lernenden sind essenzielle Fähigkeiten für den Einsatz handlungsorientierter Methodiken. Folgende Methoden und Verfahren lassen sich im weitesten Sinne der Handlungsorientierung zurechnen:[10]

- Projektunterrichte aller Art
- Erfahrungsbezogene Ansätze (z.B. szenisches Spiel)
- Rollenspiel
- Theaterpädagogische Ansätze (z.B. Forumtheater, Theater der Unterdrückten nach Augusto Boal)
- Planspiel
- Erlebnispädagogik
- Arbeit mit Medien wie Radio und Video

---

[10] Die Auflistung beansprucht keinerlei Anspruch auf Vollständigkeit!

> Zusammenfassend lässt sich feststellen: Handlungsorientierter Unterricht
> - ist ganzheitlich, er bezieht alle Sinne mit ein und verbindet kognitive mit affektiv-emotionalen Lernprozessen (‚Lernen mit Kopf, Herz und Hand!');
> - ist schüleraktiv; Selbsttätigkeit ist die entscheidende Bedingung für Selbstständigkeit;
> - produziert Handlungsprodukte, also darstellbare und präsentierfähige Lernergebnisse, deren Kreativität keine Grenzen gesetzt sind;
> - macht subjektive Schülerinteressen möglich, die Modifikation und Weiterentwicklung von Problemaufgaben wird damit individuell ermöglicht;
> - ist demokratisch und beteiligt idealerweise die Lernenden bei der Planung, Durchführung und Evaluation des Unterrichts;
> - öffnet die Schule nach außen und ermöglicht Kooperationen und Netzwerkverbünde; eine Vorstellung von Lernergebnissen wird damit auch öffentlich möglich, die Wertschätzung der Lernergebnisse erhält damit eine erweiterte Dimension;
> - ist ausgewogen zwischen Kopf- und Handarbeit und macht eine dynamische Wechselwirkung zwischen kognitiven und handelnden Elementen möglich (Jank & Meyer 1994: 357-358).

3. Auswirkung des Handlungsorientierten Unterrichts auf Lehrpersonen – personalentwickelnde Position

Welche Konsequenzen hat der Ansatz ‚Handlungsorientierung' für die Lehrpersonen? Ich möchte hier die Rolle der Lehrenden im Rahmen einer dramaturgischen Vision beleuchten. Nehmen wir an, dass Handlungsorientierter Unterricht als eine Art ‚Film' anzusehen wäre, welche Rolle käme dann der Lehrerin/dem Lehrer zu? Die Antwort ist einfach. Die Lehrperson wäre Drehbuchautor, Regisseur und Mitwirkender zugleich. Der Film ist so gut, wie seine Schauspieler und der Plot wird maßgeblich durch die Protagonisten bestimmt. Der Regisseur hilft den Darstellern sich in ihre Rollen zu finden und die konkreten Handlungen können sich von Jahr zu Jahr unterscheiden. Ein guter Film braucht zudem gute Vorbereitung und sichere Rahmenbedingungen (Bossle 2008: 22).

Diese Perspektive verlangt nicht nur offene Lernende, sondern auch offene und kreative Lehrerinnen und Lehrer. Sollte man an dieser Stelle als Leserin und Leser für sich selbst diese Fähigkeiten in Zweifel ziehen, dann bitte ich Sie jetzt trotzdem weiter zu lesen. Offenheit und Kreativität braucht Unterstützung und einen entsprechenden auffordernden Kontext. Kreativitätstechniken wie Spontaneität, Improvisation, Wahrnehmung und Kommunikationsmodi können zudem unterstützend trainiert werden. Im Prinzip geht es darum, langjährig gewohnte Strukturen zu verlassen und neue Wege einzuschlagen. Zur Entlastung: Diese Wege müssen auf Anhieb keine Autobahnen sein. Begleitende Architekten der Wegeführung in den Schulen sind daher unumgänglich. Die Lehrenden werden durch die handlungsorientiert ausgerichtete Lehrauffassung vermehrt zu Bildungsmanagern und verlassen den reinen Pfad der Wissensvermittlung.

Kernintention der Handlungsorientierung muss sein, dass die Neugierde der Lernenden, deren Fragen und Staunen ihre Umwelt zu erfahren und experimentieren zu wollen unbedingt erwünscht und relevant sind, um erfolgreichen Unterricht in diesem Zusammenhang zu ermöglichen. Entlastend wirkt dabei die Aussage, dass weder Lehrer noch Schüler perfekte Wesen sind. (Insofern) setzt Handlungsorientierung auf deren Fähigkeit, aus Fehlern zu lernen (Jank & Meyer 1994: 355).

Welche konkreten Fähigkeiten sind demzufolge bei Lehrpersonen gefragt? Folgende Hinweise können Orientierung geben und Hilfestellung[11] sein:

1. Basis für handlungsorientierte Verfahren ist das Vertrauen in die Lerner. Das Maß an Vertrauen bestimmen nicht Sie als Lehrperson, sondern die Lernenden selbst. Wenn Sie nicht sicher sind, ob Ihre Einschätzung richtig ist (wie viel Vertrauen kann ich in die Gruppe haben?), fragen Sie bei Ihren Kolleginnen und Kollegen nach, suchen Sie nach unterschiedlichen Meinungen!

2. Handlungsorientierung findet in der Gruppe statt, denn die Gruppe ist für den Einzelnen Hilfestellung und Rückhalt zugleich. Besprechen Sie regelmäßig ‚Gefahren' des Zurücklehnens und fordern Sie die Lernenden auf, inhaltlich regelmäßig im Gespräch zu bleiben. Dabei können festgesetzte Zeiten im Arbeitsauftrag helfen. Kontrollieren Sie, ob diese Zeiten eingehalten werden!

3. Unterschätzen Sie Ihre Lerner nicht. Als Lehrperson ist man gewohnt, die Zügel in der Hand zu halten. Beim Handlungsorientierten Unterricht geben Sie aber nur die Route vor. Auf welchem Weg die Lerner zum Ziel kommen, bestimmen nicht Sie, sondern die Lernenden. Dabei ist wichtig: Die Lernenden können und wissen mehr, als Sie glauben.

4. Lernen Sie mit, bleiben Sie mit Interesse ‚Ihrem' Unterrichtsthema verbunden. Diese Offenheit ist Kern einer erfolgreichen Zielerreichung im Lernprozess; sollten Sie Desinteresse an neuen Wissenselementen, neuen Forschungsergebnissen oder ‚verwegenen' Fragen der Lernenden haben, dann wirkt das demotivierend für die Lerner.

---

[11] An dieser Stelle wird gebeten, die Bezeichnung ‚Hilfestellung' nicht als Rezeptwissen aufzufassen. Die Aufzählung soll vielmehr Orientierungs- und Reflexionshilfe sein!

5. Es ist kein Problem etwas nicht zu wissen. Wenn die Lernenden Sie mit Wissensinhalten konfrontieren, die Ihnen unbekannt sind, lehnen Sie diese nicht ab, sondern nehmen Sie sich die Zeit (am besten mit den Lernenden zusammen), diese Hintergründe selbst kennen zu lernen und zu bewerten. Bedenken Sie, dass manche Fragen nicht sofort, sondern erst nach einer angemessenen Zeit Klärung finden können!
6. Machen Sie die Lernergebnisse öffentlich. Präsentationen müssen nicht immer vor Fachöffentlichkeit stattfinden, schon Teile des Kollegiums und beteiligte Fachexperten können motivierend und im Lernprozess weiter führend wirken!
7. Zeigen Sie aufmerksame und interessierte Rückmeldungen in Form von Fragen, die sich bei Ihnen entwickelt haben. Die Note kann in dieser Form des Lernens kein ausschließlicher Maßstab für Lernerfolg sein. Treten keine Fragen auf, suchen Sie das Gespräch mit den Lernern. Möglicherweise sind es keine inhaltlichen, sondern methodische oder anderweitig spürbare Phänomene gewesen, die einer Rückmeldung bedürfen. Achten Sie dabei auf den entsprechenden Rahmen eines solchen Gesprächs und ausgewogene Redezeiten!

4. Konsequenzen veränderter Lehr- und Lernhaltung – schulentwickelnde Position

Denkt man diese wie oben beschriebene Lehrerhaltung über die individuelle Ebene hinaus, so ergeben sich weitere Folgeerscheinungen für das gesamte System Schule. Schule zu entwickeln heißt, Kernkompetenzen der Mitglieder des Systems zu entfalten. Das sind auf Seiten der Lehrperson die Lehrrepertoires und auf Seiten der Lernenden die Lernrepertoires.

Lernen zu lernen heißt deswegen auch an manchen Stellen des Lernprozesses zu lehren. Lehre entwickeln heißt demzufolge an manchen Stellen der Lernarrangements mitzulernen. Wenn sich ein gesamtes Schulsystem in diese gemeinsame Richtung bewegt, kann man sich vorstellen, wie umwälzend solche Veränderungen für Abläufe, Strukturen und Routinen wirken. Deswegen wurden schon weiter oben die ‚Architekten der Wegeführung' erwähnt. Genauso wenig wie eine Lehrperson alleine Veränderungen bewirken kann, genauso müssen gemeinsame Entscheidungen der Entwicklung begleitet sein. Ich spreche hier von begleitender Beratung durch externe Professionals. Sie müssen zusammen mit der Organisation auf dem Streckennetz Ziele und vor allen Dingen Zwischenstationen markieren und mithelfen, diese zu reflektieren. Es müssen Prozesse dokumentiert und fachliche Expertise (theoretisch und praktisch) aus dem Feld *in* die Schule geholt werden, um diese neuen Ziele der beruflichen Bildung mit den praktischen Herausforderungen der Zukunft in Abgleich zu bringen. Kleine Erfolge zählen. Neue Herausforderungen erscheinen nicht mehr riesig und erdrückend, sondern spornen die Systemmitglieder an, diese Herausforderungen zu bewältigen. Die gemeinsame Anstrengung im Lehrerteam macht die einzelne Last kleiner. Diese Maßnahmen erfordern Investitionen, monetär wie zeitlich. Solche Investitionen sind nicht kurzfristig zu überprüfen, sondern langfristig zu betrachten, denn die Schulen der Gegenwart müssen ‚wetterfest' für die Zukunft gemacht werden. Der ökonomische Wandel geht an den Bildungseinrichtungen nicht vorbei und der strukturelle Wandel in den Bildungs- und Studiengängen erfasst nicht erst seit Kurzem auch die berufliche Bildung Pflege.

Zusammengefasst bleibt festzuhalten: Optimale Voraussetzung für Schulentwicklungsprozesse ist die Maßgabe der lernenden Organisation – die Lehrpersonen lernen mit, sie verändern Unterricht und damit sich selbst in ihrer beruflichen pädagogischen Haltung!

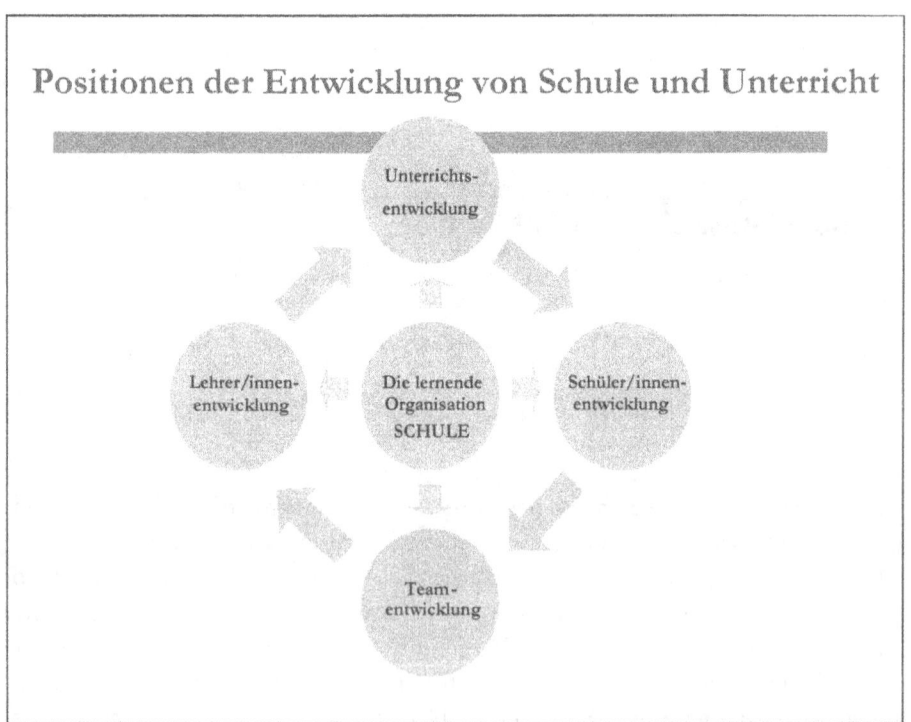

Abb. 1: Positionen der Schul- und Unterrichtsentwicklung (Michael Bossle ©)

Organisationsentwicklung an Schulen heißt Schulentwicklung, Schulentwicklung heißt Unterrichtsentwicklung, Unterrichtsentwicklung heißt Teamentwicklung, Teamentwicklung bedeutet Personalentwicklung auf Seiten der Lehrer wie Schüler.

Mit Helmut Fend (2008: 369-370) seien abschließend als notwendige Rahmenbedingungen und Visionen folgende Leitgedanken als Zielkorridore formuliert, dass Schul-, Unterrichts- und entsprechend Lehrer-, Lehrerinnenentwicklung und damit Personalentwicklung gelingen kann:

- „Schule bietet einen einmaligen kulturellen Erfahrungsraum! Hier geht es explizit um die Differenzbildung bezüglich anderer Kulturen." Damit sind nicht ausschließlich Nationalität oder Religion gemeint, sondern die jeweilige Übernahme von Rollen und Ritualen in der jeweiligen Kultur durch ihre jeweiligen Mitglieder! Diese Tatsache trifft auch für das berufliche Feld der Pflegebildung zu, ob am Lernort Schule oder am Lernort Praxis.

- „Schule ist der Mittelpunkt für ein Training von Kompetenzen und Qualifikationen, die zu einem selbstständigen beruflichen Erwerbsleben führen!" Dabei ist besonders zu beachten, dass es gilt, für die jeweilige berufliche Kompetenzbildung im Feld allgemein zu qualifizieren und *nicht* allein für institutionelle oder betriebliche Ziele und Interessen!

- „Schulen sind Ort der Identitätsfindung für heranwachsende (und auch schon erwachsene) Menschen!" Besonders sollen dabei die individuellen Stärken und Schwächen der Menschen und Lerner gefördert werden und deren Fähigkeiten, sich in diesem Prozess selbst einzuschätzen. Fachspezifische Selbstbilder werden ergänzbar durch Erfahrung von Kompetenz und Selbstwirksamkeit! Im Feld der beruflichen Pflege muss zukünftig darauf geachtet werden, dass Blickwinkel über die herkömmlichen Perspektiven wie Klinik oder institutionelle Pflegesettings von innen und außen erweitert werden müssen! Es muss *auch* um habituelle und berufsethische Fähigkeiten gehen!

- „Schulen sind Orte zur Erfahrung der Verfügung des Menschen über sich selbst!" Hierbei ist auch für die berufliche Bildung in der Pflege die Fähigkeit zu verstehen, gezielt, planvoll und langfristig Leistungen zu erbringen.

- „Schulen sind Orte der Erweiterung von Ausdrucksmöglichkeit des Menschen! Dabei sind jene ästhetischen Ausdrucksformen, wie Musik, Malerei oder Schauspiel *explizit* mit angesprochen." Dadurch erweitern sich auch im beruflichen Bildungsfeld der Pflege Existenzerfahrungen, die über ureigene Begrenzungen hinausgehen.

- „Schulen sind Orte der Erfahrung von Gemeinschaft: sozialer Erfahrungsraum und Ort sozialer Beziehungen. Besonders Zugehörigkeit, Respekt und soziale Akzeptanz können hier erfahren werden. Solche Erfahrungen sind normativ in spezifisch-sozialen Normen und sehr oft in komplexe Beziehungsgeschichten eingefügt. Diese üben sozialen Druck aus, schaffen aber auch Chancen, soziales Leben durchschaubar zu machen und soziale Kompetenz zu schulen. Es kann im Erfahrungslernen nicht von vornherein von Harmonie und Übereinstimmung ausgegangen werden. Soziales Leben fordert immer auch zur Hilfestellung, zur Solidarität und zum Einsatz für andere auf!

- Schulen sind Orte der Erfahrung von Gesellschaft! Damit sind Schulen keine pädagogischen Provinzen, die unberührt von gesellschaftlichen Kontexten existieren! Das Maß an Freiheit, das die Gesellschaft erlaubt, ist auch an der Schule präsent und spürbar. Damit können gesellschaftliche Formen der Teilhabe oder misslingende Formen erprobt und reflektiert werden!" (Fend 2008: 369 f.)

5. Schluss – philosophische Position

Enden möchte ich hier mit der philosophischen Sichtweise des bereits erwähnten Pädagogen Dewey, wenn dieser das Ziel der beruflichen Bildung folgendermaßen benennt: „Glück bedeutet in diesem Zusammenhang (der beruflichen Bildung [und Erziehung; Anm. M.B.]) an der richtigen Stelle zu sein!" (Dewey 1964: 399)

Die Lehrerinnen, die Lehrer und die Lehrerbildner tun gut daran, sich diese Position immer wieder neu zu vergegenwärtigen, denn sie gestalten den ‚Lebensraum' Schule maßgeblich mit. Dazu gehört der Unterricht genauso wie die eigene berufliche Haltung. Die Handlungsorientierung ist dabei eine gute Begleitung für individuelle und systemische Veränderungs- und Entwicklungsprozesse.

Literatur

Bossle, Michael (2012): Die Zukunftsorientierung der deutschen Pflegewissenschaft an der Schnittstelle von Alter(n) und Pflege. HPS-Media, Hungen

Bossle, Michael (2008): Leben ist Lebenswert! Projekt „Pflege im Nationalsozialismus". In: Padua, Jg. 3, 4: 20-6

Dewey, John (1964): Demokratie und Erziehung. Eine Einleitung in die philosophische Pädagogik. Westermann, Braunschweig

Ertl-Schmuck, Roswitha & Fichtmüller, Franziska (2009): Pflegedidaktik als Disziplin. Eine systematische Einführung. Juventa, Weinheim

Fend, Helmut (2008): Schule gestalten. Systemsteuerung, Schulentwicklung und Unterrichtsqualität. VS, Wiesbaden

Friesacher, Heiner (2008): Theorie und Praxis pflegerischen Handelns. Begründung und Entwurf einer kritischen Theorie der Pflegewissenschaft. V&R Unipress, Osnabrück

Gudjons, Herbert (2008): Pädagogisches Grundwissen. UTB, Köln

Hülsken-Giesler, Manfred (2011): Qualifikationsrahmen in der Pflege – zwischen politischem Telos und fachwissenschaftlichen Anforderungen. In: bwp@ Spezial 5 – Hochschultage Berufliche Bildung 2011, Fachtagung 14, hrsg. v. Darmann-Finck, Ingrid / Glissmann, Gerlinde, 1-13. http://www.bwpat.de/ht2011/ft14/huelsken-giesler_ft14-ht2011.pdf (06.08.2012)

Hülsken-Giesler, Manfred / Brinker-Meyendriesch, Elfriede / Keogh, Johann / Muths, Sabine / Sieger, Margot / Stemmer, Renate / Stöcker, Gertrud & Walter, Anja (2010): Kerncurriculum Pflegewissenschaft für pflegebezogene Studiengänge – ein Initiative zur Weiterentwicklung der hochschulischen Pflegebildung in Deutschland. In: Pflege & Gesellschaft, Jg. 15, 3: 216-236

Jank, Werner & Meyer, Hilbert (1994): Didaktische Modelle. Cornelsen Scriptor, Frankfurt am Main

Moers, Martin / Schaeffer, Doris & Schnepp, Wilfried (2011): Too busy to think? Essay über die spärliche Theoriebildung der deutschen Pflegewissenschaft. In: Pflege, Jg. 24, 6: 349-360

Pestalozzi im Internet: http://www.heinrich-pestalozzi.de/de/dokumentation/biographie/letzte_lebensjahre/index.htm (20.07.2012)

Raithel, Jürgen / Dollinger, Bernd & Hörmann, Georg (2008): Einführung Pädagogik. VS, Wiesbaden

Schneider, Kordula (2003): Orientierungshilfen für die Einführung von Handlungsorientierung. In: Schneider, Kordula / Brinker-Meyendriesch, Elfriede & Schneider, Alfred (Hg.): Pflegepädagogik. Für Studium und Praxis. Springer, Berlin: 113-144

Schwarz-Govaers, Renate (2011): Forderung nach Handlungsorientierung im Unterricht und ihre Umsetzung in Prüfungen. In: Pflegewissenschaft, Jg. 13, 5: 261-270

Spitzer, Manfred (2012): Bildung ohne System. In: Nervenheilkunde, Jg. 31, 3: 107-113

Wissen – Können – Sollen: Ethik in der Pflegebildung als Ethik eines Careberufes.
Vorüberlegungen zur Förderung (pflege)ethischer Kompetenz

Constanze Giese

1. Ethik als aktuelles Pflegethema

Ethische Fragen, Methoden der Entscheidungsfindung und Reflexionsmodelle gewinnen im Bereich der Gesundheitsversorgung zunehmend an Bedeutung. Für den vielfach konstatierten steigenden ‚Ethikbedarf' sei hier nur exemplarisch auf die seit Jahrzehnten vorgebrachten Anlässe wachsenden ethischen Reflexionsbedarfs durch den Zuwachs an therapeutischen und medizintechnischen Möglichkeiten und durch die veränderte Wahrnehmung der Bürgerrechte auch als Patientenrechte verwiesen (vgl. Amelung 1992: 10-15; Höffe 2002: 14-16; Monteverde 2012: 26). Gerade die Weiterentwicklung einer konsequent patientenorientierten Rechtsprechung und Rechtschaffung in den neueren BGH-Urteilen und im Betreuungsrecht, u.a. zum Selbstbestimmungsrecht und zum Umgang mit Patientenverfügungen,[1] tangieren den Kern des traditionellen Pflegeethos mit seinem Anspruch auf Fürsorge und Advocacy/Patientenanwaltschaft.[2] Diese Veränderungen sind vielfach noch nicht von der gelebten Praxis Pflegender eingeholt und in das berufliche Selbstverständnis integriert (Remmers 2010: 49).

Inzwischen wird auch die Ressourcenknappheit und in diesem Kontext die Absenkung von Versorgungsstandards und Priorisierung von Leistungen gerade im Bereich pflegerischer Versorgung und fürsorglicher Praxis als ethisch relevant erkannt (Senghaas-Knobloch 2010: 93-95; Deutscher Ethikrat 2012: 44). All diese Themen tragen zur „ethischen Komplexität pflegerischen Handelns" (Monteverde 2012: 26; vgl. Kersting 2011: 295-296) bei, auf die in der Pflegebildung eine adäquate Antwort gefunden werden muss.

---

[1] In § 1901a und b BGB, 1904 BGB und im BGH-Urteil vom 25.6.2010 (BGH 2010).
[2] Mit ‚Advocacy' bezeichnet man die Patientenfürsprache im Gesundheitswesen, eine Vertretung der Patienteninteressen im Prozess der Therapie. Die Aufgabe wird vielfach den Pflegenden zugesprochen, die als Careberuf und im Alltag in besonderer Nähe zum Patienten sind.

Im folgenden Beitrag werden der Bedarf an ethischer Kompetenzentwicklung und Konsequenzen für die Pflegebildung folglich nicht allgemein gesundheits- oder medizinethisch betrachtet. Vielmehr sollen vor dem Hintergrund aktueller Fragestellungen und Problematiken der pflegerischen Handlungsfelder die Förderung und Entwicklung ethischer und ethisch relevanter Kompetenzen fokussiert werden. Dazu sind zunächst die spezifischen und zum Teil historisch gewachsenen Herausforderungen der Pflege als Fürsorgearbeit und „gendered labor" (Liaschenko 2010: 37) im Zusammenspiel der Heilberufe und im Rahmen ihres gesellschaftlichen Auftrags nach zu zeichnen und damit auch Fragen der Professionsentwicklung aufzugreifen.

Nach einer Sichtung der für die Pflegebildung aktuell vorgeschlagenen anzuzielenden ethischen Kompetenz(en) wird auf der Basis pflegerischer Handlungsfelder und Verantwortungsbereiche ein Konsensvorschlag für ein solches ‚Set an Kompetenzen' erarbeitet, das auch dem internationalen Diskursniveau gerecht werden kann.

Bezogen auf die zuvor identifizierten Verantwortungsbereiche der Pflege und vor dem Hintergrund der Notwendigkeit, ein pflegerisches Ethos und Kompetenzen der ethischen Reflexion im Rahmen der Ausbildung einer beruflichen Identität entwickeln zu helfen, werden inhaltliche Bezüge und unterstützende Beiträge der ethischen Theoriebildung exemplarisch vorgeschlagen. Die Auseinandersetzung mit philosophischer und theologischer Ethik und ihrer vielfältigen und reichen Tradition leistet im Bereich sogenannter ‚angewandter Ethik' in der Pflegebildung einen wichtigen Beitrag zur Klärung aktueller Fragen der Versorgungspraxis (Bobbert 2002: 15-16). Beiträge der philosophischen Ethik können für die ebenso notwendige Klärung der eigenen Position als professionell Pflegende (nicht mehr nur als Privatperson!) sowohl in anthropologisch-ethischer Hinsicht als auch ‚ganz handfest' im Verhältnis zur eigenen Rolle im jeweiligen Team und zur gesellschaftlichen Rolle und Aufgabe der Pflege wesentliche Bezugsquellen darstellen. Die fundierte Auseinandersetzung mit exemplarisch ausgewählten traditionellen und aktuellen Beiträgen der Ethik sollte Pflegenden in der Ausbildung nicht vorenthalten werden (Rabe 2009: 97-144). Sie erleichtern eine kritische Orientierung im künftigen Praxisfeld und fördern die Befähigung zu eigenständiger Reflexion und Bewertung seiner Anforderungen: „Selber denken" (Pieper 2002) als zentrales Ziel nicht nur der Philosophie, sondern auch der Pflegebildung.

2. Tradition und Entwicklung

Die Pflege war und ist seit ihrer Verberuflichung ein heteronomer Berufsstand, dessen – auch ethische – Unterweisung traditionell von anderen Professionen übernommen wurde. Die Normierungen entstammten zunächst primär dem christlichen bzw. religiösen Wertehorizont,[3] die Unterrichtung in ethischen Fragen wurde nicht selten bis in unsere Zeit hinein durch Kleriker (z.B. Klinikseelsorger) übernommen (Bobbert 2002: 23-24).

Mit dem Fortschreiten der Medizin als Leitdisziplin im Gesundheitsbereich und der Entwicklung der Krankenpflege als Frauenberuf ab ca. dem 19. Jahrhundert (Bischoff 1984), nahm der kirchliche Einfluss ab und der Fokus verschob sich hin zu einem an bürgerlichen Tugenden und ärztlicher Assistenz orientierten Wertehorizont (Pfabigan 2008: 18; Bobbert 2002: 26-27). Die Krankenschwester hatte sich an denselben Tugenden zu orientieren, wie eine sittsame bürgerliche Ehefrau und sich dem Arzt unterzuordnen, wie die Frau ihrem Gatten. Sie unterstützte ihn in seiner wichtigen Tätigkeit, indem sie dafür sorgte, dass er mit alltäglichen und scheinbar banalen Alltagsfragen, insbesondere auch der Sorge für Kinder, Alte und Kranke, unbehelligt blieb. Im Fokus der Pflege stand somit die Arztassistenz und Zuarbeit, die fraglose Erfüllung von Anordnungen und die Erfüllung emotionaler Bedürfnisse der Kranken; die Ausbildung wurde durch ärztliche Anforderungen reglementiert und kontrolliert (Pfabigan 2009: 26-27; Monteverde 2012: 32). Damit einhergehend wurde das fatale Gehorsamsideal der Pflege entwickelt, mit seinen in der NS-Zeit furchtbaren Folgen für die berufliche Pflege (und v.a. die pflegebedürftigen Menschen!). Es hielt sich letztlich im deutschsprachigen Raum bis in die zweite Hälfte des 20. Jahrhundert hinein und zeigt bis heute Wirkung (Bobbert 2002: 28; Siewert 2006: 58-71). Pflege übernahm und übernimmt auch heute Tätigkeiten, die „von anderen Berufsgruppen zumeist als ‚unpassend' und ‚unerwünscht' angesehene Arbeit [...]. Das kann konkret bedeuten, trauernde Angehörige zu trösten oder essensunwillige demente Alte geduldig zum Essen zu überreden. Pflegende sollen solche Störungen von ‚wahrhaft' Berufstätigen fernhalten." (Pfabigan 2008: 29; vgl. Kersting 2011: 17)

Das Faktum, dass Pflege ein Frauenberuf ist und noch als Semiprofession angesehen wird, ist somit in seiner ethischen Relevanz nicht zu unterschätzen, da die Möglichkeit des Gehörtwerdens, zur Beteiligung und Verantwortungsübernahme davon mitbestimmt werden (Liaschenko 2010: 37-39). Auch die Selbstwahrnehmung und Selbstbegrenzung, die Pflegende vornehmen, wie sie versuchen, ihre

---

[3] Die Wertorientierung der Pflege ist traditionell weltanschaulich und religiös durch das gesellschaftliche Umfeld geprägt, so gibt es beispielsweise nicht nur christliche, sondern auch muslimische und jüdische Traditionen und Begründungszusammenhänge von Pflege. Die nahe Verwandtschaft der genannten Religionen spiegelt sich auch in den die Pflege prägenden Wertvorstellungen (vgl. Steppe 2001; Wolff & Wolff 2008: 53-60).

Position einzubringen und dem vielfach formulierten Anspruch der Advocacy gerecht zu werden, findet hier seine fragwürdige Begrenzung. Joan Liaschenko hat zuletzt darauf hingewiesen, dass Pflegende selbst von sich annehmen, ihre mangelnden (medizinischen oder naturwissenschaftlichen) Kenntnisse seien der Grund dafür, dass ihre Auffassung im Konfliktfall oder in ethischen Fragen nicht gehört würde: „The knowledge they feel they should have known was always scientific. [...] students actually believe that having such knowledge would indeed make a difference. They believe, they will be ‚empowered' and finally regarded as equal in value and social status to physicians, at which point their concerns will be taken seriously and not dismissed, ignored, sentimentalized, or trivialized." (Liaschenko 2010: 36)

Die Frage nach dem, was Pflegende an ethischen Kompetenzen mitbringen, weiterentwickeln oder gar erwerben sollen, ist untrennbar mit der Frage danach verbunden, welche Willens- und Handlungsfreiheit, welche Handlungsmöglichkeiten, welche Macht Pflegende haben und auch welches Ansehen ihrem körpernahen Arbeitsbereich als „gendered labor" (Liaschenko 2010: 37) zugebilligt wird – und welches sie ihm selbst zubilligen. Die berufliche Identität und das Selbstverständnis Pflegender als einer Berufsgruppe, die wie keine andere einen „Beziehungs- und Berührungsberuf" (Uzarewicz & Uzarewicz 2005: 177) ausübt, bedingt Möglichkeiten der Verantwortungszuschreibung und Verantwortungsübernahme. Pflege wird immer wieder darauf zurückgeworfen, beharrlich als „komplementäres Bindeglied zwischen ‚rational' denkenden und ‚objektivem' Wissenschaftsideal verpflichteten Arbeitenden (Arzt und Ärztinnen) einerseits und hilfesuchenden, emotional und sozial fordernden PatientInnen andererseits" (Pfabigan 2008: 29) fungieren zu sollen.

Die Pflegebildung wird sich dem stellen müssen und ethische Kompetenzentwicklung nicht nur für die Dyade von Pflegenden und Pflegebedürftigen anzielen, sondern den beruflichen und sozialen Kontext, in dem Pflege ausgeübt wird, mitberücksichtigen müssen. Um Auszubildende und Studierende nicht mit unerfüllbaren moralischen Verpflichtungen zu konfrontieren, sondern sie in der Entwicklung praxisrelevanter ethischer Kompetenzen zu unterstützen, sind das Setting, in dem Pflege stattfindet, und die hier vorherrschenden Kommunikations- und Kooperationsbeziehungen in ihrer ethischen Relevanz jeweils mit zu reflektieren. Das Gleiche gilt für gesellschaftliche Entwicklungen und Leitbilder, für die Konsequenzen politischer und ökonomischer Entscheidungen, die Pflege betreffen und die immer auch Wertungen ausdrücken.

3. Ethische Kompetenzentwicklung und Verantwortungsbereiche der Pflege

Handlungsfelder und Verantwortungsbereiche, in denen Pflegende ethischer Kompetenzen bedürfen, sind auf mehreren Ebenen zu beschreiben. Die aktuellen Vorschläge zu notwendigen ethischen Kompetenzen in der Pflege erlauben zugleich Rückschlüsse auf angenommene Problemfelder. So schlägt Marianne Rabe Schlüsselqualifikationen[4] als Bildungsziele des Pflegeethikunterrichtes vor: „Ethische Kompetenz beinhaltet Elemente wie die Fähigkeit zur Formulierung der eigenen moralischen Überzeugungen, die Fähigkeit zum Erkennen moralischer Probleme in der eigenen Praxis, Urteilsfähigkeit, Diskursfähigkeit, die Fähigkeit zum Perspektivenwechsel, Konflikt- und Kompromissfähigkeit, aber auch die Wachheit und den Mut, tatsächlich moralisch zu handeln und für die Rahmenbedingungen des eigenen Handelns Mitverantwortung zu übernehmen." (Rabe 2012: 115)

Dass es Mut erfordert, tatsächlich moralisch zu handeln und Mitverantwortung zu übernehmen, lässt den Rückschluss zu, dass dies nicht unbedingt erwartet wird und auf Widerstände stoßen könnte. So hält auch Christa Olbrich (2009: 66) „persönliche Stärke" für ein wesentliches Bildungsziel, um „aktiv ethisches Handeln" in der Pflege erreichen zu können. In eine ähnliche Richtung denken die Kanadier Michael Yeo und Ann Ford, die explizit darauf verweisen, dass nicht nur eine Spannung zwischen Ethik und Realität der Pflege besteht, sondern dass – wie bei Rabe angedeutet – eine Kluft zwischen in der Pflegebildung gelehrten Sollensansprüchen und tatsächlichen Erwartungshaltungen (!) der Praxis besteht: „[...] a gap between what nurses are taught about how they should act and how in reality they are expected to act" (Yeo & Ford 2005: 277). Damit stellt sich die Theorie-Praxis-Differenz in der Pflege im Bereich der Ethik als besonders problematisch dar, die Rede von alltäglichem moralischen Stress oder ‚moral distress' Pflegender lässt sich hierauf beziehen: „[...] the ethical problem has to do not so much with deciding, what is morally right, but rather with doing it in a constrained environment unconducive to the realization of professional values." (Yeo & Ford 2005: 277-278) Zugleich scheinen in der Aufzählung von Rabe die wesentlichen Aspekte auf, die als Mindestkonsens für ethische Bildungsziele auch international vorgeschlagen werden.

---

[4] Ob es sich bei ethischer Kompetenz tatsächlich um eine Schlüsselqualifikation für Pflegende handelt oder ob sie nicht über das Konzept beruflicher Schlüsselqualifikationen hinaus weist, wird zwar u.a. von Reinhard Lay (2004: 229) in Frage gestellt, dieser Diskurs kann aber an dieser Stelle nicht ausgeführt werden.

So fordern die an der Universität in Edinburgh tätigen Autoren Ian E. Thompson et al. in ihrer handlungsorientierten Aufzählung von Ausbildungszielen konkrete „skills": „In particular, we argue that nurses need to develop the core skills mentioned above, namely:

- skills in clarifying values applicable to the different levels of nursing operations
- skills in systematic and problem-solving approaches to ethical decision-making
- skills in collaborating with others to determine sound ethical standards or policy." (Thompson et al. 2007: 11)

Unter dem Überbegriff der (pflege)ethischen Kompetenzentwicklung wird somit ein Grundbestand an Fähigkeiten zusammengefasst, der neben Selbstreflexion und -vergewisserung, über eigene Werthaltungen und Überzeugungen auch die Förderung der Sensibilisierung, Positionierung und diskursiven Beteiligung an Entscheidungs- und Problemlösungsprozessen in interdisziplinären Kooperationen beinhaltet. Verantwortungsübernahme in der interdisziplinären Zusammenarbeit zum Wohl der pflegebedürftigen Menschen (Advocacy) gilt inzwischen als selbstverständliche Aufgabe der Pflegenden.

Die Befähigung zur Mitwirkung an der Weiterentwicklung menschenwürdiger Arbeits- und Pflegebedingungen wird zunehmend als Thema der Berufsethik erkannt (Kersting 2011: 10; Yeo & Ford 2005: 279). Im Zentrum der Pflegetätigkeit steht zwar die Verantwortung für den pflegebedürftigen Menschen, als ethisch problematisch werden jedoch zunehmend die Umstände und Organisationen beschrieben, in denen Pflegehandeln stattfindet (Monteverde 2009; Kersting 2011). In diesem Kontext wird gerade im internationalen Bereich die normierende Wirkung der politischen und menschenrechtlichen Ebene einbezogen, die direkte Auswirkungen auf die Patientenversorgung hat. So weisen die südafrikanischen Autorinnen Firdouza Waggie & Narriman Lattoe auf den Zusammenhang von Menschen- und Patientenrechten hin, die Pflegehandeln direkt betreffen. Dabei sind nicht nur Freiheits- und Abwehrrechte im Sinne der Patientenautonomie in der Gesundheitsversorgung relevant, sondern auch die Menschenrechte der sogenannten zweiten Generation, die im Internationalen Pakt über wirtschaftliche, soziale und kulturelle Rechte von 1966 festgehalten sind[5] (Waggie & Lattoe 2011: 36-37). Unter den Anforderungen inter- bzw. transkultureller Pflege zeigt sich beispielsweise die Bedeutung des international gültigen Diskriminierungsverbots. Damit lässt sich eine menschenrechtliche Legitimie-

---

[5] Der Internationale Pakt über wirtschaftliche, soziale und kulturelle Rechte vom 19. Dezember 1966 wurde von Deutschland 1973 ratifiziert (vgl. Deutsches Institut für Menschenrechte 2012).

rung des Pflegeethos in seinem Kernbestand, wie er z.B. im ICN-Ethikkodex formuliert ist, nachzeichnen (Waggie & Lattoe 2011; Vereinte Nationen 1963 und 1966; DBfK 2010; Thompson et al. 2007: 178-182). Die politische und gesellschaftliche Ebene produziert somit nicht nur rechtliche und sozio-ökonomische Vorgaben, die die Möglichkeiten in der Pflegepraxis entscheidend prägen (und begrenzen). Sie zeigt sich zugleich als Quelle ethischer Normierungen des Pflegehandelns, das damit auch rechtlich verbindlich geregelt wird.

Somit lassen sich folgende Handlungsebenen und Verantwortungsbereiche in ethischer Perspektive als (aus)bildungsrelevant zusammenfassen:

- Die Aufgabe und Verantwortung der Pflege des konkreten Patienten nach dem Stand des Wissens – den ‚Regeln der Kunst' und gemäß ethischen Mindeststandards, wie sie von professionell handelnden Pflegenden verlässlich erwartbar sind.
- Die Pflege als Arbeit und Mitverantwortung im Team und in einer konkreten Einrichtung mit der Bereitschaft, die das Pflegehandeln prägenden Prozesse und Strukturen kritisch-konstruktiv mitzugestalten.
- Die Bedingungen der Pflege als Fürsorgearbeit (Care), die in einer konkreten gesellschaftlichen und historischen Situation übernommen und weiterentwickelt wird.[6]

4. Verantwortungsbereiche der Pflege und mögliche normativ-ethische Bezüge

Den genannten Verantwortungsbereichen der Pflege korrespondiert das Set der oben vorgeschlagenen Fähigkeiten im Sinne ethischer Kompetenzen als selbstreflexive, diskursive, kognitive und motivationale (‚Mut', ‚Stärke') Kompetenzen.

Im Sinne der Entwicklung einer pflegerischen Identität, zu der auch ein reflektiertes Berufsethos gehört, ist der zugehörige ethische Referenzrahmen nicht beliebig oder von jeder Pflegepädagogin neu zu entwerfen. Vielmehr wird eine seriöse Ethikbildung der Pflege auf die vorliegenden berufsethischen und pflegewissenschaftlichen Diskurse zurückgreifen und sie mit der Theoriebildung

---

[6] Nicht selten wird auch auf die Verantwortung der Pflegenden gegenüber sich selbst hingewiesen, so kennt der ICN-Ethikkodex für Pflegende die Pflicht, auf die eigene Gesundheit zu achten, „[...] um ihre Fähigkeit zur Berufsausübung nicht zu beeinträchtigen" (DBfK 2010: 3). Die sogenannte Psychohygiene oder konkrete Maßnahmen wie rückenschonendes Arbeiten werden so zur ethischen Pflicht erhoben. Ob Pflegende hier tatsächlich in anderer oder weitergehender Weise für sich selbst verantwortlich sind als andere berufstätige Personen auch, ist zu bezweifeln. Ebenso ist fraglich, ob es sich ethisch begründen lässt, dass Fachkräfte aus Mangelberufen sich quasi im Dienste der Gesellschaft besonders schützen müssen, weil sie ein gesellschaftliches Mandat ausüben und schwer zu ersetzen sind, wie der ICN hier insinuiert.

normativer und angewandter Ethik ins Gespräch bringen, um den Auszubildenden und Studierenden angemessene Reflexionsgrundlagen anbieten zu können.

Im folgenden sollen, der Systematik der oben vorgeschlagenen Ebenen folgend, mögliche Zugänge und Interpretationsgrundlagen, die zur Entwicklung ethischer Kompetenzen fruchtbar gemacht werden können, vorgeschlagen und exemplarisch diskutiert werden.

4.1 Die Aufgabe und Verantwortung der Pflege des konkreten Patienten

„[...] and not be satisfied with anything less than the very best."
(Adams & Valiga 2009: 3)

Die Auseinandersetzung mit der Verantwortung gegenüber dem konkreten pflegebedürftigen Menschen, dessen Wohlbefinden im Mittelpunkt des Pflegehandelns stehen soll, gehört zum Kernbestand pflegeethischer Reflexion (van der Arend & Gastmans 1996: 99).

Pflege soll nach dem Stand des Wissens, den Regeln der Kunst und gemäß ethischen Mindeststandards von professionell handelnden Pflegenden verlässlich erwartbar sein. Das geht über die Entwicklung einer eigenen persönlichen Meinung oder Position hinaus. Berufsethik ist im Rahmen der Professionsentwicklung auch Ausdruck der Verlässlichkeit gegenüber dem Kunden/Klienten (oder schlicht pflegebedürftigen Menschen) sowie gegenüber den Kolleginnen und Kollegen, die sich auf ein Handeln gemäß der konsensfähigen Selbstverpflichtung aller Professionsangehörigen verlassen können müssen (Yeo & Ford 2005: 268; Knigge-Demal 1999: 32). Insofern ist die Reflexion der Aufgabe und Verantwortung der Pflege des konkreten Patienten Bestandteil der beruflichen Sozialisation und Bildung, unabhängig davon, wie umfangreich ethische Themen in den Curricula jeweils explizit ausgewiesen sind. Die pflegetheoretischen Begründungszusammenhänge sind dabei selbst deutlich moralisch[7] aufgeladen. Pflegehandeln wird in der Ausbildung als ein an hohen ethischen Zielen ausgerichtetes Handeln gelehrt, worauf Karin Kersting zurecht hinweist: „Am Wohle des Patienten sollen alle pflegerischen Tätigkeiten ausgerichtet sein. Das lernen Auszubildende der Krankenpflege vom ersten Tag an. Die Pflege soll sich an der Bedürftigkeit des Menschen orientieren und nicht an der Medizin oder an einzelnen Körperfunktionen." (Kersting 2011: 27)

---

[7] Vgl. zur Unterscheidung der Begriffe Ethik und Moral usw. neben anderen Lay (2004: 14-36) und Körtner (2004: 16-20).

Die Ideale der Ganzheitlichkeit, der Personenorientierung und der individuellen Pflege prägen die Pflegeausbildung, ergänzt durch den zunehmenden Anspruch der wissenschaftlichen Fundierung auf dem aktuellen Stand des Wissens (Bobbert 2002: 17). Letzterer wird nicht mehr nur für die akademische Pflegebildung erhoben, sondern zunehmend auch für beruflich gebildete Pflegepersonen. Damit wird das Zurückbleiben hinter dem aktuellen Stand verfügbaren Pflegewissens zu einem ethischen Problem. Diese Erkenntnis hat sich auch im internationalen Diskurs durchgesetzt, da sie eine logische Konsequenz des Anspruchs einer Profession ist: „it means setting high standards for yourself and the group in which you are involved, holding yourself to those standards despite challenges or pressures to reduce or lower them, and not be satisfied with anything less than the very best." (Adams & Valiga 2009: 3, zit. in Cannon & Boswell 2012: 15)[8] Umgekehrt ist der Anspruch, auf dem aktuellen Stand evidenz-basierten Wissens zu pflegen, Teil der berufsethischen Selbstverpflichtung, die Auszubildende erlernen und übernehmen sollen. Johann Behrens & Gero Langer formulieren exemplarisch die Ansprüche der individuell angemessenen und ausgehandelten sowie evidenzbasierten Pflege als ethisch legitimier-bare Pflege im Zusammenspiel mit den anderen Heilberufen in der Verantwortung für den je „einzigartigen Pflegebedürftigen" (Behrens & Langer 2010: 25, 75). Pflegende sollen lernen, richtig zu handeln, verlässliches Wissen zu identifizieren und für den Einzelfall nutzbar zu machen. Können diese Ziele nicht erreicht werden, bleibt den Autoren zufolge die Pflegende in der Verantwortung, auch wenn die Vorgaben und Bedingungen in ihrem Arbeitsumfeld dem entgegenstehen.[9] Die in der Ausbildung traditionell betonte Verantwortung der einzelnen Pflegeperson für den konkreten pflegebedürftigen Menschen wird mit der Zunahme evidenzbasierten Pflegewissens demzufolge strukturell nicht verändert. Soll hinter diesem Anspruch an professionelle Pflege nicht zurückgeblieben werden, sind folglich in der Ausbildung die Kompetenzen zu vermitteln, die benötigt werden, um den jeweils einzigartigen Patienten in legitimierbarer Weise zu pflegen und der Verantwortung ihm oder ihr gegenüber gerecht zu werden. Als Konsequenz wird deshalb hier mit Arie van der Arend und Chris Gastmans grundsätzlich für einen verantwortungsethischen Begründungszusammenhang plädiert (van der Arend & Gastmans 1996: 68-93; dazu auch Bobbert 2002: 15 ff.). Den künftigen Pflegenden gibt eine verantwortungsethische Fundierung ihres beruflichen Handelns die

---

[8] Cannon & Boswell (2012: 15) erheben diesen Anspruch für die in der Pflege tätigen wie für die in der Ausbildung verantwortlichen Personen gleichermaßen.

[9] „Denn die einzelne Pflegende ist es, die verantwortlich bleibt für den Aufbau der internen Evidenz – trotz aller Vorschriften. [...]. Die von Pflegenden in ihrer Verzweiflung manchmal gewählte Formulierung in Schreiben an die Einrichtungsleitung ‚angesichts der Arbeitsbedingungen lehne ich jede Verantwortung ab' ist nicht rechtens. Wir sind verpflichtet, auf Mängel hinzuweisen – aber unsere Verantwortung gegenüber unseren jeweiligen Klienten können wir nicht ablehnen." (Behrens & Langer 2010: 47).

Möglichkeit, sich mit ihrer Aufgabe als professionell Helfende gegenüber Pflegebedürftigen mit unterschiedlichen Graden an Autonomie auseinander zu setzen und Umfang und Grenzen der beruflichen Verantwortung auszuloten und zu begründen.

Eine Prinzipienorientierung, wie sie u.a. von Rabe für die Pflege in Anlehnung an Tom L. Beauchamp & James F. Childress vorgeschlagen wird, ist Teil der Verantwortungsethik (Rabe 2012: 111; Beauchamp & Childress 2008). Die im gesundheitsethischen Bereich vielfach rezipierten vier Prinzipien[10] biomedizinischer Ethik gehören zum Grundbestand der Ethik der Heilberufe und sind Basis der angestrebten Befähigung zur Teilhabe der Pflegenden an Diskursen und Entscheidungsverfahren. Sie bilden eine gute Basis zur Selbstvergewisserung und -positionierung. Eine Ethikbildung, welche die vier Prinzipien wie ein ‚Mantra'[11] gebetsmühlenartig rezitiert, ist für die Auszubildenden der Pflege aber wenig hilfreich. Auf dieser Basis lässt sich nur ein Teil der ethischen Probleme im Pflegealltag analysieren und möglicherweise begründet lösen. Zur Reflexion der direkt und indirekt formulierten Ansprüche, die sich aus der Frage der spezifisch pflegerischen Zuwendung zum bedürftigen Menschen ergeben, werden deshalb im professionsethischen Diskurs zunehmend sogenannte careethische Argumentationsmuster herangezogen. Die Auseinandersetzung mit der Ethics of Care kann die Erfahrungen des persönlichen In-Anspruch-genommen-werdens in der jeweils einzigartigen Pflegebeziehung sprechbar machen. Damit trägt sie zu einer Selbstvergewisserung und Begründung des eigenen beruflichen Selbstverständnisses bei und kann zudem ins Gespräch mit anderen Berufsgruppen eingebracht werden (Kohlen & Kumbruck 2008).

---

[10] Die vier Prinzipien nach Beauchamp und Childress sind: Respect for Autonomy (im Deutschen als Recht auf Selbstbestimmung oder Autonomie), Nonmaleficence (Nicht-Schadensregel), Beneficence (Wohltun, Nutzen, Heilen oder auch Fürsorge) und Justice (Gerechtigkeit). Die je gewählte deutsche Übersetzung deutet auch schon die bevorzugte Interpretation des Prinzips an. Nonmaleficence und Beneficence gehören bereits zum Bestand des hippokratischen Ethos.

[11] Nicht umsonst wird die Vier-Prinzipienethik nach Beauchamp & Childress inzwischen als Georgetown-Mantra bezeichnet (May 2001: 36). Die Prinzipien können aufgrund ihrer Konsensfähigkeit und Verbreitung als ethische Orientierung und gemeinsame Basis im Sinne einer ‚common morality' der Heilberufe die Verständigung in ethischen Konflikten erleichtern.

4.2 Die Pflege als Arbeit und Mitverantwortung im Team und in einer konkreten Einrichtung

> *„Power is the ability to take one's place in whatever discourse is necessary to action and to have the right to make one's part matter."*
> (Heilbronn 1988: 18, zit. in Liaschenko 2010: 41)

Pflegebeziehungen sind immer konkret situativ verortet, die Handlungsmöglichkeiten Pflegender sind durch Team, Organisation und Struktur der jeweiligen Einrichtung bestimmt. Berufsethische Sollensforderungen müssen, wie jedes berufliche Handeln, immer unter den Anforderungen von Berufssituationen realisiert werden. Diese Situationen sind dabei nach Barbara Knigge-Demal durch konstituierende Merkmale gekennzeichnet, die sie in Anlehnung an Arnim Kaiser (Kaiser 1985 in Knigge-Demal 1999: 35) folgendermaßen charakterisiert:

- „Die objektiven Pflegeanlässe, die den Pflegebedarf des Patienten begründen.
- Das subjektive Krankheitserleben und -verarbeiten des Patienten, seine Pflegebedürftigkeit, die gleichfalls den Pflegebedarf des Patienten begründen.
- Die Interaktionsstrukturen und das Interaktionsgefüge in beruflichen Situationen.
- Die Tätigkeitsfelder (das Setting) im Kontext gesellschaftlicher und historischer Bedingungen.
- Der Pflegeprozess." (Knigge-Demal 1999: 36)

Diese Merkmale haben Einfluss darauf, wie die Akteure ihre Rolle leben und ihre Verantwortung wahrnehmen können. Während die ersten beiden (und tendenziell auch das fünfte Merkmal) vorwiegend relevant sind für die Pflegebeziehung zum jeweils einzigartigen Pflegeempfänger (siehe Kapitel 4.1 oben), betreffen das dritte und vierte Merkmal die anderen beiden hier vorgeschlagenen Ebenen und lassen sich ihnen mit Randunschärfen zuordnen.[12] Deutlich wird, dass die Situationen, in denen Pflege stattfindet, damit Gegenstand der pflegeethischen Reflexion in der Ausbildung sein müssen.

---

[12] Die Überbegriffe ‚Interaktionen' und ‚Interaktionsgefüge' korrespondieren der vorgeschlagenen Auseinandersetzung mit Kooperationsbedingungen im Team und in den Einrichtungen, wobei das Setting (Knigge-Demal) hier der Organisationsebene (Kapitel 4.2) zugerechnet wird. Die gesellschaftliche, politische und gesundheits-ökonomische Ebene in Kapitel 4.3 ist vergleichbar den gesellschaftlichen und historischen Bedingungen bei Knigge-Demal. Die hier vorgelegte Dreiteilung findet sich ähnlich auch bei Marianne Arndt (1996: 20-21).

Die wahrgenommenen und zugeschriebenen Aufgaben der Mitwirkung an Entscheidungsprozessen, der verantwortlichen Kooperation mit anderen Berufsgruppen (insbesondere der Medizin) und der Advocacy als Vertretung des Patienteninteresses stehen unter dem Vorzeichen der oben beschriebenen Spannung von gelehrtem Pflegeethos und beruflichem Selbstverständnis einerseits und Erwartungshaltungen im Praxisfeld andererseits. Diese Spannung oder Kluft erschwert Verantwortungsübernahme gemäß der berufsethischen Selbstverpflichtung und führt nicht selten zum Scheitern am eigenen Anspruch und damit zu Gefühlen des Versagens und der Schuld: „Nach Bischoff sind die anhaltenden Schuldgefühle der Pflegekräfte, die aus der Diskrepanz zwischen Anspruch und Wirklichkeit entstehen, die beste Garantie für das Funktionieren und die Aufrechterhaltung der organisatorischen Strukturen." (Pfabigan 2008: 40)

Sich einbringen, beteiligen und Gehör für die Anliegen der Pflege im multiprofessionellen Team finden zu können, hängt nicht nur von der richtigen berufsethischen Einstellung und Einsicht in das jeweils ‚Gesollte' sowie der entsprechenden Motivation ab. Gehör wird nur gefunden, wenn das Umfeld der Pflege sie wahrnehmen kann. Die gewachsenen Macht- und Herrschaftsstrukturen in Kliniken prägen das Arbeitsumfeld und neigen dazu, pflegerische Anliegen zu marginalisieren. Dies betrifft besonders die inzwischen häufig und zu Recht problematisierte Kooperation mit anderen Berufsgruppen im multiprofessionellen Team, allen voran mit Ärzten und Ärztinnen.[13] Sowohl das traditionell geprägte Rollenverhalten als auch die unbefriedigende Rechtslage, die hinter der gelebten Aufgabenteilung herhinkt, hindern eine Pflege gemäß der berufsethischen Ansprüche: Auszubildende, die mit ethischen Sollensforderungen konfrontiert werden, haben das Recht auch Strukturen von Macht (als Möglichkeit seine Ziele zu erreichen) und Ohnmacht der Pflege, die sie in der Praxis vorfinden, reflektieren zu lernen, um ihre Handlungsspielräume adäquat einschätzen zu können.

Setzt die Ethik (auch die Berufsethik) beim vernünftigen, gleichberechtigten Subjekt an, das seine Ansprüche unter seinesgleichen geltend macht,[14] so ist die Realität geprägt von hierarchischen Über- und Unterordnungen, weisungsbefugten und weisungsgebundenen Akteuren, Rollenerwartungen und gewachsenen Kommunikationsmustern. Letztere sehen eine gleichberechtigte Teilhabe der Pflegenden nicht regelmäßig vor, sondern sind oft noch historisch gewachsene

---

[13] In diesem Kontext verweist neuerlich Wagner neben dem „Doctor-Nurse-Game" auf die „bittere Feststellung, dass bestmögliche Pflege durch pathologische Kooperationsmuster vereitelt wird, und dass, kurzum, Patienten, Pflegende und Ärzte die negativen Folgen einer unklaren und widersprüchlichen Zuständigkeitszuordnung auszubaden haben" (Wagner 2012: 74-75).

[14] Diese Gleichberechtigung autonomer Subjekte findet sich exemplarisch in den üblichen Formen der Ethikberatung, insbesondere in Satzungen zu Arbeitsweise und Zielen der klinischen Ethikkomitees wieder (Sauer & May 2011: 66 ff.).

und juristisch verfestigte Ungleichheitsbeziehungen, in denen Pflegende sich genau so weit und in der Form zu Wort melden dürfen, wie es ihnen eingeräumt wird: „Wer die Vorherrschaft der ärztlichen Medizin in Frage stellt, auf die Diskrepanz zwischen ritualisierter Rollenzuteilung und realem Besitz sowie realer Verteilung von Wissen und Können hinweist, um echte Kooperation einzufordern, rührt nach wie vor an einem Tabu und kann sich auf virulenten Widerspruch einstellen." (Wagner 2012: 75)

Auch Kohlen (2009: 63) konnte in ihrer Studie über die Arbeitsweise von Ethikkomitees zeigen, dass die Berücksichtigung pflegerischer Anliegen dort nicht von deren Dringlichkeit oder pflegefachlichen Evidenz abhängig ist, sondern davon, ob es gelingt, sie in die vorherrschenden Sprech- und Denkweisen der Medizin und Medizinethikexperten einzupassen. Die in der Ethikbildung inzwischen regelmäßig betonte Diskurskompetenz gewinnt somit eine besondere Bedeutung. Die Vorbereitung auf Verantwortungsübernahme im multiprofessionellen Team, auf Beteiligung und die Bereitschaft, sich auch unter schwierigen Bedingungen Gehör zu verschaffen, ist als notwendiger Beitrag der Pflegeethik zur Pflegebildung anzusehen. Verständigungsorientierung wird von Rabe (2012: 117) mit dem Prinzip der Dialogizität ausgedrückt[15] und auf diskursethischer Basis als Ziel der Ethikbildung eingefordert. Somit geht es um zweierlei:

- Sollensforderungen (wie Dialogiziät und Verantwortungsbereitschaft) in die berufliche Identität zu integrieren und zugleich

- die Umstände mit zu bedenken, um die eigenen Handlungsmöglichkeiten realistisch einschätzen zu lernen, gemäß der verantwortungsethischen Grundposition: „Das Sittliche ist das Ja zur Wirklichkeit" (Auer 1989: 16).

4.3 Die Bedingungen der Pflege als Fürsorgearbeit (Care) in einer konkreten gesellschaftlichen und historischen Situation

> *„Krankenpflege sollte aufhören, berufliche und politische Fragen so zu behandeln, als ob sie nicht auch moralische Fragen wären."*
> *(Käppeli 1988: 27)*

Pflegende sind in Gesetzmäßigkeiten eingebunden, die nicht dem pflegerischen Anspruch entsprechen, sondern anderen Einrichtungszielen dienen und diese stabilisieren (Pfabigan 2008: 39; Kersting 2011: 36-43). So ist die pflegerische Versorgung in Kliniken am Ziel einer möglichst effizienten medizinischen Therapie ausgerichtet, wobei Effizienz nicht nur vom sogenannten Patientenout-

---

[15] Rabe (2012: 117) schlägt vor, auf der Basis der Diskursethik „Wertorientierung und Dialog" zum Gegenstand einer grundlegenden Einheit bei Aus- und Weiterbildungsmaßnahmen für Pflegende zu machen.

come her, sondern auch in Abhängigkeit von den ökonomischen oder medizinisch-wissenschaftlichen Zielen der jeweiligen Einrichtung mitbestimmt wird.[16] Altenpflegeeinrichtungen dienen nicht nur der Versorgung alter Menschen, deren (zumeist letztes) Zuhause sie sind. Sie müssen auch immer einen Beitrag zur ökonomischen Situation der Träger leisten, sei es weil sie in privater Hand sind und Gewinne an die Eigner abführen oder weil sie in öffentlicher oder freigemeinnütziger Trägerschaft wirtschaftlich mit knappen Ressourcen arbeiten müssen. Die Einrichtungsziele werden in der Regel nicht in den Einrichtungen selbst autonom vereinbart, wie die Leitbilddiskussionen (Kersting 2011: 37) suggerieren. Sie sind vielmehr eingebettet in Ziele der Träger und in Vorgaben der Rahmenordnung, die durch politische Entscheidungen über den Zugang zu Ressourcen, Möglichkeiten der Refinanzierung und attraktive sowie unattraktive Versorgungsformen und Schwerpunkte geregelt werden.

Die Logiken der Einrichtungen und ihre Ziele sind, soweit in ihrer Arbeitsorganisation und ihren Gesetzmäßigkeiten abgebildet, oft nicht mit den Bedürfnissen der pflegebedürftigen Menschen kompatibel. Der Pflege und insbesondere den an sie erhobenen idealisierten Ansprüchen kommt die Aufgabe zu, diese Diskrepanz erträglich oder unsichtbar zu machen: „Die Schüler in der Krankenpflege werden vom Beginn ihrer Ausbildung an mit den kontroversen Anforderungen konfrontiert. [...]. Auf der einen Seite wird ihnen der normative Anspruch vermittelt, und dies nicht in einer abstrakt bleibenden Form, sondern verbunden mit ganz konkreten Handlungsanweisungen für die Pflegetätigkeiten. Auf der anderen Seite steht die Systemrationalität, mit der der Betrieb Krankenhaus zweckmäßiges, effektives, funktionsgerechtes Arbeiten auch von den Auszubildenden einfordert." (Kersting 2011: 36; vgl. Yeo & Ford 2005: 272)

Im Krankenhaus – wie auch gesamtgesellschaftlich – hat die Pflege eine spezifische Position mit Verantwortlichkeiten dafür, dass ein Gesamtgefüge funktioniert, ohne über die Definitionsmacht über die Situationen und Abläufe zu verfügen.[17]

Für die Ausbildung gilt das oben für die Interaktionsstrukturen und Kommunikationsweisen Gesagte analog: Die ethische Forderung, sich im (berufs-)politischen Prozess der Etablierung von Regelungen und Förderung von Organisationsstrukturen, die fürsorgliches Handeln ermöglichen, Gehör zu verschaffen, ist

---

[16] Ausführlich dazu: Bischoff (1984: 171, zit. in Kersting 2011: 36).

[17] „Die Pflegemitarbeiterinnen als *frontline staff* sind ganz selbstverständlich die Frontschweine, die verheizt werden, damit die Krankenhausküche ihre Essenswagen pünktlich zurück, das Labor sein Blut und der Arzt sein Blutbild zügig bekommt. Es scheint auch keine hierarchische Spitze in Form einer Pflegedirektorin zu geben, die Verbesserungsprojekte zugunsten der Pflege forciert. Die Pflege stellt sich nicht als Herrin des Verfahrens dar, d.h. sie definiert nicht die Situation. Diejenigen, die die Situation definieren, haben es einfacher zu Lasten der Definitionsschwachen, moralisch einwandfrei zu handeln." (Offermann 2011: 13)

nicht nur zu erheben und zu begründen. Sie ist mit den Auszubildenden als Teil der gelehrten Pflegeethik unter Berücksichtigung der Umstände zu reflektieren. Dazu bietet insbesondere die Careethik eine inspirierende und klärende Basis, da die Möglichkeiten Pflegender, sich politisch und organisatorisch Gehör zu verschaffen, verbunden sind mit der Wertschätzung und Bewertung von Fürsorgearbeit allgemein und von Pflege als Frauen- und Fürsorgeberuf in der Öffentlichkeit (Thompson et al. 2006: 121-124; Giese 2011: 131).

Sowohl Liaschenko (2010: 38-40) als auch Doris Pfabigan (2008: 9-11) weisen nachdrücklich auf den Zusammenhang der Etablierung der Pflege als Frauenberuf mit Tendenz zu „ständiger Vermischung von Weiblichkeitsideologie und Professionaliät" (Pfabigan 2008: 11) und der mangelnden Anerkennung ihrer spezifischen Expertise hin. Die heute in den Einrichtungen gelebte und vorausgesetzte Unterordnung der Pflege unter betriebliche und medizinische Belange findet sich im Prozess politischer Entscheidungsfindungen wieder.[18] Diese gesellschaftlichen Zusammenhänge rekonstruieren und den Handlungsbedarf der eigenen Profession in diesem Feld verstehen zu lernen, muss ein zentraler Anspruch der pflegerischen Sozialisation und der pflegeethischen Ausbildung werden. Andernfalls macht sich die Pflegeethik zum „Büttel der Ökonomie" (Kersting 2011: 266), indem sie immer höhere – praktisch unerfüllbare – Ansprüche an ihre Auszubildenden stellt und sie nicht hinreichend auf die Verantwortungsübernahme in der Gestaltung der nötigen strukturellen Veränderungen vorbereitet.

5. Konsequenzen für die Ethik als aktuelles Pflegethema

Was heißt das für die Lehre: Wenn ethische Kompetenz für die Pflegepraxis tatsächlich so bedeutsam ist, wie allgemein behauptet und nicht ein zu vernachlässigendes ‚Add-on', dann kann sie nicht in wenigen Einheiten durch begrenzte theoretische Inhalte wie die Auseinandersetzung mit Entscheidungsverfahren oder mit (vier oder mehr) Prinzipien in hinreichendem Maße erworben werden. Die in der Ausbildung geförderte pflegerische Identität als Mitglied eines Fürsorgeberufs bzw. einer Careprofession ist mit dem Anspruch individueller und ganzheitlicher Pflege immer schon im Kern zutiefst moralisch (Cannon & Boswell 2012: 92). Die strukturell angelegten Widersprüche dieses Anspruchs gegenüber der Realität in den Einrichtungen (Kersting 2011: 301) sind von Grund auf mit den Lernenden zu reflektieren.

---

[18] So konnte Lena Heyelmann (2012: 404-407) die fehlende Vertretung der Pflege in zentralen bundespolitischen Gremien nachweisen: Die Pflege ist der Autorin zufolge nicht in den relevanten Gremien politischer Entscheidungsfindung u.a. über die Verteilung von Ressourcen und Erstattungsfähigkeit von Leistungen im Gesundheitsbereich vertreten.

Dieselbe Sorgfalt und moralische Verpflichtung, die von den Lernenden verlangt wird, muss entsprechend und exemplarisch von den Lehrenden vorgelebt werden, verbunden mit einem gerüttelten Maß an Zurückhaltung gegenüber moralisierenden Appellen und Sollensforderungen. Die Forderung nach wissenschaftlich plausibler Fundierung des Handelns gemäß dem anerkannten Stand des Wissens und der Diskussion gilt auch und besonders für die Lehre ethischer Themen – wie für alle anderen Themen der Pflegebildung. Lehrende sollten sich selbst in ihrer Rolle und Kompetenz bezüglich pflegeethischer Ausbildungsinhalte kritisch reflektieren, damit der Pflegeethik nicht das passiert, was ansonsten in der Pflege inzwischen zu recht hinterfragt wird:[19] Eine unkritische Weitergabe des tradierten Wissens, im pflegeethischen Kontext die Weitergabe der eigenen (Berufs)moral der Lehrenden als Maßstab des Guten ohne Rücksicht auf die Lebbarkeit in der Praxis.

Die Erkenntnis, dass das gelehrte Pflegeverständnis und der ihm korrespondierende ethische Hintergrund einer systemstabilisierenden *Zurichtung* der Auszubildenden für eine an anderen Gesetzmäßigkeiten ausgerichtete klinische Versorgungspraxis entgegen gesetzt ist, muss offen thematisiert und reflektiert werden. Eine Ethikbildung, die Schülerinnen und Schüler zugleich zu funktionierenden Rädchen im Versorgungssystem und zu ethisch denkenden Subjekten im Pflegeprozess ausbilden will, muss scheitern. Somit gilt es, beides zu reflektieren:

- Die pflege-ethische Begründbarkeit der wie selbstverständlich stark moralisch ausgerichteten Ziele der Pflege als personorientierter, ganzheitlicher, individueller Pflege auf wissenschaftlicher Basis und
- die Pflege gemäß einem gesellschaftlichen Mandat mit real massiv begrenzten Mitteln und Möglichkeiten entsprechend zu handeln.

Die Pflege arbeitet mit einem zwiespältigen gesellschaftlichen Mandat: In seinen Idealen ist es an Menschenwürde, Grundrechten und sozialen Anspruchsrechten orientiert. Aufgrund von konkurrierenden Gesetzmäßigkeiten anderer Disziplinen und struktureller Vorgaben in den Einrichtungen sowie unzureichender Ausstattung mit Ressourcen und aktuellem Pflegewissen können diese ohne deutliche Abstriche jedoch nicht erreicht werden.

---

[19] Sharon Cannon & Carol Boswell (2012: 99) schlagen vor, die Lehrenden sollten sich selbst als Rollenmodell verstehen: „As faculty members, it is our responsibility to present an effective role model for ethical behaviour based upon a firm understanding of legislative and regulatory policies. To demonstrate any less is to provide the example that ethic is not an integral part of effective health and educational practices."

Diese Zusammenhänge verstehen zu helfen und Konsequenzen für das berufliche Ethos und Selbstverständnis ziehen zu lernen, ist im Kern praxisrelevante pflegeethische Aufgabe der Lehrenden. Die Lösung organisatorisch, strukturell und politisch bedingter Probleme darf nicht in das pflegende Individuum zurückverlagert werden. Die strukturellen Bedingungen, die zu den Problemen führen, sind gerade nicht unangetastet zu lassen, sondern mit den Lernenden gemeinsam immer wieder exemplarisch zu durchdenken um – gemäß Silvia Käppelis Forderung – endlich zu „beginnen, berufliche und politische Fragen als moralische Fragen der Pflege anzuerkennen" (Käppeli 1988: 27). Das heißt auch, sie in der Pflegeethik als Kernthemen anzuerkennen, da hier entschieden wird, ob Pflege gemäß den eigenen ethischen Ansprüchen möglich wird.

Wenn die Pflege ihr gesellschaftliches Mandat und ihre Verantwortung als Careprofession wahrnehmen will, bleibt ihr nichts anderes übrig, als von Beginn der Ausbildung an eine kritische Auseinandersetzung mit den Umständen, die ihr als gesellschaftliche und organisatorische Rahmenbedingungen vorgegeben werden, zu fördern und den Lernenden die Kompetenzen zu vermitteln, die sie brauchen, um sie nach Kräften und in ethisch legitimierbarer Weise mit zu gestalten.

Literatur

Adams, Marsha H. & Valiga, Theresa M. (2009): Achieving Excellence in Nursing Education. National League for Nursing, New York

Amelung, Eberhard (Hg.) (1992): Ethisches Denken in der Medizin. Ein Lehrbuch. Springer, Berlin

Arndt, Marianne (1996): Ethik denken. Maßstäbe zum Handeln in der Pflege. Thieme, Stuttgart

Auer, Alfons (1989): Autonome Moral und christlicher Glaube. Patmos, Düsseldorf

Beauchamp, Tom L. & Childress, James F. (2008): Principles of Biomedical Ethics. Oxford University Press, New York

Behrens, Johann & Langer, Gero (2010): Evidence-based Nursing and Caring. Methoden und Ethik der Pflegepraxis und Versorgungsforschung. Hans Huber, Bern

BGH Bundesgerichtshof: Urteil vom 25. Juni 2010. 2 StR 454/09. http://juris.bundesgerichtshof.de/cgi-bin/rechtsprechung/document.py?Gericht=bgh&Art=en&Datum=Aktuell&nr=52999&linked=urt&Blank=1&file=dokument.pdf (30.07.2012)

Bischoff, Claudia (1984): Frauen in der Krankenpflege. Zur Entwicklung von Frauenrolle und Frauenberufstätigkeit im 19. und 20. Jahrhundert. Campus, Frankfurt am Main

Bobbert, Monika (2002): Patientenautonomie und Pflege. Begründung und Anwendung eines moralischen Rechts. Campus, Frankfurt am Main

Cannon, Sharon & Boswell, Carol (2012): Evidence-based Teaching in Nursing. A Foundation for Educators. Jones & Bartlett Learning, Sudbury

DBfK (2010): ICN-Ethik-Kodex für Pflegende, Berlin. http://www.dbfk.de/download/download/10091DBfK-ICN-Ethik-E04kl-web.pdf (30.07.2012)

Deutscher Ethikrat (2012): Demenz und Selbstbestimmung. Stellungnahme. Berlin. http://www.ethikrat.org/dateien/pdf/stellungnahme-demenz-und-selbstbestimmung.pdf (30.07.2012)

Deutsches Institut für Menschenrechte (Hg.) (2012): Menschenrechtsabkommen. http://www.institut-fuer-menschenrechte.de/de/menschenrechtsinstrumente/vereinte-nationen/menschenrechtsabkommen/sozialpakt-icescr.html#c1461 (21.7.2012)

Giese, Constanze (2011): Pflegebildung zwischen Entprofessionalisierung und Akademisierung. In: Soziale Arbeit, Jg. 79, 4: 129-137

Heyelmann, Lena (2012): Die Partizipationsmöglichkeiten der Pflegenden steigern. In: Pflegezeitschrift, Jg. 65, 7: 404-407

Höffe, Otfried (2002): Medizin ohne Ethik? Suhrkamp, Frankfurt am Main

Käppeli, Silvia (1988): Moralisches Handeln und berufliche Unabhängigkeit in der Krankenpflege. In: Pflege, Jg. 1, 1: 20-27

Kersting, Karin (2011): „Coolout" in der Pflege. Eine Studie zur moralischen Desensibilisierung. Mabuse, Frankfurt am Main

Knigge-Demal, Barbara (1999): Grundsätzliche Fragen an eine fächerübergreifende Didaktik der Pflegeberufe. In: Koch, Veronika (Hg.): Bildung und Pflege. Hans Huber, Bern: 31-44

Kohlen, Helen (2009): Klinische Ethikkomitees und die Themen der Pflege. IMEW Expertise 10. Institut Mensch Ethik und Wissenschaft, Berlin

Kohlen, Helen & Kumbruck, Christel (2008): Care-(Ethik) und das Ethos fürsorglicher Praxis. (Literaturstudie). Artec-Papier Nr. 151: 1-28. http://www.artec.uni-bremen.de/files/papers/paper_151.pdf (30.07.2012)

Körtner, Ulrich H. J. (2004): Grundkurs Pflegeethik. Facultas, Wien

Lay, Reinhard (2004): Ethik in der Pflege. Ein Lehrbuch für die Aus-, Fort- und Weiterbildung. Schlütersche, Hannover

Liaschenko, Joan (2010): „... to take one's place... and have the right to have one's part matter". In: Remmers, Hartmut & Kohlen, Helen (Hg.): Bioethics, Care and Gender. Herausforderungen für Medizin, Pflege und Politik. V&R Unipress, Göttingen: 35-42

May, Arnd T. (2001): Autonomie und Fremdbestimmung bei medizinischen Entscheidungen für Nichteinwilligungsfähige. LIT, Münster

Monteverde, Settimio (2012): Das Umfeld pflegeethischer Reflexion. In: Monteverde, Settimio (Hg.): Handbuch Pflegeethik. Ethisch denken und handeln in den Praxisfeldern der Pflege. Kohlhammer, Stuttgart: 19-41

Monteverde, Settimio (2009): Ethik im Pflegecurriculum: Lust oder Frust? Handout Referat 3. 9. Münsterlinger Pflegesymposium. http://www.stgag.ch/uploads/media/WS_1_Handout_Settimio_Monteverde.pdf (30.07.2012)

Offermann, Claus (2011): Geleitwort. In: Kersting, Karin: „Coolout" in der Pflege. Eine Studie zur moralischen Desensibilisierung. Mabuse, Frankfurt am Main: 9-12

Olbrich, Christa (2009): Kompetenztheoretisches Modell der Pflegedidaktik. In: Olbrich, Christa (Hg.): Modelle der Pflegedidaktik. Elsevier Urban & Fischer, München: 63-86

Pfabigan, Doris (2008): Pflegeethik – interdisziplinäre Grundlagen. LIT, Wien

Pieper, Annemarie (2002): Selber denken. Anstiftung zum Philosophieren. Reclam, Leipzig

Rabe, Marianne (2012): Die Vermittlung von Ethik in der Pflege. In: Monteverde, Settimio (Hg.): Handbuch Pflegeethik. Ethisch denken und handeln in den Praxisfeldern der Pflege. Kohlhammer, Stuttgart: 109-123

Rabe, Marianne (2009): Ethik in der Pflegeausbildung. Beiträge zur Theorie und Didaktik. Hans Huber, Bern

Remmers, Hartmut (2010): Moral als Mantel menschlicher Versehrbarkeiten. Bausteine einer Ethik helfender Berufe. In: Remmers, Hartmut & Kohlen, Helen (Hg.): Bioethics, Care and Gender. Herausforderungen für Medizin, Pflege und Politik. V&R Unipress, Göttingen: 43-63

Sauer, Timo & May, Arnd T. (2011): Ethik in der Pflege für die Aus-, Fort- und Weiterbildung. Cornelsen, Berlin

Senghaas-Knobloch, Eva (2010): Institutionelle und rechtliche Rahmenbedingungen fürsorglicher Praxis in der Pflege. In: Kumbruck, Christel / Rumpf, Mechthild & Senghaas-Knobloch, Eva (Hg.): Unsichtbare Pflegearbeit. Fürsorgliche Praxis auf der Suche nach Anerkennung. LIT, Berlin: 85-105

Siewert, Dietmar (2006): Historische Annäherung. In: Giese, Constanze / Koch, Christian & Siewert, Dietmar (Hg.): Pflege und Sterbehilfe. Zur Problematik eines (un-)erwünschten Diskurses. Mabuse, Frankfurt am Main: 37-73

Steppe, Hilde (2001): „... den Kranken zum Troste und dem Judenthum zur Ehre ...". Zur Geschichte der jüdischen Krankenpflege in Deutschland. Mabuse, Frankfurt am Main

Thompson, Ian E. / Melia, Kath M. / Boyd, Kenneth M. & Horsburgh, Dorothy (2007): Nursing Ethics. Churchill Livingstone/Elsevier, Edinburgh

Uzarewicz, Charlotte & Uzarewicz, Michael (2005): Das Weite suchen. Einführung in eine phänomenologische Anthropologie für Pflege. Lucius & Lucius, Stuttgart

Van der Arend, Arie & Gastmans, Chris (1996): Ethik für Pflegende. Hans Huber, Bern

Vereinte Nationen (1963): Erklärung der Vereinten Nationen über die Beseitigung aller Formen der Rassendiskriminierung. Verabschiedet am 20. November 1963. http://www.un.org/Depts/german/gv-early/ar1904_xviii_.pdf (30.07.2012)

Vereinte Nationen (1966): Internationaler Pakt über wirtschaftliche, soziale und kulturelle Rechte. http://www.institut-fuer-menschenrechte.de/fileadmin/user_upload/PDF-Dateien/Pakte_Konventionen/ICESCR/icescr_de.pdf (30.07.2012)

Waggie, Firdouza & Lattoe, Narriman (2011): Introduction to Philosophy of Care. University of the Western Cape, Belville

Wagner, Pierre-André (2012): Interdisziplinäre Kooperation zwischen Ethik und Recht. In: Monteverde, Settimio (Hg.): Handbuch Pflegeethik. Ethisch denken und handeln in den Praxisfeldern der Pflege. Kohlhammer, Stuttgart: 74-81

Wolff, Horst-Peter & Wolff, Jutta (2008): Krankenpflege. Einführung in das Studium ihrer Geschichte. Mabuse, Frankfurt am Main

Yeo, Michael & Ford, Ann (2005): Integrity. In: Yeo, Michael & Moorhouse, Anne (Eds.): Nursing Ethics. Broadview Presss, Toronto.: 267-306

Wie kommt das Gefühl in den Kopf? Geschichte(n) zum Thema Verantwortung für die Ethiklehre in der Pflege

Helen Kohlen

1. Einleitung

Obwohl in den letzten 20 Jahren ethische Perspektiven, v.a. im Zuge von technologischen und ökonomischen Veränderungsprozessen, im Gesundheitswesen zunehmend an Gewicht gewonnen haben, konturiert sich die *Ethik im Feld der Pflege* erst langsam. Dies gilt auch für die Ausbildung an Krankenpflegeschulen und die Ethiklehre im Allgemeinen.[1]

Neben einer Auswahl der Inhalte sind für die Lehre *methodisch-didaktische* Überlegungen erforderlich. Die Vorbereitungen von Ethikunterricht an Berufsfachschulen für Pflegeberufe, das Schreiben einer Vorlesung für Studierende an einer Universität oder die Planung einer Fortbildungsveranstaltung für Lehrende im Fach Ethik beinhalten in der Regel die folgenden grundsätzlichen Fragen: Welche Motivation bringt die Zielgruppe für den Gegenstand mit? Welches Wissen und Können kann ich voraussetzen bzw. kann ich nicht voraussetzen, sondern muss mich dessen vergewissern? Inwiefern können ihre lebens- und berufspraktischen Erfahrungen eingebunden werden? Welche Emotionen und Gefühle können ein Erinnern an diese Erfahrungen hervorrufen? Schließlich die Frage, welche methodisch-didaktischen Schritte können den ethischen Reflexionsprozess in Bewegung setzen, was ich vereinfacht im Titel als Gang vom ‚Gefühl in den Kopf' bezeichnet habe.

In diesem Beitrag stelle ich exemplarisch eine Unterrichtseinheit zum Thema Verantwortung vor, die ich bisher in der Lehre mit Erfolg anwenden konnte. Die hier dargelegten Inhalte lassen sich in Tiefe und Breite je nach Zielgruppe variieren. So liegt in einer Weiterbildung für Lehrende an Berufsfachschulen für Pflegeberufe eine stärkere Gewichtung vermutlich auf methodisch-didaktischen Aspekten; Pflegeschülern und Studierenden in einem grundständigen Studiengang Pflege werden stärker die inhaltlichen Aspekte vermittelt werden.

Im ersten Teil geht es darum, was Pflege hinsichtlich einer Verantwortungsübernahme aus der Geschichte der Pflege lernen kann. Ist es doch v.a. die Rolle der

---

[1] Die 2009 erschienene Monographie ‚Ethik in der Pflegeausbildung' von Marianne Rabe bildet eine Ausnahme.

Pflegenden im Nationalsozialismus, die eine Reflexion zu Verantwortungsfragen herausfordert.

Im zweiten Teil geht es um die Bearbeitung einer Fallgeschichte aus der klinischen Alltagspraxis, nämlich die pflegerische Betreuung eines Patienten mit muslimischem Hintergrund. Damit kann einerseits ein aktuelles Thema zum Umgang mit Fremdheit aufgegriffen werden und andererseits bietet sich eine Möglichkeit, zur Thematik der Verteilungsgerechtigkeit sowie einer verantwortungsvollen Teamarbeit überzuleiten.

Die von mir vorgestellten Gebiete stellen Beispiele für die Vermittlung von Verantwortung dar. Es gibt vielfältige weitere Möglichkeiten, die ethische Verantwortung von Pflegenden *inhaltlich* zu bearbeiten, sei es historisch, im Zusammenhang mit theoretischen Ansätzen – wie beispielsweise der Ansatz von Margret Urban Walker (1998) – oder auf der Basis von empirischen Befunden, die aktuell im Bereich der Intensivpflege auf eine erhöhte Verantwortungsübernahme von Pflegenden hinsichtlich der therapeutischen Maßnahmen verweisen (vgl. Isfort et al. 2012).

2. Zur Geschichte der Pflege im Nationalsozialismus
2.1 Grundsätzliche Überlegungen zur Auswahl der Inhalte

Historische Inhalte sind nicht zwangsläufig eine Selbstverständlichkeit in der Vermittlung von Ethik in der Pflege und es gibt keine curriculare Verpflichtung, die historische Verantwortung der Pflege zu thematisieren.[2] Welche inhaltlichen und methodischen Aspekte können angeführt werden? Inhaltlich kann die Partizipation der Pflegenden und damit ihre Mittäterschaft im Nationalsozialismus als eine *Mitverantwortung* thematisiert werden. Zudem lässt sich eine *juristische Verantwortung* von einer *ethischen Verantwortung* unterscheiden sowie zwischen einem Begriffs- und Praxisverständnis von *Partizipation und Teilhabe* differenzieren. Die Thematisierung der Partizipation von Pflegenden im Nationalsozialismus kann zu einer (selbst)kritischen Auseinandersetzung mit Fragen pflegerischer Verantwortung in der Gegenwart (Gegenwartsbezug) überleiten, wie beispielsweise die Mitverantwortung der Pflegeberufe für die Formierung von *sozialen Bewegungen* gegen eine zunehmende Ökonomisierung im Gesundheitswesen.

---

[2] Die Mitglieder der Sektion Historische Pflegeforschung der Deutschen Gesellschaft für Pflegewissenschaft sehen die Geschichte der Pflege als Unterrichtsgegenstand grundsätzlich durch die Umstellung der Curricula und zunehmender Modularisierung gefährdet (2012: 54-55). Ich möchte hier keineswegs den Anschein erwecken, dass die Geschichte der Pflege im Ethikunterricht abgehandelt werden kann. Im Gegenteil, ich plädiere für den Ausbau bzw. Aufbau der historischen Pflegeforschung nach allen wissenschaftlichen Regeln, die eine ernsthaft betriebene Geschichtswissenschaft für ihre Entfaltung der Inhalte und Methoden braucht.

2.2 Zur Aktualität des Themas Verantwortung und Gehorsam

Zum Einstieg in das Thema pflegerische Verantwortung wähle ich in der Regel einen aktuellen Bezugsrahmen. Es bietet sich z.B. ein Abschnitt aus dem Aufsatz ‚Ungehorsam – Prophylaxe gegen Burnout' von Eva Tenzer an, der vorgestellt und im Anschluss daran diskutiert werden kann:

„,Bei einer falschen Antwort drücken Sie bitte diesen Schalter, das fügt den anderen Teilnehmern einen kurzen, schmerzhaften Stromschlag zu. Betätigen Sie den Schalter bitte zuverlässig und ohne zu zögern!' Würden Sie dieser Aufforderung in einem wissenschaftlichen Versuch Folge leisten? In Stanley Milgrams Experiment von 1961 taten das etwa zwei Drittel der Versuchspersonen und verabreichten damit einer Testperson im Nebenraum (vermeintliche) Stromschläge, sobald diese bei einem Sprachtest Fehler machte. Selbst Schmerzensschreie und das Flehen um Abbruch des Experiments halfen nicht – die Teilnehmer folgten willig den Anweisungen des (vermeintlichen) Wissenschaftlers. Mit Impulsen bis zu 450 Volt nahmen viele sogar in Kauf, dass die Person im Nebenraum starb.

Schnee von gestern? Heute würden Menschen unabhängiger handeln, humaner und ungehorsamer?[3] Verlassen Sie sich besser nicht darauf! Als Wissenschaftler der Universität Santa Clara in Kalifornien das Experiment kürzlich in einer leicht entschärften Version wiederholten, zeigte sich derselbe Gehorsam. Auch heute liegt die Rate derer, die nur um des Experiments willen einem Mitmenschen Schmerzen zufugen, bei etwa 70 Prozent. Und das, obwohl die Teilnehmer vorher sogar informiert wurden, dass die an den Strom angeschlossene Person unter einer Herzschwäche leide. Weder Alter, Bildungsstand, noch das Geschlecht der Versuchspersonen machten hier einen Unterschied. Und selbst eine besondere Empathiefähigkeit sorgte allenfalls dafür, dass zu einem früheren Zeitpunkt kritische Nachfragen gestellt wurden, nicht aber dafür, dass der Gehorsam verweigert wurde." (Tenzer 2011: 27)

2.3 Ein Rückblick in die jüngere Geschichte: Pflegerische Verantwortung im Nationalsozialismus

Ein wichtiger Teil des Themas pflegerisch-historische Verantwortung umfasst einen Rückblick in die Geschichte des Nationalsozialismus. Die didaktisch-methodische Entscheidung hängt primär von der Zielgruppe und der zur Verfügung stehenden Zeit ab. In der Regel fordere ich die Lernenden zum Studium

---

[3] An dieser Stelle kann man die Lerngruppe zur Kommentierung und/oder Abstimmung einladen, bevor das Ergebnis der Studie vorgestellt wird.

eines Textes[4] in Einzelarbeit[5] auf und wähle entweder die Sozialform der Partner- oder Gruppenarbeit für ein erstes Gespräch über die Inhalte des Textes, bevor eine Diskussion im Plenum folgt. Alternativ setze ich den Lehrvortrag mit Unterstützung von Folien zur Visualisierung wesentlicher Inhalte ein. Handelt es sich um eine seminaristische Lehrveranstaltung in Form von mehreren Tagen, setze ich zusätzlich auch Filmausschnitte sowie Interviewpassagen mit Zeitzeugen ein. Meist fordere ich die Lernenden anschließend auf, individuelle Zusammenfassungen zu schreiben. Denn erst, wenn die Lernenden eigene Worte finden müssen, um die Inhalte darzustellen, kann die aktuelle bzw. situative Betroffenheit zur Reflexion werden, der Weg ‚vom Gefühl in den Kopf' stattfinden.

Ein Resümee zum Rückblick in die jüngere Geschichte könnte wie folgt lauten: Die Tugenden Gehorsam, Aufopferung, Sauberkeit und Fleiß charakterisierten das Ideal des Pflegenden Anfang des 20. Jahrhunderts. Während des Nationalsozialismus waren Pflegende derart gehorsam, dass sie sich an der Ermordung von Behinderten und Kranken oft widerstandslos beteiligten.[6] Ende 1939 hatte Hitler in einem Geheimbefehl die Tötung von sogenanntem ‚lebensunwertem Leben' angeordnet. Allein bis Mitte 1941 wurden daraufhin 70.000 Menschen in verschiedenen Anstalten, u.a. in Hadamar (Hessen) und Hartheim (Österreich),[7] getötet.

Trotz der grundlegenden historischen Arbeit der verstorbenen Pflegewissenschaftlerin Steppe und weiterer Forschungsarbeiten auf diesem Gebiet, wissen wir bis heute sehr wenig über den spezifisch pflegerischen Anteil an den Gräueltaten. Fest steht jedoch, dass Krankenschwestern und Krankenpfleger an allen Phasen der Vernichtung beteiligt waren. Sie arbeiteten in psychiatrischen Anstalten, von denen aus Patientinnen und Patienten in den Tod geschickt wurden; sie waren tätig in den Mordanstalten, in denen Tausende vergast wurden, und einige von ihnen waren sogar nacheinander in mehreren Anstalten und Vernichtungslagern tätig. Krankenschwestern und Krankenpfleger töteten pflegebedürftige Menschen in psychiatrischen Anstalten in der Phase der sogenannten ‚wilden Euthanasie' (von 1941-1945) selbst. Ebenso wurde die Auswahl der zu Ermordenden in den einzelnen Anstalten teilweise von Pflegepersonen vorgenommen.

---

[4] Es eignen sich insbesondere Texte von Hilde Steppe (1993a), aber auch von Rabe (2001) und Doris Nauer (2001). Die Auswahl des Textes hinsichtlich Umfang und Schweregrad hängt von der Zielgruppe und der zur Verfügungen stehenden Bearbeitungszeit ab.

[5] Unterschiedliche Zugänge und Bearbeitungsmöglichkeiten zur Erschließung eines Textes werden ggf. eingeführt oder wiederholt.

[6] Vgl. Kohlen et al. (2009: 132).

[7] Am ‚Lern- und Gedenkort Schloss Hartheim' wurde ein Lernangebot speziell für Schulen des Gesundheits- und Sozialbereiches konzipiert und implementiert. In einem Modul wird dabei auch das Phänomen Verantwortung thematisiert (vgl. Lern- und Gedenkort Schloss Hartheim o.J.; Bossle & Leitner 2009; Bossle & Leitner 2011).

Nach dem Ende des Krieges mussten sich Ärzte und Pflegende für ihr Handeln verantworten. Während Ärzte voll zur Verantwortung herangezogen wurden, fielen die Gerichtsurteile für Pflegende meist mild aus, da ihnen die Verantwortung nicht vollständig zugesprochen wurde. So heißt es in der Urteilsbegründung des zweiten Hadamarprozesses von 1948: „Alle Angeklagten des Pflegepersonals sind Menschen von einfachem Geist, die als Pfleger dem Arzt und als Untertanen der Staatsführung zu gehorchen gewohnt waren. Sie waren alle innerlich zu unselbständig und von einer zu starken Trägheit des Willens besessen, um Situationen von solcher Schwere, wie sie für die Angeklagten entstanden, in ausreichendem Maße gewachsen zu sein. [...] Nicht verbrecherische Gesinnung, sondern menschliche Schwäche veranlasste die Angeklagten, die Stimme der Natur oder die des Gewissens zu überhören und willensschwach den Weg zu beschreiten, auf dem ihnen Menschen vorangingen, denen sie zu gehorchen gewohnt waren." (Steppe 1993b: 167) Pflegerisches Handeln wurde damals in dem Rahmen der genannten Tugenden als ethisches Handeln verstanden.

Nach einem solchen thematischen Einstieg, der sowohl Aktualitätsbezug (Kapitel 2.2) herstellt, als auch die historische Perspektive ausführlich darlegt, folgt die *Vertiefungsphase*. Hier können die Lernenden ein bereits im Vorfeld erarbeitetes *Referat* zum Themengebiet vortragen oder es kann eine *Exkursion* organisiert werden.[8] Eine weitere historische Auseinandersetzung hinsichtlich der Entwicklung des Pflegeberufes und der Wahrnehmung von Verantwortung sollte folgen. Meist liefern die Pflegenden selbst hierzu Verknüpfungsthemen. Meiner Erfahrung nach sprechen Lernende stets die gegenwärtige Situation der Pflege an und thematisieren die Zwänge, die Pflegende im Rahmen von Ökonomisierungsprozessen im Gesundheitswesen erleben. Im Rahmen dieser Diskussion bietet es sich an, den Bezug auf die *Milgram-Experimente* wieder aufzunehmen und zu klären, *wer (eigentlich) Widerstand leistete*. Nach Tenzer (2011: 28) „handelten übrigens vor allem diejenigen Teilnehmer ungehorsam gegen die unmenschlichen Anweisungen des vermeintlichen Wissenschaftlers, die dieser persönlichen Verantwortung für das eigene Handeln besonders hohen Wert beimaßen. Es mag also weniger ein angeborener Mut sein, der uns zu Helden des Ungehorsams macht, als vielmehr das bewusste Einstehen für seine Folgen. Wer sich für sein Tun verantwortlich fühlt und dieses Gewissen nicht einfach auf andere überträgt, handelt am Ende unabhängiger."

Der Rückblick in die Geschichte, die eigenen Zusammenfassungen und der anschließende Bezug zur aktuellen Situation verdeutlichen den Lernenden, weshalb die Pflege in Deutschland im Laufe ihrer Entwicklung traditionelle Wertvorstel-

---

[8] Es eignet sich beispielsweise ein Besuch der Gedenkstätte Hadamar oder des Lern- und Gedenkortes Hartheim.

lungen grundsätzlich infrage stellen *muss*. Zudem wird klar, dass *Verantwortung* ein wichtiges Thema für die Pflege ist.

3. (Fall)Geschichten in der klinischen Alltagspraxis
3.1 Methoden zur Bearbeitung von ethischen Fallgeschichten

Interdisziplinäre ethische Fallbesprechungen werden zunehmend im Stationsalltag für Entscheidungsfindungsprozesse eingesetzt, u.a. mit Hilfe von Mitgliedern in Klinischen Ethikkomitees. Stets geht es um Fragestellungen zur medizinischen, pflegerischen und familiären Situation des Patienten sowie zu den Perspektiven der beteiligten Akteure. Bevorzugt werden problemorientierte bzw. *handlungsorientierte Methoden* eingesetzt, wie beispielsweise die Nimwegener Methode.[9] Im Gegensatz dazu werden *haltungsorientierte Methoden* unterschieden. „Mithilfe haltungsorientierter Methoden wird das Gespräch im Sinne interpretativ-verstehenden Denkens strukturiert mit dem Ziel, das Problem bzw. einzelne Bereiche des Problems sowie die dabei gebrauchten Konzepte und Theorien besser verstehen und in den Gesamtzusammenhang der Situation einordnen zu können." (Steinkamp 2012: 177) Bei haltungsorientierten Methoden steht das Verstehen im Mittelpunkt und die Handlungsorientierung ist einem umfassenden Verstehen nachgeordnet. Typisch ist hier ein *hermeneutisches Vorgehen*, aber auch das sokratische Gespräch[10] (vgl. Steinkamp 2012: 177).

Ich denke, dass für beide Methoden eine Orientierung an der Geschichte, die der aktuellen Situation vorausgeht, unumgänglich ist, auch wenn sich die Bearbeitung in ihrer Tiefenschärfe und Differenziertheit zu unterscheiden vermag. Jeder in einer ethischen Fallberatung verhandelte Konflikt hat eine eigene Geschichte, bevor es überhaupt zu einem gemeinsamen Beratungsgespräch kommt. Und diese Geschichte, die einen aktuell vorliegenden ‚Fall' ausmacht, setzt sich aus einer *Vielzahl von Einzelgeschichten* der beteiligten Akteure zusammen. Jede einzelne Geschichte kann hier zur Verständnisgewinnung beitragen, sei es die familiäre Vorgeschichte des Patienten oder auch die Qualität der Kommunikation zwischen Pflege und Medizin. Letztlich geht es um ein Verstehen dieser Geschichten in ihrer möglichen Relevanz für die (noch) zu stellenden Fragen, um die Gesamtgeschichte zu begreifen.

---

[9] Die Nimwegener Methode der ethischen Fallbesprechung wurde von Norbert Steinkamp und Bert Gordijn entwickelt. Sie fokussiert Situationen im klinischen/pflegerischen Bereich, in denen ethische Entscheidungen getroffen werden müssen. Wichtig hierbei ist der interdisziplinäre Austausch aller an der jeweiligen Situation beteiligten Gruppen (vgl. Steinkamp & Gordijn 2010: 255-280).

[10] Vgl. Heubel (2005) und Steinkamp & Gordijn (2010: 293-307).

Für die Lernenden, wie beispielsweise im Rahmen einer Pflegeausbildung oder eines Hochschulstudiums, geht es im Vergleich zu den Akteuren der Praxis vor Ort weniger um ein Training der Methoden zum Einsatz in Situationen unter Handlungsdruck, sondern vielmehr um eine *retrospektive Betrachtung* der Fallgeschichte aus der *Distanz*. Hierbei können Grundsatzfragen und alternative Handlungsmöglichkeiten bei kritischer Prüfung der Argumentation erörtert werden. *Verstehensweisen und Analytik* rücken in den Mittelpunkt. Theoretische Ansätze sowie sozial-politische und philosophische Diskurse können als Referenzrahmen dienlich sein. Dies soll anhand des folgenden Beispiels gezeigt werden.[11]

3.2 Eine Fallgeschichte: Betreuung eines Patienten mit muslimischem Hintergrund nach Organtransplantation

Anne-Karin Simbeck veröffentlichte eine Fallgeschichte,[12] mit deren Hilfe exemplarisch die Thematik *Verantwortung von Pflegenden vor Ort innerhalb ihrer Handlungsmöglichkeiten* behandelt werden kann.

„Herr X. ist ein 37jähriger muslimischer Mann mit türkischem Migrationshintergrund. Er kommt bei einer bekannten ethyltoxischen Leberzirrhose zur Lebertransplantation. Im Rahmen des anästhesiologischen Aufklärungsgesprächs hat der zuständige Arzt Alkoholgeruch wahrgenommen. Aus diesem Grund wurde die Transplantation an diesem Tag abgelehnt, jedoch drei Monate später durchgeführt. Der Patient lebt alleine, ist zum Zeitpunkt der Transplantation als Hilfskraft beschäftigt. Er hat keinen Beruf erlernt und sucht eine neue Arbeit. Zu seiner türkischen Herkunftsfamilie pflegt er keinen intensiven Kontakt mehr. Mit seinen Freunden, die für ihn auf diese Weise zum Familienersatz wurden, geht er oft in Lokale, dabei entwickelte sich eine starke Alkoholabhängigkeit. Die Transplantation verkraftete Herr X. physisch gut; es gab lediglich geringfügige Komplikationen. Er konnte schnell extubiert werden und auch die Wunde verheilte gut. Das Organ wurde von seinem Körper angenommen und nahm sofort die Funktion wieder auf. Der Patient zeigte keine Nachblutungen und keine Abstoßungsreaktionen. Ab dem dritten postoperativen Tag – immer noch auf der Intensivstation liegend – regenerierte der Patient zunehmend, hielt sich aber an keinerlei Anweisungen des Pflegepersonals. Vor allem Hinweise der weiblichen Pflegekräfte ignorierte er. Er machte keine Atemgymnastik und auch bei der

---

[11] Weitere Beispiele für Fallgeschichten, die spezifisch für die Pflegeethik konzipiert wurden, publizierte die Arbeitsgruppe ‚Pflege und Ethik' der Akademie für Ethik in der Medizin (2005).

[12] Veröffentlicht wurde diese Fallgeschichte 2009 im ‚Jahrbuch Ethik in der Klinik', das von den Mitarbeitern des Instituts für Geschichte und Ethik der Medizin der Friedrich-Alexander Universität Erlangen-Nürnberg jährlich mit unterschiedlichen Schwerpunkten herausgegeben wird. In den Jahrbüchern werden u.a. regelmäßig ethische Fallgeschichten aus verschiedenen Perspektiven diskutiert und ausführlich kommentiert.

Mobilisation aus dem Bett beachtete er Vorgaben nicht. Zusätzlich versuchte er die Pflegenden gegeneinander auszuspielen. Er behauptete beispielsweise, dass ihm die eine Pflegende etwas erlaubt habe, was ihm eine andere gerade verbieten wollte. Alle Pflegefachkräfte weigerten sich nach spätestens zwei Diensten am Bett, ihn weiter zu betreuen, da er auch ziemlich unhöflich und teilweise aggressiv auf das Pflegepersonal reagierte, wenn die Mitarbeiterinnen nicht seinen Wünschen entsprachen. Auch gegen die Richtlinien zur Hygiene und die notwendige Einnahme von Medikamenten, die ihn von nun an sein ganzes Leben begleiten würden, wehrte er sich. Zum Essen verlangte er des Öfteren Bier, er konnte den Verzicht auf Alkohol nicht akzeptieren. Auf die Nachfragen des Pflegepersonals, ob er denn nicht auf alkoholische Getränke verzichten könne, denn schließlich wurde die erste Transplantation deswegen abgesagt, antwortete er nur, dass er ja schon länger trocken sei und damals nur aus reiner Freude über die erfolgreiche Transplantation mit seinen Freunden in der Kneipe gewesen wäre, um auf das neue Organ anzustoßen. Die zuständigen Pflegepersonen erklärten ihm mehrmals eindringlich, dass er seinen Alkoholkonsum ab sofort einstellen müsse. Dies sah er auch nach deutlichen Gesprächen mit den Ärzten nicht ganz ein, denn schließlich wäre Bier kein Alkohol.

Das Pflegepersonal fragte bei den Chirurgen nach, warum sie so einen uneinsichtigen Patienten überhaupt operiert haben. Der zuständige Chirurg berichtete, dass in allen Vorgesprächen, die er mit dem Patienten geführt hätte, dieser deutlich versichert und bezeugt habe, dass er die vorgeschriebene Zeit trocken und das wirklich nur ein einmaliger Ausrutscher gewesen sei. Im behandelnden Team der Intensivstation gab es keine großen Spannungen, denn sowohl die Ärzte als auch die Pflegenden waren sich einig in der Meinung über Herrn X. Allerdings haben sich die behandelnden Ärzte gerne zurückgezogen und nur während der Visite kurz mit ihm gesprochen, denn auch sie merkten bald, dass Gespräche und Anweisungen bei diesem Patienten nicht zum gewünschten Erfolg führten. Sie konnten gut die Aggressivität und Abneigung der Pflegekräfte verstehen und forcierten die Verlegung des Patienten auf eine Normalstation. Freunde und Familie des Patienten, die nur spärlich zu Besuch kamen, konnten nicht in die Pflege und die weitergehende Therapie mit einbezogen werden. Die Eltern lebten zwar schon lange in Deutschland, waren der deutschen Sprache aber nicht mächtig. Seine Freunde, es kamen nur wenige zu Besuch, fanden den Umstand, dass er eine neue Leber bekam, eher ‚cool', da er jetzt ja wieder mit ihnen zum Trinken gehen könne. Sie konnten ebenso nicht verstehen, warum der Patient keinen Alkohol mehr trinken darf, denn schließlich ginge es ihm jetzt mit seinem neuen Organ gut. Herr X. wurde von seinen Freunden in seiner Meinung bestärkt und auf diese Weise wurde es zusätzlich immer schwieriger, ihn von der Wichtigkeit der weiteren Behandlung und der nötigen Compliance zu überzeugen. Am Dienstende waren sich die Pflegekräfte einig, dass es keinen Sinn hat und keine Möglichkeit gibt, mit dem Patienten zu arbeiten; daher wurden die

Tätigkeiten und Maßnahmen bei diesem Patienten auf ein Minimum reduziert, und man kümmerte sich lieber um andere Patienten. Als der Patient keine intensivmedizinische Überwachung mehr benötigte, wurde er auf eine Normalstation verlegt. Erst dann normalisierte sich die latent gereizte Stimmung im Pflegepersonal und bei den Ärzten auf der Intensivstation sukzessive wieder." (Simbeck 2009: 255-256)

3.3 Methodisch-didaktische Hinweise zur Analyse einer Fallgeschichte

In einem ersten Schritt werden die Lernenden aufgefordert, in Einzelarbeit die Fallgeschichte zu studieren und hierzu spontan ihre Gedanken aufzuschreiben. Es kann eine Gruppenarbeitsphase folgen, um die Fallgeschichte unter Einbeziehung der eigenen Aufzeichnungen zu diskutieren und zu analysieren. Je nach Lerngruppe sind differenzierte Fragestellungen eine Strukturhilfe für die Arbeitsgruppe. Als Alternative bietet sich ein Modell zur ethischen Entscheidungsfindung als Leitfaden für die Gruppendiskussion an, wie beispielsweise das Reflexionsmodell von Rabe (2005: 137-140). Bei einer Entscheidung für die Sozialform der Gruppenarbeit sollten die einzelnen Gruppenergebnisse im Plenum vorgestellt werden, und die ggf. unterschiedlichen Perspektiven können Raum für eine gemeinsame Reflexion sowie Erklärungen und Ergänzungen finden.

Wenn eine inhaltliche *Vertiefung* angedacht ist, können auch *schriftliche Kommentare* zur Fallgeschichte verfasst werden. Sie sind insbesondere dann dienlich, wenn primär eine theoretische Auseinandersetzung mit einer spezifischen Thematik – wie z.B. Verantwortung, Kommunikation, Konflikte – angestrebt wird. Je nach Zeit und Zielgruppe sollten die Lernenden selbst diesen Kommentar schreiben. Hilfestellung zur formalen Orientierung, wie ein Kommentar verfasst werden kann, können dabei veröffentlichte Kommentare auch zu anderen Fallgeschichten sein.[13] Wenn Lernenden Kommentare vorgegeben werden, fordere ich sie während der Auseinandersetzung zur individuellen Lesearbeit und kritischen Prüfung v.a. der Argumentation auf. Eine zweite Diskussionsphase im Plenum unter der Fragestellung, inwiefern der Kommentar Denk- und Handlungsmöglichkeiten sowie Grenzen aufzeigt, rundet die gemeinsame Fallanalyse ab. Im Folgenden habe ich beispielhaft einen Kommentar zu oben geschilderter Fallgeschichte verfasst, der verdeutlichen soll, was mit ‚Kommentar' gemeint ist.

---

[13] Vgl. z.B. Beiträge in der Fachzeitschrift ‚Ethik in der Medizin'.

3.4 Ein Kommentar zur Fallgeschichte[14]

Die Fallgeschichte stellt sich für einen Unbeteiligten nicht nur verwirrend in ihrer Komplexität von Konfliktlagen dar, sondern auch irreführend in ihrer Art und Weise der Darstellung. Die Überschrift der Fallgeschichte ‚Pflegerische Betreuung eines Patienten mit muslimischem Hintergrund nach Organtransplantation' führt zur Annahme, dass es sich um pflegeethische Herausforderungen im Bereich kultureller Fragen der Organtransplantation handelt und eine entsprechende Problemidentifikation hier anzusiedeln sei. Beim Lesen und Studieren der Geschichte fällt auf, dass der Inhalt kaum mit der Intention des Titels übereinstimmt. Ein Analyseweg innerhalb eines kulturellen Referenzrahmens birgt die Gefahr, dass auf diese Weise die Konfliktlagen reduziert werden und am Ende die Frage stehen könnte: Wie sollen Pflegende mit aggressiven muslimischen Patienten umgehen? Um diese Verengung – einschließlich einer Stigmatisierungsfalle – zu vermeiden, wird der Referenzrahmen durch kritische Fragestellungen in Bezug auf *Auslassungen* und alternative Handlungsmöglichkeiten erweitert.

Situationsanalyse

Es handelt sich in dieser Geschichte um einen 37-jährigen, allein lebenden männlichen Patienten mit ‚türkischem Migrationshintergrund',[15] der als Hilfsarbeiter in Deutschland tätig ist und eine neue Arbeit sucht. Er pflegt kaum noch Kontakt zu seiner Herkunftsfamilie und seine einzigen regelmäßigen sozialen Kontakte bestehen im Besuch von Lokalen mit Freunden. Der Gemeinschaftssinn wird hier durch Alkoholkonsum hergestellt. Dies führt bei dem Mann zur Abhängigkeit und ethyltoxischen Leberzirrhose. Eine Lebertransplantation kann erfolgreich durchgeführt werden, nachdem sie drei Monate zuvor aufgrund von wahrgenommenem Alkoholgeruch beim Aufklärungsgespräch des Anästhesisten abgelehnt wurde. Der Patient kann nach der Transplantation rasch extubiert werden, die Wunde verheilt gut und die eingepflanzte Leber nimmt ihre Funktionstätigkeit auf. Ab dem dritten postoperativen Tag erholt sich der Mann stetig. Er verweigert alle pflegerisch-therapeutischen Maßnahmen und verlangt Bier.

---

[14] Die erste Version dieses leicht überarbeiteten Beitrags ist bereits als Kommentar (Kohlen 2009) erschienen in: Frewer, Andreas / Fahr, Uwe & Rascher, Wolfgang (Hg.): Patientenverfügung und Ethik. Beiträge zur guten klinischen Praxis. Königshausen & Neumann, Würzburg: 261-267. Die Autorin dankt dem Verlag für die freundliche Genehmigung der Zweitveröffentlichung dieses Beitrags.

[15] Aus der Fallgeschichte ist nicht ersichtlich, ob Herr X. tatsächlich auch Migrationserfahrung hat, das heißt selbst migriert ist. Migrationshintergrund meint lediglich, dass seine Vorfahren (Eltern oder Großeltern) migriert sind und dies für ihn z.B. im Sozialisationsprozess relevant gewesen sein kann.

Konflikte aus Sicht der Pflegenden und ihre Problemlösungsstrategie

Der Patient erholt sich vergleichsweise schnell nach der Lebertransplantation, lehnt jedoch die notwendigen medizinischen und pflegerischen Maßnahmen zur weiteren Genesung ab. In der Fallgeschichte wird nicht die Freude über eine relativ frühzeitige postoperative Stabilisierung und damit der evtl. raschen Verlegung auf eine Normalstation thematisiert, sondern das Erschrecken über die Verweigerung von Hilfemaßnahmen, das heißt pflegerische Aktivitäten. Hierzu gehören die Disziplin einer Einhaltung der Atemgymnastik, die Berücksichtigung von Vorgaben zur Mobilisation aus dem Bett, die regelmäßige Einnahme von Medikamenten sowie die Beachtung von Richtlinien zur Hygiene. Der Patient zeigt sich in der Wahrnehmung der Pflegenden als uneinsichtig. Er ignoriert v.a. die Hinweise der weiblichen Pflegekräfte. Zudem behauptet er, dass ihm eine Pflegende etwas erlaubt habe, was eine andere ihm verboten habe. Die Pflegenden fühlen sich gegeneinander ausgespielt. Alle Pflegenden weigern sich nach spätestens zwei Diensten am Bett, ihn weiter zu betreuen aufgrund seiner ‚Unhöflichkeit' und ‚teilweisen Aggressivität', da nicht ‚seinen Wünschen' entsprochen werde.

Was ist sein *expliziter Wunsch* und *Wille*? Er verlangt Bier, denn das ist für ihn kein Alkohol. Die Erklärungen zu einem notwendigen Verzicht auf Alkohol akzeptiert er nicht. Er verweigert eine *Kooperation* und *Interaktion* mit dem Pflegepersonal.

Es lässt sich insgesamt eine blockierte *Kommunikation* eruieren. Ein Dialog findet nicht statt. Unklar bleibt, ob eine Begründung hierfür evtl. in einer mangelnden deutschen Sprachkompetenz des Patienten zu finden ist. Zudem sind die nonverbalen Anteile der Sprache nicht expliziert. Auch der Versuch einer Meta-Kommunikation wird nicht in Erwägung gezogen, das heißt die Möglichkeit, über die konfliktreichen Aussagen des Patienten und wie sie vom Pflegepersonal aufgenommen worden sind, zu sprechen. Appelle können auf diese Weise nicht zum Tragen kommen, sondern bleiben verdeckt.

Die Pflegenden sehen sich in ihrer Auseinandersetzung mit den *Widerständen* des Patienten hilflos. Sie wenden sich an keine andere Person, wie z.B. die zuständige Pflegedienstleitung, die Klinikseelsorgerin oder die Sozialarbeiterin, um sich mit dem Konflikt auseinander zu setzen und mögliche Lösungsstrategien aus *pflegerischer Perspektive* zu erarbeiten. Sie wenden sich an den Chirurgen, um zu erfahren, warum ‚sie so einen uneinsichtigen Patienten überhaupt operiert haben.' Der zuständige Chirurg rechtfertigt sich mit der Erklärung, dass in allen Vorgesprächen, die er mit dem Patienten geführt hätte, ‚dieser deutlich versichert und bezeugt habe, dass er die vorgeschriebene Zeit trocken und das wirklich nur ein einmaliger Ausrutscher gewesen sei.' Der erlebte Konflikt in der Pflege wird in eine Frage an die Medizin kanalisiert. Eine professionelle Auseinandersetzung innerhalb der eigenen Disziplin entfällt.

Die Thematisierung von *Teamkonflikten* zwischen Pflegenden und Ärztinnen wird von Simbeck als marginal betrachtet. Sie bemerkt: ‚Im behandelnden Team der Intensivstation gab es keine großen Spannungen, denn sowohl die Ärzte als auch die Pflegenden waren sich einig in der Meinung über Herrn X. Allerdings haben sich die behandelnden Ärzte gerne zurückgezogen und nur während der Visite kurz mit ihm gesprochen, denn auch sie merkten bald, dass Gespräche und Anweisungen bei diesem Patienten nicht zum gewünschten Erfolg führten. Sie konnten gut die Aggressivität und Abneigung der Pflegekräfte verstehen und forcierten die Verlegung des Patienten auf eine Normalstation.' Um welche ‚Meinung über Herrn X.' es sich konkret handelt, wird *nicht* dargelegt. Die Tatsache eines Konsenses zwischen Pflege und Medizin in Bezug auf das Meinungsbild des Patienten ist für die Erzählerin wesentlich, *nicht* die Tatsache eines kommunikativen Rückzuges der Ärzte in der Sorge um den Patienten, was sich in Form von gekürzten Gesprächszeiten bei der Visite äußert. Schließlich zeigt das medizinische Personal Verständnis für die ‚Aggressivität und Abneigung des Pflegepersonals' und bekräftigt dessen Wunsch, den Patienten auf eine Normalstation zu verlegen. Die Lösungsstrategie liegt in der Suche nach einer Unterstützung durch die Ärzteschaft, die Verlegung des Patienten von der Intensivstation zu beschleunigen. Eigenes aggressives Verhalten wird auf diese Weise – jenseits von Recht und Ethik – legitimiert.[16] Eine selbständige und professionelle Auseinandersetzung sowie ethische Reflexion findet nicht statt.

Referenzrahmen ‚muslimischer Hintergrund'
Wenn es um islamische Wertvorstellungen eines muslimischen Patienten über die diagnostischen und therapeutischen Maßnahmen seiner Behandlung geht, prägen zwei konstitutive Merkmale diesen Prozess. Ilhan Ilkilic (2005) weist darauf hin, dass im Krankheitszustand die Religiosität durch (1.) *Individualität und Labilität* gekennzeichnet sei. In einem Krankheitsfall könnten die islamischen Glaubensprinzipien und Vorschriften für den Patienten eine neue Bedeutung bekommen, in der sich eine Vielfalt von Religiositätsformen zeige, sodass nicht von *dem* muslimischen Patienten gesprochen werden könne. Zudem sei (2.) zwischen *großen intrakulturellen und individuellen Unterschieden* zu differenzieren.

Aufgrund der spezifischen Prinzipien der Koranexegese sei es laut Ilkilic (2005) zudem möglich, zu voneinander divergierenden Auslegungen zu kommen, die unterschiedliche Entscheidungen für die praktischen Konflikte in der Gegenwart zur Folge haben können. Medizinische Maßnahmen werden allgemein im Islam akzeptiert und chirurgische Eingriffe sind in der Regel erlaubt, so auch Organtransplantationen.[17]

---

[16] Vgl. ICN (2006).
[17] Vgl. Becker et al. (2001).

Schweinefleisch und alkoholhaltige Medikamente seien nur erlaubt, wenn die Gesundheit des Patienten durch Verzicht auf die Einnahme gefährdet sei und kein Ersatzmedikament zur Verfügung stehe. In der Türkei können die *Angehörigen* oft Tag und Nacht beim Patienten bleiben. Sie übernehmen die Grundpflege. Diese Zuwendung gibt es in Deutschland nicht. Im Islam gibt es strenge Richtlinien für den *gegengeschlechtlichen Umgang*. Hier erscheint der muslimische Patient nicht schamhaft, aber abwehrend. Es kann grundsätzlich Schwierigkeiten geben, wenn Männer von Ärztinnen behandelt werden und entsprechend kann es für einen muslimischen Mann ein Problem sein, sich von einer weiblichen Pflegekraft betreuen zu lassen. So mag jeder vernünftige Hinweis in Bezug auf den Genesungsprozess als eine nicht zu akzeptierende Vorschrift ausgelegt werden. Folglich sollten muslimische Männer von einer männlichen Pflegeperson betreut werden, um die entsprechende Akzeptanz zu erhalten. Allerdings ist dies eher bei der Körperpflege, insbesondere bei der Intimpflege, ein Problem. Körperkontakt zwischen fremden Männern und Frauen ist im Islam tabu.[18]

Vor diesem Informationshintergrund lassen sich folgende Interpretationsmöglichkeiten für den Patienten in der Fallgeschichte formulieren: Der Patient lebt seinen muslimischen Glauben in einer sehr individuellen Art und Weise. Alkohol ist für ihn kein Tabu. Im Gegenteil, Alkoholkonsum ist für ihn zu einem Ritual zur Herstellung von Gemeinschaft geworden. Die Richtlinien für den gegengeschlechtlichen Umgang kommen in der Fallgeschichte zum Tragen, insofern die Erzählerin darauf hinweist, dass der Patient v.a. die Hinweise der weiblichen Pflegekräfte ignoriert. Dies könnte eine Ablehnung des weiblichen Geschlechts für die Betreuung signalisieren.

Fragen nach den Beziehungen und einer gelingenden Pflegepraxis
Auf einer pragmatischen Ebene kann die zentrale Frage einer careethischen Perspektive lauten: Ist alles getan worden, um mit dem Patienten in Beziehung zu bleiben? Diese Frage ist erhellend, da bei der Suche nach einer Antwort deutlich wird, dass es sich bei dieser Fallgeschichte weder um das Aufrechterhalten einer Beziehung handelt, noch darum, überhaupt eine Beziehung herzustellen. In der dargestellten Geschichte lässt sich keine Person finden, die im therapeutischen Prozess eine Beziehung zum Patienten hat oder sich verantwortlich für einen Beziehungsaufbau fühlt. Diese Beziehungslosigkeit wird nicht als ein mögliches Problem identifiziert und es wird entsprechend auch nicht auf dieser Ebene nach einem Lösungsweg gesucht.

---

[18] Vgl. Becker et al. (2001).

Entlang den von Joan Tronto (1994) formulierten Kriterien finden sich weitere (ethische) Fragen in Bezug auf eine *gelingende Pflegepraxis* – auch im Kontext der Verantwortung: Haben die Pflegenden bemerkt, dass ein Bedürfnis existiert und eine entsprechende Aktivität gefragt ist?[19] Über Alkoholkonsum stellt sich die Beziehung von Herrn X. zu seinen Freunden her. Sie finden den „Umstand, dass er eine neue Leber bekam, eher ‚cool‘, da er jetzt ja wieder mit ihnen zum Trinken gehen könne" (Simbeck 2009: 256). Alkoholkonsum löst in der Regel keine Probleme, sondern verdeckt sie. Es bleibt offen, welches Bedürfnis hinter dem Alkoholkonsum verdeckt bleibt bzw. versteckt wird. Geht es evtl. um ein Bedürfnis nach Nähe und Begegnung? Geht es um einen schmerzlichen Konflikt, evtl. (Kontakt)Verluste (zur Familie) in der Biographie des Patienten?

Übernahme von Verantwortung zur Unterstützung der Bedürfnisse: Pflegende und auch Ärzte können das Problem des Alkoholkonsums nicht lösen, aber sie könnten etwas unternehmen, dass z.B. hierfür kompetente Personen einbezogen werden, wie beispielsweise eine Psychologin oder ein Sozialarbeiter.

Fazit der Fallgeschichte für Pflegende

Abschließend lassen sich in Form eines Resümees zur Analyse der Fallgeschichte folgende grundsätzliche Fragen[20] formulieren, die als Leitfaden dienlich sein können, wenn Pflegende in verantwortlichen Positionen und Situationen mit Menschen aus unterschiedlichen sozialen Lagen und Kulturen in Berührung treten:

1. Befugt mich mein eigenes Werteverständnis, über die Werte, Ansprüche und Forderungen einer anderen Person und ihr Wertesystem zu urteilen?

2. Inwiefern haben meine Werte und mein Bezugsrahmen Gültigkeit, garantieren zu können, dass es in einem Abwägungsprozess nicht zu einseitigen Präferenzen kommt?

3. Kann ich durch einen Mittler, wie beispielsweise eine Übersetzerin, wirklich sicher stellen, dass meine Interventionen im Wohlergehen für die Person resultieren und ihr keinerlei Schaden zufügen?

4. Wie kann ich wissen, dass meine Urteile im Beziehungsgeschehen moralisch, sozial und kulturell angemessen sind? In Kürze: Wie kann ich wissen, dass ich Recht habe?

---

[19] Trontos Kriterium hierzu: Wahrnehmung von Bedürfnissen.
[20] In Anlehnung an Megan-Jane Johnston (1994).

Der Sinn einer Auseinandersetzung mit den Fragen liegt weniger im Finden von pragmatischen Lösungen, die sich in einzelne Handlungsschritte gliedern lassen, sondern vielmehr in der *Reflexion der eigenen Handlungsmacht*. Diese Handlungsmacht zeichnet sich in einer asymmetrischen Beziehung (wie z.B. jede Pflegende-Patient-Beziehung) dadurch aus, dass ich von meinen angenommenen Selbstverständlichkeiten (Werte, Regeln, Normen, Bezugsrahmen) Abstand nehme und mich in Zurückhaltung und Mäßigkeit übe, wenn ich verantwortungsvoll handle. Um Handlungsmöglichkeiten im persönlichen Umgang mit Aggressivität, Abneigung und Angst vor Fremdheit zu finden, können Methoden der Supervision hilfreich sein. Eine rational-ethische Reflexion setzt eine Reflexion des affektuellen Handelns voraus.

4. Resümee und Plädoyer

In diesem Beitrag habe ich mich auf zwei Beispiele pflegerischer Verantwortungsdimensionen im Fach Ethik und ihre Vermittlungsmöglichkeiten konzentriert. Zunächst habe ich innerhalb eines historischen Bezugsrahmens die Frage der pflegerischen Verantwortung für ihre Partizipation im Nationalsozialismus gestellt sowie zweitens innerhalb eines lokalen Bezugsrahmens (Klinik) die Frage der pflegerischen Verantwortung für die Betreuung von Patienten in konfliktreichen Situationen. Die Materialien, die ich mit diesem Beitrag für die Ethiklehre vorgestellt habe, sowie die methodisch-didaktischen Hinweise, die ich zu den Themen formuliert habe, müssen je nach Zielgruppe und Zeitrahmen gekürzt, ergänzt und vertieft werden. Meine abschließenden Überlegungen und Schlussfolgerungen lauten:

> Pflegerische Anteilnahme und Sorge um den Anderen wie auch Verantwortungsübernahme sind voraussetzungsvoll. Sie erfordern eine uneingeschränkte *Wachheit der Sinne* und *nüchterne Distanz* für ein bedürftiges Gegenüber. Die sensibel erfasste und klar beschriebene Situation des Kranken und Gebrechlichen ist grundlegend für eine ethische Reflexion. Die Sensibilisierung kann leichter gelingen, wenn eine *Beziehung* zum konkreten Anderen sowie ein Sinn für Verantwortlichkeiten ihm gegenüber vorhanden sind.

Im Feld der Pflege bezieht sich dies zumeist auf den Umgang mit Patienten, aber auch auf den Umgang mit Angehörigen, Kollegen, Vorgesetzten sowie mit sich selbst. Eine *klare Beschreibung* des Pflegebedürftigen und seiner Situation verlangt nüchterne Distanz und einen Wortschatz, der nicht alleine das erlernte pflegerische und medizinische Vokabular umfasst, sondern Begriffe und Ausdrucksweisungen sen, die präzise die *Patientenbeobachtungen* in eine Sprache bringen, die *dem ‚Fall' ein Gesicht* geben können. Eine ethische Reflexion in der klinischen Praxis verlangt neben einem ‚Gesicht' auch ein Verstehen der Gesamtzusammenhänge, einschließlich der Geschichte von Patienten und Angehörigen. Es sind einzig die konkreten Gesichter und Geschichten an denen sich lernen lässt, was in der Wiederkehr tatsächlich bedeutsam ist.

Literatur

Arbeitsgruppe ‚Pflege und Ethik' der Akademie für Ethik in der Medizin e.V. (Hg.) (2005): „Für alle Fälle ...". Arbeit mit Fallgeschichten in der Pflegeethik. Brigitte Kunz, Hannover

Becker, Silke A. / Wunderer, Eva & Schultz-Gambard, Jürgen (2001): Muslimische Patienten. Ein Leitfaden zur interkulturellen Verständigung in Krankenhaus und Praxis. Zuckschwerdt, München

Bossle, Michael & Leitner, Irene (2009): Pflege im Nationalsozialismus: aus gemeinsamer Geschichte lernen. Historisch-Biographische Methode im pflegepädagogischen Kontext. In: Pflegewissenschaft, Jg. 11, 6: 364-371

Bossle, Michael & Leitner, Irene (2011): Prägendes Erlebnis. Lernprogramm „BerufsbildMenschenbild" an einem historischen Ort der NS-Euthanasie. In: Padua, Jg. 6, 2: 37-43

Die Mitglieder der Sektion Historische Pflegeforschung (2012): Geschichte der Pflege in pflegerischen Bildungsgängen. Positionspapier Sektion Historische Pflegeforschung, Februar 2012. In: Geschichte der Pflege, Jg. 1, 1: 54-55

Heubel, Friedrich (2005): Ein sokratischer Weg bei der Arbeit mit Falldiskussionen. In: Arbeitsgruppe ‚Pflege und Ethik' der Akademie für Ethik in der Medizin e.V. (Hg.): „Für alle Fälle ...". Arbeit mit Fallgeschichten in der Pflegeethik. Brigitte Kunz, Hannover: 145-154

ICN International Council of Nurses (2006): The ICN Code of Ethics for Nurses. Geneva. http://www.icn.ch/images/stories/documents/about/icncode_english.pdf (31.07.2012)

Ilkiliç, Ilhan (2005): Begegnung und Umgang mit muslimischen Patienten. Eine Handreichung für die Gesundheitsberufe. Zentrum für Medizinische Ethik, Bochum

Isfort, Michael / Weidner, Frank & Gehlen, Danny (2012): Pflege-Thermometer 2012. Eine bundesweite Befragung von Leitungskräften zur Situation der Pflege und Patientenversorgung auf Intensivstationen im Krankenhaus. Deutsches Institut für angewandte Pflegeforschung e.V. (dip), Köln. http://www.dip.de/fileadmin/data/pdf/projekte/Pflege_Thermometer_2012.pdf (31.07.2012)

Johnstone, Megan-Jane (1994): Bioethics. A Nursing Perspective. W.B. Saunders/Bailliere Tindall, Sydney

Kohlen, Helen / Meyer-Grube, Brigitte / Robold, Christian & Schütze, Lutz (2009): Ethische und moralische Grundfragen des pflegerischen Handelns. In: Conzen, Christel / Freund, Jutta & Overlander, Gabriele (Hg.): Pflegemanagement heute. Ökonomie, Personal, Qualität: verantworten und organisieren. Elsevier, München: 131-153

Kohlen, Helen (2009): Ethik/Pflegewissenschaften. Kommentar zur Fallstudie von Anne-Karin Simbeck: Pflege und Ethik. Organtransplantation eines muslimischen Patienten. In: Frewer, Andreas / Fahr, Uwe & Rascher, Wolfgang (Hg.): Patientenverfügung und Ethik. Beiträge zur guten klinischen Praxis. Jahrbuch Ethik in der Klinik. Königshausen & Neumann, Würzburg: 261-267

Lern- und Gedenkort Schloss Hartheim (o.J.): BerufsbildMenschenbild. http://www.schloss-hartheim.at/index.asp?peco=&Seite=624&Lg=1&Cy=1&UID= (10.10.2012)

Nauer, Doris (2001): Wider das Vergessen! Fakten zur Kinder-„Euthanasie" und ihrer Aufarbeitung in der deutschen Kinder- und Jugendpsychiatrie. In: Fuchs, Ottmar / Boschki, Reinhold & Frede-Wenger, Britta (Hg.): Zugänge zur Erinnerung. Bedingungen anamnetischer Erfahrung. Studien zur subjektorientierten Erinnerungsarbeit. LIT, Münster: 92-117

Rabe, Marianne (2009): Ethik in der Pflegeausbildung. Beiträge zur Theorie und Didaktik. Hans Huber, Bern

Rabe, Marianne (2005): Strukturierte Falldiskussion anhand eines Reflexionsmodells. In: Arbeitsgruppe ‚Pflege und Ethik' der Akademie für Ethik in der Medizin e.V. (Hg.): „Für alle Fälle ...". Arbeit mit Fallgeschichten in der Pflegeethik. Brigitte Kunz, Hannover: 131-144

Rabe, Marianne (2001): Von selbstloser Aufopferung zur Berufsethik. Werteorientierungen der Krankenpflege in ihrer historischen Entwicklung und in ihren Ethik-Kodizes. In: Engelhardt, Dietrich von / Loewenich, Volker von & Simon, Alfred (Hg.): Die Heilberufe auf der Suche nach ihrer Identität. LIT, Münster: 117-127

Simbeck, Anne-Karin (2009): Pflege und Ethik. Organtransplantation eines muslimischen Patienten. In: Frewer, Andreas / Fahr, Uwe & Rascher, Wolfgang (Hg.): Patientenverfügung und Ethik. Beiträge zur guten klinischen Praxis. Jahrbuch Ethik in der Klinik. Königshausen & Neumann, Würzburg: 255-256

Steinkamp, Norbert (2012): Methoden ethischer Entscheidungsfindung im Pflegealltag. In: Monteverde, Settimio (Hg.): Handbuch Pflegeethik. Ethisch denken und handeln in den Praxisfeldern der Pflege. Kohlhammer, Stuttgart: 175-191

Steinkamp, Norbert & Gordijn, Bert (2010): Ethik in Klinik und Pflegeeinrichtung. Ein Arbeitsbuch. Luchterhand, Köln

Steppe, Hilde (Hg.) (1993a): Krankenpflege im Nationalsozialismus. Mabuse, Frankfurt am Main

Steppe, Hilde (1993b): ‚Mit Tränen in den Augen haben wir dann diese Spritzen aufgezogen'. Die Beteiligung von Krankenschwestern und Krankenpflegern an den Verbrechen gegen die Menschlichkeit. In: Steppe, Hilde (Hg.): Krankenpflege im Nationalsozialismus. Mabuse, Frankfurt am Main: 137-174

Tenzer, Eva (2011): Ungehorsam – Prophylaxe gegen Burnout. In: Psychologie Heute, Jg. 38, 11: 26-28

Tronto, Joan C. (1994): Moral boundaries. A Political Argument for an Ethic of Care. Routledge, New York

Walker, Margaret Urban (1998): Moral Understandings. A Feminist Study in Ethics. Oxford University Press, New York

Phänomenologisches Lehren und Lernen in der Pflege

Charlotte Uzarewicz

1. Einführung

Pflegephänomen ist ein Modewort; dabei scheint Pflege in der Science Community ein selbstverständlicheres Bedeutungsfeld zu haben als Phänomen. Hier assoziiert man schnell Phänomenologie als eine Philosophie, die irgendwie versucht, das Verstehen methodisch zu fassen. Die Etymologie des Begriffs verweist auf den griechischen und altlateinischen Ursprung des Wortes: „*phaenomenon* ‚Erscheinung, bes. in der Luft', griech. *phainómenon (φαινόμενον)* ‚das Erscheinende, Einleuchtende, Himmelserscheinung'" (DWDS-Wörterbuch o.J.) und hat drei verschiedene Konnotationen:

1. Die sich den Sinnen zeigende oder gedachte Erscheinung: Z.B. ist das permanente Rufen eines Altenheimbewohners nach seiner Mutter ein akustisches Phänomen; die Sprache ist ein gesellschaftliches Phänomen.

2. Ein seltenes oder außergewöhnliches Vorkommen: Wenn eine Patientin aus unerklärlichen Gründen von einer unheilbaren Krankheit genest, sprechen wir von einem außergewöhnlichen Phänomen; aber auch, wenn der Halleysche Komet an der Erde vorbeisaust.

3. Ein ungewöhnlicher oder überragender Mensch: Das bezieht sich auf Menschen, die außergewöhnliche Fähigkeiten besitzen, meist im Kontext der Kunst (Musiker, Komponisten, Maler). Aber auch Managerinnen, die jede noch so diffizile und konfliktreiche Situation meistern können, bezeichnen wir dann z.B. als diplomatisches Phänomen.

Ein Phänomen hat also etwas mit der Wahrnehmung zu tun. Alles, was sich in Raum und Zeit befindet und mit den Sinnen wahrgenommen werden kann, seien es Eigenschaften, Dinge, Sachen, Sachverhalte, Gegebenheiten oder Prozesse, kann als Phänomen bezeichnet werden (DWDS-Wörterbuch o.J.).

Wahrnehmung ist eine sehr individuelle und subjektive Angelegenheit, auch wenn sie historisch, kulturell und sozial geprägt ist. Die Phänomenologie als Philosophie hat sich dieser Thematik angenommen und versucht auf unterschiedlichen Wegen die Welt der Erscheinungen zu erklären und zu verstehen. Dabei war seit Edmund Husserl eine Idee leitend, dass nämlich die ‚wahre Wirklichkeit' hinter den Erscheinungen zu finden sei. Daher rührt der viel zitierte Ausspruch: ‚Zu den Sachen selbst!' Das hat methodologische Konsequenzen und führt zu den sogenannten phänomenologischen Reduktionen, die von verschiedenen Wissenschaftlern ausgeführt worden sind (Treibel 1993; Lamnek 1995; Schmitz 2003). Man müsse so viel von der Erscheinung abschälen, z.B. die kulturellen, altersspezifischen, berufsspezifischen, geschlechtsspezifischen, sozialen, politisch-ideologischen Aspekte, so dass sich die Sache dann, so wie sie tatsächlich und eigentlich ist, zeigt.

Beispiel: Das Rufen eines Altenheimbewohners nach seiner Mutter:

- Psycho-sozialer Aspekt: Das permanente Rufen nach einer längst verstorbenen Person weist auf Einsamkeit, Isolation und/oder Todessehnsucht hin.

- Altersspezifischer Aspekt: Kommt der Enkel zu Besuch, fühlt er sich vielleicht gekränkt, weil der Großvater oder die Großmutter offenbar den Besuch nicht zu schätzen weiß; der Enkel fühlt sich u.U. gar nicht wahrgenommen und stuft seinen Besuch als überflüssig ein. Deshalb fasst er den Vorsatz: ‚Dann komme ich eben noch seltener zu Besuch, weil es Dich ja eh nicht interessiert!'

- Berufsspezifischer Aspekt: Das permanente Rufen nach einer verstorbenen Person ist Ausdruck eines Bedürfnisses/einer Sehnsucht nach Geborgenheit und Sicherheit. Die Pflegende wird ihre Interventionen dahingehend ausrichten, dass dieses Bedürfnis befriedigt wird; dann hört auch das permanente Rufen auf.[1]

Hier ist also ein Phänomen aus drei verschiedenen Perspektiven dargestellt. Welche ist nun die richtige? Man merkt sofort, dass diese Frage nicht zielführend ist. Daher die Idee mit der Abschälung: Alle Interpretationen sollen möglichst beiseite gestellt werden, dann käme man zum eigentlichen Kern. Dies beinhaltet aber zwei zentrale Probleme:

1. Das sind doch alles subjektive Eindrücke! Wissenschaft hat aber einen Objektivitätsanspruch und was soll die Beschreibung eines Phänomens, wenn sie ja doch ‚bloß subjektiv' sein kann?

2. Wenn jede Beschreibung schon Interpretation ist, wie kann man das methodisch fassen, um den Objektivitätsanspruch der Wissenschaften zu erfüllen?

---

[1] Die Deutungen im Rahmen der Beispiele sind nicht als richtig oder falsch einzustufen, sondern sie verdeutlichen lediglich Möglichkeiten, die im phänomenologischen Sinne ‚abgeschält' werden sollen.

Letztlich kristallisiert sich hier das Verhältnis von Wissenschaftsverständnis und Selbstverortung, von Subjektivität und Objektivitätsideal heraus, wobei letzteres gerne den Wissenschaften zugeschrieben wird.[2]

Da ist einerseits die Irritation bei Lehrenden, die phänomenologisch geschult sind und die oft gehörte Rede ‚das ist ja bloß subjektiv' nicht akzeptieren können – haben wir es doch v.a. in der Pflege nur mit Subjektivitäten zu tun! Andererseits liegt die Irritation auch bei den Lernenden, die an ein Objektivitätsideal glauben und ihrerseits nicht verstehen können, was Subjektivität mit Wissenschaftlichkeit zu tun hat. Für die Lehre ergibt sich daraus das zentrale Problem, wie man phänomenologische Denkungsart *begreifbar* und *erlebbar* machen kann; wie stellt man einen *spürbaren* Zusammenhang zwischen subjektivem Erleben und Erkenntnisgewinn her? Der hier beschriebene Weg zum phänomenologischen Denken zeigt den Zusammenhang von Subjektivität und Wissenschaftlichkeit auf. Er führt über erlebnis- und erfahrungsorientiertes Lernen und verbindet so Praxis mit Theorie.

2. Phänomenologische Methoden[3]

In den angewandten Wissenschaften versucht man durch Modifikation der klassischen phänomenologischen Methode die Alltags- und Lebenswelt zu erforschen und durch Beobachtung und möglichst schlichte Beschreibung neue Erkenntnisse zu gewinnen (Lamnek 1995; Treibel 1993). Erwünscht ist, mit einer möglichst vorurteils- und theoriefreien Einstellung soziale Sachverhalte zu beobachten und zu beschreiben. Nach Lamnek soll das wie folgt möglich werden:

- „Schlicht sehen lassen und beschreiben.
- Nur das Phänomen sehen und beschreiben.
- So unvoreingenommen wie möglich sehen und beschreiben.
- So genau wie möglich sehen und beschreiben.
- So einfach wie möglich sehen und beschreiben.
- So vollständig wie möglich sehen und beschreiben.
- Nur in den Grenzen der Phänomengegebenheit sich bewegen." (Lamnek 1995: 68)

---

[2] Diese Thematik zeigt sich auch in den Diskussionen um die Wertigkeiten und Bedeutsamkeiten von quantitativen und qualitativen Forschungsmethoden.

[3] Die folgenden Ausführungen sind von mir erstmals in der Zeitschrift ‚Padua' (2010) veröffentlicht worden. Für diese Publikation habe ich sie modifiziert.

Das ist leichter gesagt als getan, weil es die zentrale Problematik des Subjekt-Objektverhältnisses unangetastet lässt. Der Religionsphänomenologe Gerardus van der Leeuw hat zu Beginn des letzten Jahrhunderts Phänomen als ein Verhältnis beschrieben. Ein Phänomen ist „dasjenige, was sich zeigt":

1. Das heißt, „es ist ein Etwas", „dieses Etwas zeigt sich" und gerade dadurch, dass es sich zeigt, ist es ein Phänomen. Desweiteren:

2. „Das Sich-zeigen bezieht sich sowohl auf dasjenige, was sich zeigt, als auf denjenigen, dem gezeigt wird" (Van der Leeuw 1933: 634).

Durch den zentralen Aspekt des Sich-zeigens werden die beiden Dimensionen ‚Objekt' und ‚Subjekt', die wir immer nur als Entweder-oder begreifen, miteinander zu einem Sowohl-als-auch verbunden. Ein Phänomen ist also nicht reines Objekt (die ‚wahre' Wirklichkeit) und es ist nicht reines Subjekt (Erlebnis). Vielmehr ist es eine Mischung, besser gesagt: ein Verhältnis. Ein „Phänomen ist ein subjektbezogenes Objekt und ein objektbezogenes Subjekt" (Van der Leeuw 1933: 634). Das ist das Geheimnis und die Problematik für das Verstehen phänomenologischer Denkungsart. Als beobachtendes Subjekt muss man sich mit all seinen Regungen während einer Beobachtung ernst nehmen, um diese mit dem ‚Objekt' der Betrachtung in Beziehung setzen zu können. So hängen Erlebnis, Verstehen und Erkennen untrennbar zusammen. Das ist auch das, was Manfred Spitzer (2006: 60) als prozedurales Lernen beschrieben hat. Explizites Wissen kann so zu einem Können werden. Mit einer derart entstandenen leibhaftigen Erkenntnis, die die Subjektivität der Betrachtung mit einbezieht und die gleichzeitig auch die klassischen Schritte angewandter Sozialwissenschaften durchführt (Klassifizierung, Analyse, Deutung des Erlebens, Interpretation), wird eine Sinnzuschreibung durch nachempfindendes Erleben möglich.

In den 60er Jahren des letzten Jahrhunderts hat Hermann Schmitz, der Begründer der Neuen Phänomenologie, diesen Erkenntnisweg weiter konkretisiert, indem er eine wichtige Differenzierung vornimmt. Ihm geht es um *Sachverhalte* (und nicht um Sachen wie bei Husserl), um den Fallstricken des dinglichen Denkens, dem Denken in Festkörpermodellen, zu entkommen. Methodisch wird zunächst das bestimmt, was man betrachten bzw. untersuchen möchte, weil man nur etwas *als* etwas erkennen, beobachten, beschreiben kann. Das ist die *Kennzeichnung eines Phänomenbezirks*. Durch ebenso intensive wie schlichte und *naive Beschreibung* kommen möglichst viele Qualitäten und Charaktere dieses Phänomenbezirks zum Vorschein, so dass es zweitens möglich wird, ein *Kategoriensystem* – das heißt ein Beschreibungsvokabular – für diesen Phänomenbezirk zu erstellen. Das, was sich zeigt, fällt zusammen mit dem, wie es sich zeigt! Dies gilt es zu explorieren. In einem dritten Schritt geschieht die *Rekonstruktion* der Phänomene. Erst dann kann eine *Realdefinition* erstellt werden, in der der Erkenntnisgewinn zusammengefasst ist. Das bedeutet, dass man die Qualitäten und Charaktere, die man im zweiten Schritt meint gefunden zu haben, kritisch überprüft, miteinander kombiniert und variiert und somit feststellt, ob das Ergebnis stimmig ist. Dann erst kann man das Phänomen tatsächlich benennen und beschreiben (Schmitz 1998: 141).

Dieser Dreierschritt findet sich auch in der Methodenlehre der goetheschen Naturforschung: Empirie, Theorie und Pragmatik heißt es da etwas einfacher, meint aber ungefähr das Gleiche: Empirie als freie Beobachtung, Theorie als Schau auf das Wesentliche, das ‚Urphänomen' und Pragmatik als die Darstellung der Wirkungen des Phänomens, die bedeutungsvoll werden können (Böhme 1997: 21; Mahayni 2003: 33 ff.). Wolfgang Welsch (1998: 49 ff.) hat in seinem ‚Ästhetischen Denken' aus dem Dreier- einen Viererschritt gemacht, aber auch hier findet sich der Kerngedanke allen phänomenologischen Herangehens: Die eigene subjektive Empfindlichkeit in den Erkenntnisprozess einzuführen, und damit eine Rehabilitierung der subjektiven Tatsachen einzuleiten – wie Schmitz (1998) sagen würde.

> Ein Phänomen ist:
> - Nach Husserl: eine Sache hinter den Erscheinungen
> - Nach Van der Leeuw: ein Verhältnis
> - Nach Schmitz: ein Sachverhalt

Die Idee der Rehabilitierung subjektiver Tatsachen erscheint allen Lernenden als etwas Ungeheuerliches, sind sie doch während des größten Teils der Schulzeit, der Ausbildung oder des Studiums dahingehend getrimmt worden, genau diese Seite systematisch auszublenden. So erkennen sie letztlich gar nicht mehr, was sie möglicherweise wieder einblenden könnten. Als Hochschullehrerin stehe ich damit vor der Frage und der didaktischen Herausforderung, wie man das reflektierende Nachdenken über das eigene Denken erreichen kann; und weiter führend: wie man lehren kann, das eigene Denken zu hinterfragen, um auch andere Denkweisen zu erleben. Grundsätzlich gibt es zwei mögliche Wege:

1. Der induktive Weg:
    1. Sachverhalt als Beispiel beschreiben
    2. Herausarbeiten der subjektiven Perspektive
    3. Konfrontation mit Theorie
    4. Verunsicherung in Bezug auf: Was ist gültig?
    5. Aufbrechen der eigenen Denkmuster
    6. Erkenntnis über den Sachverhalt und über die eigenen Denkstrukturen/ Denkbahnen.

2. Der deduktive Weg:
   1. Verunsicherung am Anfang durch Theorie
   2. Sachverhalte: eigene subjektive Einstellung
   3. Prüfung an der Theorie
   4. Relativierung der eigenen subjektiven Einstellung und der Theoriegebäude
   5. Erkenntnis über den Sachverhalt und über die eigenen Denkstrukturen/ Denkbahnen.

Welchen Weg man auch immer geht, eine zentrale und kritische Stelle für die weitere Erkenntnisgewinnung ist die Verunsicherung – ob sie nun am Anfang provoziert wird, wie beim deduktiven Vorgehen, oder mittendrin auftritt, wie beim induktiven Vorgehen. Die Wahl der Vorgehensweise ist abhängig vom gesamten Lehr-Lernsetting:

- Ist der Dozent/die Dozentin in der Gruppe bekannt und vertraut? (begleitete Schulklasse über mehrere Jahre, einmaliges Fortbildungsangebot, hauptamtliche oder nebenamtliche Lehrkraft)
- Wie lange dauert die Lehr-Lerneinheit? (einen Tag oder mehrere Tage über einen längeren Zeitraum)
- In welchen Kontext ist die Lehr-Lerneinheit eingebettet? (Ausbildung, Fortbildung oder Studium)
- Welche persönlichen Vorlieben besitzt der/die Lehrende? (Eigene Erschließungswege des Lehrenden).

Im Rahmen meiner Lehrtätigkeit und der intensiven Auseinandersetzung mit den Phänomenologien und deren Methoden habe ich unter einer berufspraktischen Perspektive ein Konzept entwickelt, welches ich hier vorstellen möchte.[4]

3. Methode des phänomenologischen Lehrens und Lernens

An anderer Stelle habe ich die *Methode der produktiven Verunsicherung* beschrieben (Uzarewicz 2003: 168 ff.). Bei der phänomenologischen Methode geht es ebenfalls um eine Irritation bzw. Verunsicherung als einen ersten Schritt, um gewohnte Bahnen verlassen zu können. Spitzer (2006: 21) beschreibt zwei zentrale Voraussetzungen für nachhaltiges Lernen: Neuigkeit und Bedeutsamkeit. Das, was

---

[4] Dieses Konzept ist von Michael Bossle im Rahmen von Lehrvertretungen überprüft worden. Daraus entstand ein sehr anschauliches Beispiel für solch phänomenologisches Lehren und Lernen (Bossle et al. 2010).

gelernt und wie gelernt werden soll, muss neu sein und eine persönliche Bedeutung für jeden Lernenden besitzen. Nun sind Alltagsphänomene nichts Neues und Pflegethemen wie Angst, Schmerz, Ekel auch nicht. Die Bedeutung für jeden Einzelnen liegt dabei auf der Hand, weil diese Phänomene jeden angehen, jeder kennt sie bereits aus eigener Erfahrung. Das Neue liegt zunächst in der phänomenologischen Methode, diese erschließt sich den Lernenden nach und nach. Wenn sie sich auf den methodischen Prozess eingelassen haben, erscheint das Neue sodann als neue Erkenntnis. Insofern ist der Einstieg in diese Methode seitens des/der Lehrenden für das Gelingen elementar (siehe weiter unten).

3.1 Voraussetzungen für phänomenologisches Lehren und Lernen

Rahmenbedingungen. Wie bei allen Seminaren ist es wichtig, die Formalia bezüglich der Leistungserbringung und Benotung zu Beginn transparent zu machen. Die Angst, eine schlechte Note zu bekommen oder gar durchzufallen, ist überall groß – v.a. dann, wenn das Lernen nun plötzlich ganz anders geschehen soll als bislang gewohnt. Der Zeitfaktor spielt ebenfalls eine wichtige Rolle; es sollte im Vorfeld klar gemacht werden, dass das phänomenologische Lernen zeitintensiv ist, weil es die Subjektivität ernst nimmt. Jeder Lernende ist gehalten, selbst- und eigenständig zu arbeiten – auch und gerade, wenn es im Kontext von Gruppenarbeiten geschieht. Als zeitlicher Rahmen eignen sich am besten vierstündige bis ganztägige Veranstaltungsblöcke. Sehr hilfreich ist ein ausführlicher Seminarplan mit Arbeits- und Strukturierungshilfe; ein Handzettel, auf dem Lernende immer wieder nachschauen können, in welchem Arbeitsschritt sie sich gerade befinden. Auch interdisziplinäre Literaturlisten sind empfehlenswert, die als erster Einstieg dienen und die Studierenden motivieren sollen, selbst weiter zu recherchieren. Ausreichend Räume sollten ebenfalls zur Verfügung stehen, so dass Einzelarbeit wie Gruppenarbeiten ungestört möglich sind und der/die Lehrende jederzeit die Gruppen besuchen und beraten kann.

Lernende. Eine wichtige Voraussetzung seitens der Lernenden ist die Bereitschaft und Offenheit, sich auf ein Experiment einzulassen und neugierig zu sein. Es ist für den gesamten Prozess von Vorteil, wenn so viel (Selbst)Vertrauen vorhanden ist, dass der Notendruck wenigstens teilweise ausgeblendet werden kann. Dann sind sie in der Lage, den für diese Art des Lernens notwendigen Rollenwechsel zu vollziehen: von Input gewohnten Lernenden mit der Erwartungshaltung hin zu Forschenden, die sich verunsichern lassen wollen und neugierig sind. Zu Beginn der Veranstaltung bilden die Lernenden Forschungs- bzw. Arbeitsgruppen (AG) von maximal drei bis vier Personen. Jede AG wählt sich ein Phänomen und zwar möglichst ohne Bezug auf irgendeinen pflegerischen Verwertungsimpuls – das fällt vielen schon sehr schwer. In der Regel gebe ich ein paar Vorschläge, wie z.B. das Phänomen Fremdheit, Sprache, Hunger usw., motiviere aber auch, eigenständig ein Thema zu finden und ausschließlich das eigene Interesse bei der Suche gelten zu lassen. Nach einer Abstimmungsphase stehen meist fünf bis sechs Substantive (je nach Größe des Kurses und Anzahl der Gruppen) auf einem Flipchart. Es ist eine enorme Leistung, wenn sich eine AG auf ein einziges Wort verständigt hat, das sie in den nächsten Wochen genauer untersuchen möchte. Oft handelt es sich um Themen wie Gewalt, Ekel, Humor, Schmerz usw. In dieser Vorphase findet bereits das erste Brainstorming statt, das dann im ersten Schritt wieder aufgegriffen wird (siehe weiter unten).

Seminarleitung. Die Seminarleitung muss sich nicht in allen gewählten Themen gut auskennen; das wäre eine unzulässige Überforderung. Das Interessante bei einem solchen Vorgehen ist ja gerade, dass alle – einschließlich der Seminarleitung – neue Erkenntnisse gewinnen und zwar sowohl auf methodischer Ebene als auch auf inhaltlicher Ebene. Die Seminarleitung steht vor der Herausforderung, die verschiedenen Phasen der Verunsicherung zu begleiten. Der gesamte Prozess ist von emotionalen Höhen und Tiefen gekennzeichnet. Um diese zu erkennen, ist intensiver Kontakt, permanente Begleitung und bedingte Teilhabe an den Gruppenarbeiten der AGs unausweichlich. Letzteres kann irritieren, sind die Lernenden in ihren Lerngruppen doch eher Einzelkämpfertum gewohnt. Die Seminarleitung vollzieht also mehrere Rollenwechsel: als *Dozent/in*, die klare Anweisungen gibt, was zu tun ist, als *Ratgeber/in* für Inhalte und methodisches Vorgehen sowie als *Moderator/in* für unterschiedliche Gruppenprozesse – manchmal auch als *Mediator/in*. Sie muss zu einem bestimmten Zeitpunkt loslassen können, damit der Prozess des selbststeuernden Lernens stattfinden kann. Darüber hinaus braucht sie eine Haltung der Ergebnisoffenheit und damit ein hohes Maß an Flexibilität und Spontaneität; Letzteres beinhaltet auch die Souveränität, vor der Gruppe zu sagen: ‚Das weiß ich jetzt nicht', ohne das Gesicht zu verlieren.

3.2 Einstimmung in phänomenologisches Arbeiten

Aus didaktischer Perspektive handelt es sich um ein explikatives Vorgehen in sechs Stufen:

1. ‚Herausarbeiten' der eigenen Denkart
2. Mut zum Loslassen dieser geliebten, da selbstverständlichen Denkstrukturen
3. Einlassen auf Neues und Unbekanntes trotz Notendruck
4. Prozesshaftes und erlebendes Lernen
5. Neue Erkenntnisse und Gewinn an Sicherheit
6. Präsentation und Reflexion der Möglichkeiten zu denken und zu erkennen.

Um überhaupt das Vorhaben verständlich zu machen, bietet sich zu Seminarbeginn an, eine Geschichte zu erzählen, in der exemplarisch die phänomenologische Vorgehensweise angewendet wird. Geschichten steigern die Aufmerksamkeit. Wenn Fakten nicht in erlebbare und persönliche Situationen eingebunden werden können, bleibt nichts übrig, kann man nicht lernen (Spitzer 2006: 35). Die phänomenologische Methode erlaubt, selbst Geschichten zu (er)finden. Die Aufmerksamkeit erhöht sich automatisch, wenn der/die Lehrende einen ganz alltäglichen Sachverhalt auf mikroskopischer Ebene detailgenau beschreibt und dabei gleichzeitig eigene Betrachtungen/Interpretationen einfließen lässt. Z.B. die Geschichte eines Hausbesuchs des ambulanten Pflegedienstes: Was geschieht hier an Schwellenüberschreitungen beim Klingeln an der Wohnungstür, beim Eintreten in die Wohnung, mit welchen Fremdheitserfahrungen werden die Pflegenden und der zu Pflegende konfrontiert, und wie geht man in der Regel darüber hinweg, weil man ja seine Arbeit erledigen will. Wenn das Gewohnte, Normale, die Selbstverständlichkeiten hier erzählt werden, entsteht automatisch Irritation: ‚Ja, das kennen wir doch alles, das ist doch normal ... und wozu erzählen Sie uns das?' Damit hat die Seminarleitung genau die Voraussetzung geschaffen (Irritation, Verunsicherung und Aufmerksamkeitserhöhung auf emotionaler Ebene), um in die Methode des phänomenologischen Arbeitens einzusteigen: die Möglichkeit, aus den als normal erkannten Denkmustern herauszutreten. Nun kann die *phänomenologische Methode theoretisch* erläutert und an den eben gehörten Vortrag zurück gebunden werden. In der Regel ernte ich in dieser Vorstufe erstaunte bis faszinierte Gesichter. Auf Nachfrage hin erscheint alles nachvollziehbar und logisch, wenn auch zum Teil an manchen Stellen die einzelnen Ausführungen als zu weit hergeholt eingestuft werden. Trotz der Logik und Nachvollziehbarkeit ist es den Lernenden jedoch unmöglich, hierin eine Struktur zu entdecken und diese auf ein anderes Phänomen zu übertragen. Das liegt nicht am mangelnden intellektuellen Potential, sondern daran, dass man so in der Selbstverständlichkeit des eigenen Denkens verstrickt ist, dass die Struktur nicht in den Blick kommt. Nun ist die *erste Verunsicherung* atmosphärisch sehr präsent, die unbedingt als ‚normale Erscheinung' dieses Lernprozesses thematisiert werden muss.

Um das Selbstvertrauen in die eigenen Potentiale zu stärken und den Spannungsbogen in der Lehr-Lernsituation aufrecht zu erhalten, helfen *Übungen zur Kreativitätssteigerung*. Sie dienen dazu, vom Praxisbezug und dem Pflegedenken abzulenken und Vertrauen in die eigene Phantasie und Kreativität zu entwickeln – Aspekte, die nach meinem Dafürhalten für jeden Erkenntnisweg und -gewinn unabdingbar sind, die aber aus Befangenheit seitens der Studierenden negiert werden.

Beispiele für Kreativitätsübungen:

1. Kurzgeschichte schreiben: Grundlage der Übung sind die Phänomene, die sich die AGs im Vorfeld ausgewählt haben und die als Substantive auf dem Flipchart im Seminarraum allen präsentiert werden. Nun werden die AGs aufgefordert, aus allen genannten Hauptwörtern eine Kurzgeschichte zu schreiben, in der jedes Substantiv einmal vorkommt. Sie haben dafür sieben Minuten Zeit. Groß ist der Schrecken, der dann aber schnell verfliegt, weil das Zeitlimit sehr begrenzt ist. Dies verhindert lange Debatten darüber, wie man das am besten angehen solle und ob das überhaupt möglich sei. Die Ergebnisse sind ausnahmslos erstaunlich, bezeugen sie doch die vorhandene Kreativität der Studierenden. Es ist immer wieder spannend zu erleben, was in so kurzer Zeit entstehen kann. In diesen Kurzgeschichten werden die unterschiedlichen Bezüge im Denken offensichtlich: Reine Phantasie mischt sich mit Alltagsrealitäten und Märchensequenzen. Und immer geht das dabei um Menschen, (mit) denen etwas geschieht. Also sind die Phänomene, die zunächst nur Substantive waren, eingebettet in und bedeutungsvoll für soziale Situationen – das Kernelement jeglicher Pflege! Das ist eine Sequenz, in der viel gelacht wird, die Stimmung sich lockert und Zutrauen zu der ganz anderen Art des Lernens gefasst wird. Diese Kurzgeschichten werden im Plenum vorgetragen, anschließend von der Seminarleitung eingesammelt, um sie am Ende des Seminars im Zusammenhang der Evaluation noch einmal in schriftlicher Form zu präsentieren. Mit diesem Rückblick auf den je eigenen Anfang wird der Erkenntnisgewinn im Laufe des erlebenden Lernens nochmals sehr deutlich.

2. Landkarte erstellen: Möglich ist auch, zu einem der gewählten Themen eine Landkarte zu erstellen. Hat sich eine Gruppe beispielsweise das Phänomen Scham gewählt, könnte von einem Schamland ausgegangen werden, das man mit entsprechenden Stationen ausstattet: mit der Hauptstadt Schamhausen, dem Angstwald, der vor der Stadt liegt, dem Tabusee, dem Fluss der Schüchternheit, der durch die Hauptstadt fließt und evtl. auf der Brücke der Peinlichkeit überschritten werden kann usw. Mit dieser Übung wird das implizite Wissen herausgelockt und als Kleingruppe überraschen sich die Kommilitonen immer wieder selbst. Derartige Übungen haben zusätzlich einen Gruppen festigenden Charakter.[5]

---

[5] Zum Thema Kreativität siehe auch: ARTID (2010); Brater & Wagner (2011); Brater et al. (2011); Munz et al. (2012).

> Einstimmung in phänomenologisches Arbeiten:
> - Geschichte erzählen: Inputvortrag im Sinne eines Beispiels
> - Theoretische Grundlagen der angewandten phänomenologischen Methode
> - Moderation der Verunsicherung
> - Übungen zur Kreativitätssteigerung und Lockerung

Abb. 1: Einstimmung in phänomenologisches Arbeiten (Charlotte Uzarewicz ©)

3.3 Auswahl eines Phänomens und Abstecken eines Phänomenbezirks

Der Phänomenbezirk ist bis zum jetzigen Zeitpunkt schon etwas ausgeleuchtet und zwar von verschiedenen Perspektiven her. Nun wird es notwendig, ganz konsequent die je eigenen Erfahrungen einzubringen. Anhand von sechs W-Fragen nähert sich die AG systematisch der subjektiven Seite (siehe Abbildung 2). Diese Fragen sollen zunächst alleine, dann in Kleingruppen (Forscherteam) beantwortet werden (Ebene des Brainstormings). Danach werden die Ergebnisse zusammengefasst und von jeder Frage wird eine Hypothese abgeleitet. Man kann auch eine Forschungsleitfrage entwickeln, die auf die jeweiligen Wissensdefizite verweist. Dabei gilt es besonders die Aspekte in den Blick zu nehmen, bei denen es in der AG den größten Konsens und den größten Dissens gab. Die Gruppe selbst bestimmt, wo sie die größten Wissens- bzw. Erfahrungsdefizite hat. Die Ergebnissicherung findet wieder mittels Flipchart statt und wird im Plenum präsentiert und diskutiert. Ergänzungen aus dem Plenum werden aufgenommen; das können sowohl weitere subjektive Erfahrungen sein, Literaturhinweise, Filmtipps oder Anekdoten usw.

Das Ziel ist erreicht, wenn erste Umrisse des ausgewählten Phänomens erkennbar werden und die jeweils dominanten Denkstrukturen (meist funktionalistische, naturwissenschaftliche Ebene) deutlich werden. Für manche Teilnehmer entstehen schon auf dieser Ebene Aha-Erlebnisse.

Da man immer davon ausgehen kann, dass jeder Mensch eigene Erfahrungen mit Scham, Angst, Schmerz usw. gemacht hat, kann man mit intensiven Diskussionen in der Gruppenarbeit rechnen. Die Seminarleitung ist in dieser Phase Moderator/Moderatorin und muss besonders darauf achten, dass die Diskussionen nicht in das ‚Richtig-oder-Falsch-Fahrwasser' geraten. Es geht nicht um die richtigen, guten oder falschen, schlechten Erfahrungen. In dieser Phase wird gelernt, alle gleichermaßen als mögliche Facetten des gewählten Phänomens zur Kenntnis zu nehmen. In gegenseitigem Respekt können subjektive Erfahrungen dargelegt werden. Gelingt dieser schwierige aber zentrale Schritt, findet hier bereits eine Veränderung im Denken statt: Von der ausschließlichen ‚Ich-Perspektive' des Selbsterlebens hin zu Dimensionen des ‚Phänomens', die vielfältig ausgeleuchtet und ausgelotet werden. Das ist eine gruppendynamische Herausforderung, die gut begleitet werden muss. Hier beginnt der Ablöseprozess vom Selbstverständnis des inputorientierten Lernenden hin zum selbständig Forschenden.

Wenn es Zeit und Raum erlauben, ist es sinnvoll, parallel zu dieser Phase, einen Büchertisch bzw. ein Literaturcafé zu inszenieren. Bücher und/oder andere Medien zu den jeweiligen Phänomenen werden ausgelegt und ausreichend Zeit zur Verfügung gestellt, um zu sichten, zu schmökern, sich auszutauschen, sich gegenseitig Tipps zu geben und auch um ggf. aus einigen Büchern Kopien anzufertigen. Die Literaturauswahl muss unbedingt interdisziplinär sein (z.B. aus Philosophie, Soziologie, Kunst, Architektur, Physik, Psychologie, Pflegewissenschaft, Theologie usw.). Das regt die Phantasie und das Interesse weiter an. Für die Seminarleitung ist damit die Anforderung verbunden, den Studierenden die unterschiedlichen Arten des Umgangs mit Literatur zu verdeutlichen. In Kommunikation mit Büchern zu treten bedeutet, eine andere Haltung einzunehmen als schnell wichtige Inhalte zu extrahieren.

In Anbetracht der Literaturvielfalt werden die eigenen Wissensgrenzen seitens der Studierenden offenbar. Dabei kann leicht ein Gefühl der Überforderung entstehen. Aufgabe der Seminarleitung ist es, lenkend einzugreifen, die Bedeutung der Subjektivität im Erkenntnisprozess hervorzuheben und zu verdeutlichen, dass grundsätzlich niemand wissen kann, was er alles weiß. Das ist für viele ein Trost, obgleich die Irritation über das eigene Nichtwissen nicht ganz aufgelöst werden kann.

Auswahl eines Phänomens (z.B. Scham, Angst, Schmerz, Hunger)

Ausgangspunkt sind die eigenen Erfahrungen. Annäherung an das Phänomen mittels sechs W-Fragen:

- Was ist...?
- Wodurch unterscheidet es sich von anderen...?
- Wie wirkt es...? (z.B. leiblich)
- Welche Spielräume hat...?
- Welche Alternativen...?
- Welche angrenzenden/verwandten Phänomene gibt es?

Methodisches Vorgehen (je nach Gruppengröße):

- 5 Minuten Stillarbeit: Jeder macht sich für sich Gedanken und schreibt sie nieder
- 10 Minuten Paararbeit: Mit dem Nachbarn zusammen die Ergebnisse austauschen und die schriftliche Niederlegung vervollständigen
- 15 Minuten in der AG: Austauschen der Ergebnisse und weitere Vervollständigung
- Zusammenfassen der Ergebnisse und Ableiten von Hypothesen
  - ➢ Dabei berücksichtigen: Wo gab es den größten Konsens, wo den größten Dissens, wo spürt man Wissens- bzw. Erfahrungsdefizite?
  - ➢ Wenn möglich: Zwischenpräsentation dieser Ergebnisse vor einer Laiengruppe und Ergänzungen durch diese

Ziel/Intention:

- Erster Umriss des ausgewählten Phänomens
- Einordnung bzw. Erkennen der jeweils dominanten Denkstrukturen (meist funktionalistische, psychologische, naturwissenschaftliche Ebenen)

Begleitende Maßnahmen:

- Interdisziplinärer Büchertisch
- Literaturcafé
- Kinobesuch oder Videoclipvorführung

Abb. 2: Auswahl eines Phänomens (Charlotte Uzarewicz ©)

3.4 Literaturstudium und interdisziplinäre Analyse des Phänomens

Nachdem das eigene bisherige Wissen ausgegraben und durch die anderen Gruppenmitglieder erweitert worden ist, gilt es nun, sich auf den üblichen wissenschaftlichen Weg zu begeben und sich neues Wissen durch intensives Lesen anzueignen. Dabei soll das Phänomen aus möglichst konträren Perspektiven beschrieben werden – auch wenn diese zunächst widersprüchlich erscheinen; deswegen ist interdisziplinäre Literatur notwendig. Bei der Darstellung der Umgangsformen mit dem Phänomen sowie der Bedeutung des Phänomens in verschiedenen Kontexten kann die Differenzierung in Handlungsfelder, Verhaltensmuster, Stimmungen, soziale Situationen helfen, das Phänomen umfassend zu charakterisieren (vgl. Abbildung 3). Die Differenzierung in Ist- und Sollperspektive erscheint mir dabei gerade im pflegerischen Bereich wichtig. Allzu oft verwechseln Studierende diese beiden Ebenen aus einem moralisch gut gemeinten, sachlich aber verfehlten Perfektionsanspruch und Verwertungsinteresse.

Das Ziel in dieser zweiten Phase ist dann erreicht, wenn die AG ihr ausgewähltes Phänomen konkretisieren und charakterisieren kann und wenn sie die eigenen gewohnten Denkmuster identifiziert hat. Damit sind die Studierenden in der Lage, andere Denkungsarten aufzunehmen. Die Verunsicherungen lassen nach. Dies geht natürlich nicht ohne ausgiebiges Literaturstudium. Daher sollte ausreichend Zeit zwischen diesen letztgenannten Schritten liegen.

Literaturstudium und interdisziplinäre Analyse des Phänomens

Beschreibung des Phänomens aus verschiedenen Perspektiven und Disziplinen: Darstellung der Umgangsformen mit dem und Bedeutungen des Phänomen/s bezogen auf Handlungsfelder, Verhaltensweisen, Stimmungen, soziale Situationen.

Bearbeitungsschema:

1. Beschreibung des Phänomens, Charakterisierung, Eigenschaften: Charakterisieren Sie das Phänomen. Welche Eigenschaften hat es? Suchen Sie möglichst konträre Beispiele für die Charakterisierung, um dann das gemeinsame Fundament dieser konträren Beispiele zu identifizieren. So können Sie die wichtigsten Merkmale beschreiben.
2. Umgang mit dem Phänomen: Wie *wird* mit dem Phänomen umgegangen, welche Handlungsstrategien, Routinen, Tabus gibt es? (Ist-Beschreibung).
   - In welchen Handlungsfeldern spielen welche Eigenschaften eine Rolle?
   - Bei welchen Verhaltensweisen spielen welche Eigenschaften eine Rolle?
   - In welchen Stimmungen spielen welche Eigenschaften eine Rolle?
   - In welchen sozialen Situationen/Kontexten spielen welche Eigenschaften eine Rolle?
   - Von welchen anderen Faktoren ist das Phänomen abhängig bzw. beeinflusst?
3. Wie *sollte/könnte* mit dem Phänomen Ihrer Meinung nach umgegangen werden? (Soll-Beschreibung). Dieser Schritt dient als Kontrolle des eigenen Denkens, um den gewünschten Umgang mit dem Phänomen dazulegen.

Methodisches Vorgehen:
- Möglichst konträre Beispiele für die Charakterisierung finden
- Das gemeinsame Fundament dieser konträren Beispiele herausarbeiten
- Zusammenfassung der Ergebnisse und Charakterisierung des Phänomens: Wie lauten die wichtigsten Erkenntnisse?

Ziel/Intention:
- Konkretisierung der Fragestellung bzw. Problemstellung rund um das ausgewählte Phänomen
- Erkennen anderer als die eigenen gewohnten Denkmuster und Verständnisweisen sowie Relativierung des bisher Gekannten
- Erweiterung der eigenen Denkperspektiven
- Erkennen der Grundzüge des Phänomens

Abb. 3: Literaturstudium und interdisziplinäre Analyse (Charlotte Uzarewicz ©)

3.5 Kritisch-reflexive Zusammenschau und Gewinnung neuer Erkenntnisse

Die Arbeit vom vorhergehenden Schritt wird hier weiter und zu Ende geführt. Die zentralen Merkmale, die bislang aus den konträren Beispielen herausgefiltert worden sind, werden jetzt zurück gebunden an andere, neue Beispiele. Damit wird überprüft, ob es sich wirklich um die zentralen Merkmale handelt, oder ob hier noch eine Modifikation stattfinden muss. Die Seminarleitung in ihrer Moderationsfunktion gibt Tipps und Hinweise – nun auch für eine möglichst themengerechte Präsentationsform. Z.B. kann man bei der Darstellung des Phänomenbezirks Kleidung tatsächlich eine theoretisch reflektierte und kommentierte ‚Modenschau' als Präsentationsform wählen, in der ersichtlich wird, was Kleidung ist, welche Wirkungen sie auf psychologischer, sozialer und leiblicher Ebene hat und warum. Beim Thema Essen und Trinken kann der Seminarraum zu einem Speisesaal oder einer Tafel werden. In der kreativen Vorbereitung auf die Präsentation werden nochmals bestimmte Aspekte des Phänomenbereichs sowie die eigenen Prioritätensetzungen deutlich. Auch bietet es sich an, ‚themenspezifische Exkursionen' zu unternehmen, um die theoretisch fundierten Erkenntnisse an Praxisbeispielen zu untermauern. Beim Thema Licht wäre z.B. eine Exkursion in verschiedene Eingangshallen von öffentlichen Gebäuden (oder nur Kliniken) denkbar, für das Thema Ekel findet sich im Internet oder auch in der belletristischen Literatur ausreichend Anschauungsmaterial, welches nicht aus dem klinischen Bereich stammt. Derart an *lebensweltliche Ausschnitte* zurück gebunden, können sich die gewonnen Erkenntnisse etablieren. Die subjektive Erweiterung des Wissenshorizontes wird jetzt bewusst. Ideen zur Umsetzung im beruflichen Feld stellen sich wie von selbst ein (vgl. Abbildung 4). Das wird oft als lustvoll an einem solchen Lernprozess erlebt.

Kritisch-reflexive Zusammenschau und Gewinnung neuer Erkenntnisse bezogen auf das ausgewählte Phänomen und den Phänomenbezirk

- Fähigkeit zur Arbeit an und mit Phänomenen
- Fähigkeit zur Erstellung einer Ist-Soll-Analyse bezogen auf relevante Handlungsfelder rund um das Phänomen
- Fähigkeit zur Übertragung auf ein Praxisfeld

Methodisches Vorgehen:
- Austausch im Forscherteam
- Verschriftlichung der Erkenntnisse (als wissenschaftlicher Text, Essay)
- Lesen des Selbstgeschriebenen mit zeitlichem Abstand
- ‚Veröffentlichung'/Präsentation der Erkenntnisse durch wissenschaftliche oder kreative Ausdrucksformen

Ziel/Intention:
- Erkenntnisgewinn
- Sensibilisierung für das Praxisfeld und den Arbeitsalltag
- Fähigkeit, Innovationen zu erkennen, einzuleiten und umzusetzen
  - ➢ im didaktisch-pädagogischen Bereich
  - ➢ im Managementbereich
  - ➢ im theoretisch-wissenschaftlichen Bereich

Abb. 4: Kritisch-reflexive Zusammenschau und Gewinnung neuer Erkenntnisse (Charlotte Uzarewicz ©)

3.6 Präsentation und Evaluation

Am Schluss eines solchen phänomenologischen Arbeitsprozesses stehen meist sehr abwechslungsreiche Präsentationen. Verschiedene Gruppen haben unterschiedliche Phänomene bearbeitet und präsentieren diese auf verschiedene Weisen. Die Seminarleitung unterstützt bei der Raum- und Medienorganisation und achtet auf die Einhaltung eines vorher fest gelegten Zeitrahmens. Für eine Präsentation werden nicht mehr als 20-30 Minuten benötigt, um die wesentlichen Erkenntnisse darzulegen. Da alle den gleichen Arbeitsprozess durchlaufen haben, ist der Erkenntnisweg leicht nachvollziehbar. Die ‚Forscher/innen' sind mit dem Zeitrahmen auch gehalten, das für sie Bedeutungsvollste herauszustellen und zu präsentieren und nicht den gesamten Lernprozess. Der bleibt ihnen unbenommen. So hat jeder an verschiedenen Themen Neues gelernt und vor allen Dingen ist man der eigenen Denkweise ein wenig auf die Schliche gekommen. Da das Lernen ein eigenständiger Prozess gewesen ist, ist die Nachhaltigkeit garantiert. Phänomenologisch gesprochen kann die Seminarleitung nicht den Anspruch haben, zum ‚Wesen' eines Phänomens vorgedrungen zu sein. Vielmehr stehen hier die ‚Nebenwirkungen' im Zentrum des Interesses: Das eigene Denken zu durchschauen, die Lücken zu sehen und Neues dazu gelernt zu haben. Schon allein das reicht aus, um den Blick für die Pflegerealitäten zu sensibilisieren.

Natürlich darf am Ende eines solch intensiven Lernprozesses die Evaluation nicht ausbleiben. Dabei hat sich neben den üblichen Verfahren bewährt, dass die Seminarleitung die Ergebnisse der ersten Kreativitätsübung (z.B. Kurzgeschichten oder Landkarten) als Blaupause präsentiert, um gemeinsam den Lernprozess nachzuvollziehen und den gesamten Verlauf zu evaluieren.

Das Ziel ist erreicht, wenn jeder/jede einen Erkenntnisgewinn für sich behaupten kann, wenn den Lernenden ihre üblichen Denkmuster und versteckten Selbstverständlichkeiten, die immer auch Wertungen beinhalten, deutlich geworden sind. Dann sind sie auch in der Lage, ihre Praxis mit anderen Augen zu sehen; dies ist eine zentrale Voraussetzung, um innovativ sein zu können; sei es nun im pflegepraktischen, im pädagogischen, im manageriellen oder im wissenschaftlichen Bereich.

Literatur

ARTID (2010): Wie man in der Erwachsenenbildung mit künstlerischen Mitteln Fähigkeiten bilden und Lernprozesse unterstützen kann. Impressionen und Beispiele aus dem Grundtvig Projekt "Identity and Difference – Creative Artistic Exercises as Didactic Support in Adult Education". GAB, München

Böhme, Gernot (1997): Phänomenologie der Natur – ein Projekt. In: Böhme, Gernot & Schiemann, Gregor (Hg.): Phänomenologie der Natur. Suhrkamp, Frankfurt am Main: 11-43

Bossle, Michael / Beer, Monika / Geyer, Maren / Gründfeldt, Lena / Stark, Jessica & Zeller, Sabine (2010): Licht und Farbe – Phänomenologie in Anwendung. Arbeitsergebnisse und Reflexionen. In: Padua, Jg. 2, 1: 14-22

Brater, Michael & Wagner, Jost (2011): Die Erweiterung der Erwachsenenbildung durch künstlerische Praxis. Ein Handbuch. GAB, München

Brater, Michael / Freygarten, Sandra / Rahmann, Elke & Rainer, Marlies (Hg.) (2011): Kunst als Handeln – Handeln als Kunst. Was die Arbeitswelt und Berufsbildung von Künstlern lernen können. Beiträge zu Arbeit – Lernen – Persönlichkeitsentwicklung. wbv, Bielefeld

DWDS-Wörterbuch: Digitales Wörterbuch der deutschen Sprache (o.J.): Phänomen. Version: etymwb-1.0.12. Berlin-Brandenburgische Akademie der Wissenschaften. http://www.dwds.de/?qu=phänomen (10.08.2012)

Husserl, Edmund (1993): Arbeit an den Phänomenen. Ausgewählte Schriften. Hrsg. und mit einem Nachwort versehen von Bernhard Waldenfels. Fischer, Frankfurt am Main

Lamnek, Siegfried (1995): Qualitative Sozialforschung. Band 1 Methodologie. Beltz, Weinheim

Mahayni, Ziad (2003): Feuer, Wasser, Erde, Luft. Eine Phänomenologie der Natur am Beispiel der vier Elemente. Ingo Koch, Rostock

Munz, Claudia / Wagner, Jost & Hartmann, Elisa (2012): Die Kunst der guten Dienstleistung. Wie man professionelles Dienstleistungshandeln lernen kann. Beiträge zu Arbeit – Lernen – Persönlichkeitsentwicklung. wbv, Bielefeld

Schmitz, Hermann (1998): System der Philosophie. Band 1: Die Gegenwart. Bouvier, Bonn

Schmitz, Hermann (2003): Was ist Neue Phänomenologie? Ingo Koch, Rostock

Spitzer, Manfred (2006): Lernen. Gehirnforschung und die Schule des Lebens. Spektrum, Heidelberg

Treibel, Annette (1993): Einführung in soziologische Theorien der Gegenwart. Leske + Budrich, Opladen

Uzarewicz, Charlotte (2010): Zwischen Subjektivität und Wissenschaftlichkeit. Phänomenologische Methode in der Pflegebildung – eine Annäherung. In: Padua, Jg. 2, 1: 6-13

Uzarewicz, Charlotte (2003): Transkulturalität und Interaktion. Theorie, Methodik, Praxis. In: Sing, Dorit & Kistler, Ernst (Hg.): Lernfeld Altenpflege. Praxisprojekte zur Verbesserung der Dienstleistung an und mit alten Menschen. Rainer Hampp, Mering: 159-172

Van der Leeuw, Gerardus (1933): Phänomenologie der Religion. Mohr, Tübingen

Welsch, Wolfgang (1998): Ästhetisches Denken. Reclam, Stuttgart

Auf dem Weg zum Gesund-Sein. Gesundheitsförderung lernen und gesundheitsfördernd lehren

Monika Fröschl

1. Gedanken zum Gesund-Sein

Die Weltgesundheitsorganisation (WHO) schlägt in ihrer Definition von 1948[1] erstmals eine Richtungsänderung von der pathogenetischen zur salutogenetischen Orientierung ein, indem Gesundheit als *ein Zustand vollkommenem körperlichen, seelisch-geistigen und sozialen Wohlbefindens und nicht allein als Fehlen von Krankheit oder Gebrechen* definiert wird. Die Aussage, dass umfassendes somatopsychosoziales (körperliches, seelisches und soziales) Wohlbefinden mit Gesundheit gleichzusetzen ist, stellt einen veränderten Blickwinkel dar, der nicht von der Krankheit, sondern von der Gesundheit ausgeht. Ergänzungsbedürftig ist dieser Begriff um ein Wohlbefinden im spirituellen Bereich. Aber es bleibt ein Rest der Negativ-Definition von Gesundheit übrig: ‚nicht allein das Fehlen von Krankheit oder Gebrechen'. Das Wort Zustand suggeriert zudem, dass Gesundheit etwas Statisches ist. Das Werden von Gesundheit, die Veränderung des Wohlbefindens im Laufe des Tages oder der Woche findet keinen Ausdruck. Und: Wer ist schon ‚vollkommen' gesund? Die Begriffsbestimmung suggeriert die Erreichbarkeit eines Idealzustandes (Fröschl 2000: 1).

„Gesundheit ist [...] ein Weg, der sich erst bildet, wenn man ihn geht." Dieses Zitat des Medizinhistorikers und Psychosomatikers Heinrich Schipperges (1982: 144) weist auf eine kontinuierliche Gestaltbarkeit des Gesund-Seins im Leben hin. Als Metapher verwendet er hierfür den Weg. Ein Weg mit vielen Abzweigungen, Übergängen und Richtungen, Krisen und Konflikten, Scheidewegen, die Alternativen möglich und Entscheidungen notwendig machen; ein Weg mit Grenzen, aber auch hohen Bergen und unendlichem Meer, mit Abgründen und blühenden Wiesen im Leben. Diesen Weg gehe ich jedoch nicht alleine, sondern inmitten meiner Mitwelt und Umwelt. Victor von Weizsäckers Aussage geht in die gleiche Richtung: „Die Gesundheit eines Menschen ist eben nicht ein Kapital, das man aufzehren kann, sondern sie ist überhaupt nur dort vorhanden, wo sie in jedem Augenblick des Lebens erzeugt wird. Wird sie nicht erzeugt, dann ist

---

[1] Die englische Definition findet sich im zweiten Abschnitt der Verfassung der WHO, die 1946 von der Internationalen Gesundheitskonferenz angenommen wurde und 1948 in Kraft trat (WHO 2006). Eine deutschsprachige Version der Verfassung sowie weitere wichtige Dokumente der Gesundheitsförderung finden sich z.B. in Franzkowiak & Sabo (1998).

der Mensch bereits krank" (Weizsäcker 1955: 67). Gesund-Sein ist damit ein Prozess des aktiven Umgangs mit der erlebten Umwelt zum Zweck der persönlichen Verwirklichung in sozialer und kultureller Einbettung (Erben et al. 1986: 66).

Gesundheit wird nicht selten als abstrakter Begriff ‚gehandelt'. Die Entpersonifizierung von Gesundheit und Krankheit spiegelt sich in vielen Bereichen der modernen Medizin wider. Wir sind auf dem Weg zum machbaren Produkt ‚Gesundheit'. Der Markt der Wellness-Angebote quillt heute über.

Anders die systemische Sichtweise: „Gesundheit ist ein Gefühl des Wohlbefindens als Ergebnis dynamischer Ausgeglichenheit der physischen und psychischen Aspekte des Organismus sowie seines Zusammenwirkens mit seiner natürlichen und gesellschaftlichen Umwelt." (Capra 1996: 361) Der Subjektbezug ist hier deutlich ausgedrückt. „Das, was Menschen unter Gesundheit verstehen oder mit Gesundheit assoziieren, ist von ihrem gesellschaftlich-kulturellen Hintergrund abhängig. Damit prägen Faktoren wie Lebensphase, Alter, soziale Herkunft, Bildungsgrad, Geschlecht, Erziehung und die Strukturen des Gesundheitswesens das Gesundheitsverständnis des einzelnen und von Gruppen" (BMBF 1997: 5). Dabei schließt Gesund-Sein Aspekte des angemessenen Umgangs mit Krankheit, Sterben und Tod ein. Gesund-Sein ist dann gelingendes Leben, das Gestaltungskraft und Bewältigungsfähigkeit integriert (Paulus 1992: 109; Schaefer 1998). Immer deutlicher wird, dass es wichtig ist, die spirituelle Dimension von Gesund-Sein und Krank-Sein einzubeziehen (Frick et al. 2009). Dieses Verständnis macht es auch Frauen und Männern mit Behinderungen oder chronischer Krankheit möglich, gesund zu sein; eine Erfahrung, die die langjährige Begleitung von Menschen mit HIV und AIDS bestätigt. Trotz der lebensbedrohlichen Krankheit ist es (phasenweise) möglich, sich sehr wohl zu fühlen. Es wird also immer deutlicher, dass individuelle Vorstellungen von Gesundheit und individuelles Handeln im Umgang mit Gesundheit und Krankheit eine zentrale Bedeutung haben.

In Abwandlung des Zitates von Schipperges ließe sich sagen: Gesund-Sein ist ein gestaltbarer Weg, der sich bildet, indem ich ihn in der Umwelt gemeinsam mit anderen gehe. Wohlbefinden kann dabei sowohl Resultat als auch Voraussetzung für das Gehen sein. Diese Vorstellung macht Entwicklungen möglich. Entwicklungen, die im Bereich der Pflege mit der sich derzeit radikal ändernden Ausbildungssituation vonnöten sind. Auch die Orientierung zum Gesund-Sein ist im Gesetz über Berufe in der Krankenpflege (Krankenpflegegesetz) vom 16. Juli 2003 an der neuen Berufsbezeichnung Gesundheits- und Krankenpflege bzw. Gesundheits- und Kinderkrankenpflege ablesbar. Die Umsetzung des Ansatzes in die Praxis steckt jedoch noch in den Kinderschuhen, obwohl er im Curriculum der Pflegeausbildung festgelegt ist. Ein neues spirituell-systemisches Modell von Gesund-Sein kann hierbei sehr hilfreich sein (siehe Abbildung 1).

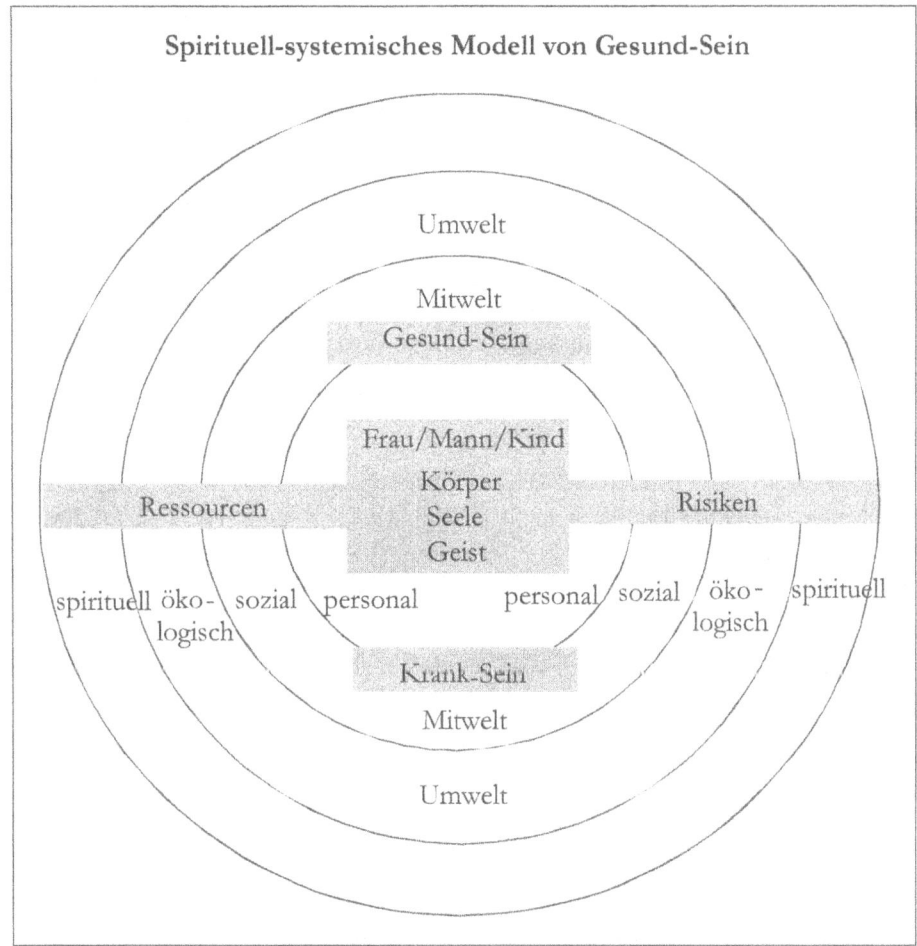

Abb. 1: Spirituell-systemisches Modell von Gesund-Sein (Monika Fröschl ©)

Unsere Sehgewohnheiten nutzend (von links nach rechts und von oben nach unten) zeigt dieses Modell den gesundheitsfördernden Blickwinkel: Aus der Perspektive der spirituellen, ökologischen, sozialen und personalen Ressourcen sowie aus der des Gesund-Seins von Mann/Frau/Kind wird auf die Seite der Risiken und des Krank-Seins geblickt. Eckhard Schiffer (2001) nennt diese salutogenetische Perspektive *Schatzsuche statt Fehlerfahndung*. Es stellt zudem das Individuum in seinem Sein in den Mittelpunkt – das Sein, das sich im Alltag und der jeweiligen Lebenswelt verwirklicht.

Im Folgenden soll anhand der fünf Handlungsstrategien und der drei Handlungsqualifikationen der Ottawa-Charta der WHO (1986) Lernen und Lehren in der Pflege gesundheitsfördernd beleuchtet werden. Die Ottawa-Charta wurde von der ersten Internationalen Konferenz zur Gesundheitsförderung 1986 verabschiedet. Sie ist bis heute das zentrale Dokument der WHO, um weltweit Gesundheitsförderung zu begründen. Sie bietet in ihren grundlegenden Aussagen und den Handlungsstrategien und -qualifikationen die wegweisende Richtlinie für gesundheitsfördernde Maßnahmen.

Eine zentrale Aussage der Ottawa-Charta bezieht sich auf Gesundheitsförderung als einen *Prozess, der allen Menschen ein höheres Maß an Selbstbestimmung über ihre Gesundheit ermöglicht* (WHO 1986: 1). Zentrale Begriffe sind hierbei die Betonung des Prozesshaften von Gesund-Sein und Gesundheitsförderung sowie der Selbstbestimmung. Dies bedeutet, dass Maßnahmen der Gesundheitsförderung dem einzelnen, sich entwickelnden Individuum in seiner spezifischen, sich verändernden Umwelt angepasst sein müssen. Selbstbestimmung zielt auf eine aktive Beteiligung – *Partizipation* – an der Planung und Gestaltung von Maßnahmen ab. Selbstbestimmung im Sinne der Ottawa-Charta bedeutet, Mann oder Frau, Mädchen oder Jungen, Pflegelernende oder -lehrende als Experten bzw. Expertinnen für ihre Gesundheit zu sehen. Daraus resultiert wiederum ein besonderes Anforderungsprofil an die Fähigkeiten der professionell Handelnden. Dies beinhaltet, dass die Pflegefachkraft die Konzepte zum Gesund-Sein der zu Pflegenden kennt und in die eigene Handlungsplanung einbezieht. Gerade Menschen mit chronischer Krankheit verfügen oft über ein differenziertes Wissen, das dem der Fachfrau überlegen sein kann. Dann geht es darum, gemeinsam persönliche Kompetenzen für ein alltagsbezogenes Gesundheitshandeln zu entwickeln oder zu verfeinern und in die jeweilige Lebenswelt zu integrieren. Für die Umsetzung sind drei Ebenen von zentraler Bedeutung: die personale Perspektive, die Lebensweisen und die Lebensbedingungen. Als Ausgangspunkt für eine umfassende Gesundheitsförderung ist eine Analyse der aktuellen Lebenssituation, der subjektiven Gesundheitsvorstellungen, der etablierten gesundheitsbezogenen Handlungen, der individuellen Motive und Lebensziele, einschließlich deren sozialer und biographischer Einbettungen, erforderlich (Faltermaier et al. 1998: 200).

Gesundheitsförderung ist ein komplexer sozialer und politischer Prozess, der über individuelle Fragestellungen hinaus darauf abzielt, soziale, ökonomische und kulturelle Umweltbedingungen im Sinne des Gesund-Seins zu verändern.

2. Handlungsstrategien gesundheitsfördernden Lernens

Persönliche Kompetenzen und Fähigkeiten entwickeln:
Synonym zu verwenden ist der Begriff der Alltagskompetenzen und -fähigkeiten (Life Skills), die der Anpassung und dem Gesundheitshandeln dienen, die es Individuen ermöglichen, mit den Anforderungen und Herausforderungen des Lebens wirksam umzugehen. Es sind individuelle, zwischenmenschliche, kognitive und körperliche Fähigkeiten und Kompetenzen wie u.a. die Fähigkeit, Entscheidungen zu treffen und Probleme zu lösen, kreatives und kritisches Denken, Selbstwahrnehmung und Einfühlsamkeit, Kommunikationsfähigkeiten und Fähigkeit zu zwischenmenschlichen Beziehungen sowie das Bewältigen und Umgehen können mit Emotionen und Stress (WHO 1998: 6).

Für die Lernenden und Lehrenden bedeutet dies, eine *alltagstaugliche Art der Selbstpflege* zu erlernen. Gerade in den sich neu entwickelnden dualen Studiengängen, wo es um die Integration von Studium, Lehre und Privatleben geht, ist dies von entscheidender Bedeutung.

Gesundheitsbezogene Gemeinschaftsaktionen unterstützen:
Eine Gemeinschaftsaktion ist eine Anstrengung im Hinblick auf eine zunehmende Kontrolle der Determinanten von Gesundheit einer spezifischen Gruppe. Diese Gruppe teilt Kultur, Werte und Normen und die entsprechend bestimmten Beziehungen, die über die Zeit hinweg in der Gemeinschaft entstanden sind. Durch diese aktive Beteiligung (Partizipation) bieten die Individuen und die Gruppe soziale Unterstützung (WHO 1998: 9).

Zentrale Frage hierbei ist, wie in einer studentischen Arbeitsgruppe *Synergieeffekte und Lernen im Team* wirklich werden können. Projektarbeit bietet sich als praktische Umsetzungsstrategie an.

Gesundheitsförderliche Lebenswelten schaffen:
Gesundheitsförderliche Lebenswelten bieten Schutz vor Gesundheitsgefahren und befähigen Menschen, ihre Fähigkeiten auszuweiten und Selbstvertrauen in Bezug auf gesundheitliche Belange zu entwickeln. Lebenswelten sind Orte, an denen Menschen leben: die Gemeinde, ihr Zuhause, Orte, an denen sie arbeiten, spielen und ihre Freizeit verbringen. Sie bieten Ressourcen für Gesundheit und die Möglichkeit zu selbstbestimmtem Handeln (WHO 1998: 13).

Die Ottawa-Charta hat wesentliche Impulse für den *Setting-Ansatz* der Gesundheitsförderung geliefert. Ein Setting ist dabei ein Ort oder ein sozialer Kontext, in dem Menschen ihren Alltagsaktivitäten nachgehen, indem sie die Umwelt aktiv nutzen und gestalten und dadurch gesundheitsbezogene Probleme erzeugen oder lösen. Settings können daran identifiziert werden, dass sie eine Gruppe von Menschen mit definierten Rollen in einer begrenzten Organisationsstruktur umfassen. Beispiele für Settings sind Schulen, Arbeitsstätten, Krankenhäuser, Dörfer und Städte (WHO 1998: 23).

Das aus der Ottawa-Charta entstandene Netzwerk gesundheitsfördernder Krankenhäuser oder Hochschulen[2] bietet wertvolle Hinweise für die Gestaltung einer gesundheitsfördernden Lebenswelt. Dabei setzt die Gesund-Seins-Förderung auf verschiedenen Ebenen in der Institution an, Mitarbeiterinnen und Mitarbeiter sind eine davon (siehe Abbildung 2). Konduzentinnen meinen dabei die Adressatinnen der Angebote: im Krankenhaus Patientinnen, an der Hochschule Studierende.

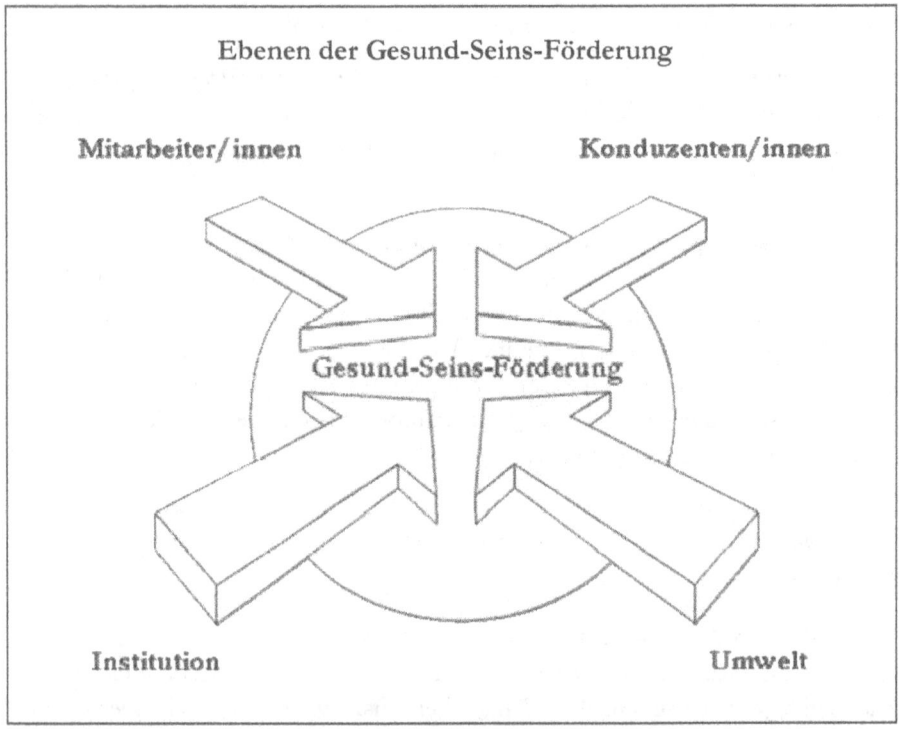

Abb. 2: Ebenen der Gesund-Seins-Förderung (Monika Fröschl ©)

---

[2] Vgl. Deutsches Netz Gesundheitsfördernder Krankenhäuser und Gesundheitseinrichtungen (www.dngfk.de); Arbeitskreis Gesundheitsfördernde Hochschulen (www.gesundheitsfoerdernde-hochschulen.de).

Gesundheitsfördernde Gesamtpolitik schaffen:
Eine gesundheitsförderliche Gesamtpolitik ist gekennzeichnet durch eine ausdrückliche Sorge und Verantwortlichkeit für Gesundheit in allen Politikbereichen mit dem Ziel der Schaffung von unterstützenden Lebenswelten und Umwelten (WHO 1998: 12). Mit dem § 20a SGB V[3] ist auch die betriebliche Gesundheitsförderung (BGF) in den Leistungskatalog der Gesetzlichen Krankenkassen aufgenommen worden. Damit ergeben sich neue Perspektiven für die Gesundheitsförderung an Hochschulen, Krankenpflegeschulen und Einrichtungen, in denen professionelle Pflege tätig ist. Es geht in der Praxis um *die Etablierung der BGF in den Einrichtungen.*

Gesundheitsdienste neu orientieren:
Diese Neuorientierung ist dadurch charakterisiert, dass in der Art, wie das Gesundheitssystem organisiert und finanziert wird, ausdrücklich Gewicht auf die Erreichung von bevölkerungsbezogenen Gesundheitsergebnissen gelegt wird. Gesundheitsergebnisse werden üblicherweise durch die Messung von Gesundheitsindikatoren, wie z.B. Lebensqualität, Alltagskompetenzen und Alltagsfähigkeiten, aber auch durch die Auswertung von politischen Maßnahmen bewertet. Dabei könnten Aktivitäten von anderen gesellschaftlichen Sektoren wirksamer sein, als die des Gesundheitssektors (WHO 1998: 15, 21). Diese Neuorientierung umfasst eine deutlich stärkere Gewichtung der Gesundheitsförderung. Ambulante und stationäre Pflege sowie die Ausbildung sollten sich verstärkt am *neuen Feld der Gesundheitspflege* orientieren.

Gesundheit wird nach dem Verständnis der Ottawa-Charta als ein wesentlicher Bestandteil des täglichen Lebens gesehen und nicht als vorrangiges Lebensziel. Dabei steht Gesundheit für ein positives Konzept, das die Bedeutung sozialer und individueller Ressourcen ebenso betont wie die körperlichen Fähigkeiten.

3. Handlungsqualifikationen für die Lehre

Befähigen und ermöglichen (Enabling)
Um das größtmögliche Gesundheitspotential verwirklichen zu können, werden eine unterstützende soziale Umwelt, Information und praktische Fähigkeiten benötigt, in einer Atmosphäre, die eine eigene Entscheidungsfindung möglich

---

[3] „§ 20a Betriebliche Gesundheitsförderung
(1) Die Krankenkassen erbringen Leistungen zur Gesundheitsförderung in Betrieben (betriebliche Gesundheitsförderung), um unter Beteiligung der Versicherten und der Verantwortlichen für den Betrieb die gesundheitliche Situation einschließlich ihrer Risiken und Potenziale zu erheben und Vorschläge zur Verbesserung der gesundheitlichen Situation sowie zur Stärkung der gesundheitlichen Ressourcen und Fähigkeiten zu entwickeln und deren Umsetzung zu unterstützen. [...]"
(SGB V 1998, § 20a).

macht. Betont werden soll dabei die Befähigung zu selbstbestimmtem Handeln im Sinne des Empowerment durch die Mobilisierung von Ressourcen. Fachleute und andere Gesundheitsaktivistinnen haben dabei eine Katalysator-Rolle inne. „Diese Rolle erfüllen sie dadurch, dass sie Zugang zu gesundheitsrelevanten Informationen eröffnen, die Entwicklung von Kompetenzen unterstützen und Zugang zu solchen politischen Prozessen unterstützen, in denen gesundheitsrelevante öffentliche Politiken geschaffen werden" (WHO 1998: 6).

Für die Lehre bedeutet dies konkret an den Fähigkeiten der Studierenden anzusetzen sowie ihre Praxiserfahrungen und Bedürfnisse in die Lehre einzubeziehen.

Da Gesundheitsförderung bei mir anfängt, gilt es die eigenen Einstellungen und Haltungen als Lehrende zu hinterfragen. Lehre mit hohem Zeitdruck und das Sprechen über Körperrhythmen, Pausen und Entschleunigung ist ein Widerspruch in sich. Es gilt tatsächlich zu tun, was ich sage: Es geht um Wahr-Nehmen und eine besondere Art zu hören, zu sehen und zu fühlen (vgl. Haslinger-Baumann & Mayer 2009: 243; Brieskorn-Zinke 2004). Eine Möglichkeit zum Erlernen dieses Wahr-Nehmens bietet die Arbeit mit Symbolen wie dem Labyrinth (Fröschl 2009).

Gerade in der Pflege, in der der Umgang mit dem Leib und seinen Bedürfnissen eine zentrale Rolle spielt, ist die Selbsterfahrung und -reflexion ein wichtiger, eigentlich erster Schritt. Dazu gehört ein grundlegendes Vertrauen in das Leben und die Potentiale der Menschen (Fröschl 2010). Im salutogenetischen Ansatz von Aaron Antonovsky, der die Frage *Was erhält Menschen gesund?* in den Mittelpunkt stellt, ist der Sense of Coherence im Wesentlichen durch das Vertrauen charakterisiert. Dabei bezeichnet der Sense of Coherence eine „globale Orientierung, die ausdrückt, in welchem Ausmaß man ein durchdringendes, andauerndes und dennoch dynamisches Gefühl des Vertrauens hat, dass

1. die Stimuli, die sich im Verlauf des Lebens aus der inneren und äußeren Umgebung ergeben, strukturiert, vorhersehbar und erklärbar sind

2. einem die Ressourcen zur Verfügung stehen, um den Anforderungen, die diese Stimuli stellen, zu begegnen

3. diese Anforderungen Herausforderungen sind, die Anstrengung und Engagement lohnen" (Antonovsky 1997: 34-36).

Interessen vertreten (Advocacy)
Durch ein aktives anwaltschaftliches Eintreten sollen professionell Handelnde Umwelt- und Verhältnisfaktoren im Auftrag von Individuen und Gruppen positiv beeinflussen. Aber auch Individuen und Gruppen sind aufgefordert, politische Verantwortung zu übernehmen. Das Ziel ist die Schaffung von Lebensbedingungen, die für das Gesund-Sein und das Erlangen gesunder Lebensstile för-

derlich sind. Lebensbedingung bezeichnet dabei die alltägliche Umwelt. Diese ist das Ergebnis von sozialen und ökonomischen Umständen sowie der physikalischen Umwelt. Lebensstil ist eine Lebensweise, die auf identifizierbaren Verhaltensmustern als Ergebnis der Wechselwirkung von Persönlichkeitsmerkmalen und der Lebensbedingungen beruht (WHO 1998: 19). Es gilt verstärkt, strukturelle Grundbedingungen für eine gesundheitsfördernde Lehre zu berücksichtigen. Es geht darum, anregende Lernbedingungen zu schaffen, die ein Gesund-Seins-Lernen begünstigen. Dies geht von einer guten Pausenkultur bis zur Gestaltung der Lehrräume.

Vermitteln und vernetzen (Mediation)

Zu einer effektiven Gesundheitsförderung ist eine breite Kooperation über den Gesundheitssektor hinaus vonnöten. Für diese interdisziplinäre Zusammenarbeit muss in der Gesundheitsförderung gesorgt werden. „In der Gesundheitsförderung ist Vermittlung der Prozess, durch den die verschiedenen Interessen (persönliche, soziale und ökonomische) von Individuen und Gemeinschaften sowie unterschiedlichen Sektoren (öffentlichen und privaten) in einer Art und Weise in Einklang gebracht werden, dass Gesundheit gefördert und geschützt wird" (WHO 1998: 25). Diese Aussage birgt ein großes Konfliktpotential zwischen unterschiedlichen Interessen.

Lehrinhalte aus verschiedenen Bereichen sollten in die Gesundheitsförderung einfließen. Um beispielsweise die spirituellen Aspekte von Gesund-Sein einzubeziehen, sind philosophische, ethische und religiöse Fragen von Bedeutung. Als Zukunftsperspektive werden sich neue Felder für die professionelle Pflege im Bereich der Pflegeberatung als Beratung zum Gesund-Bleiben, der Förderung der Gesundheit von Jugendlichen und der betrieblichen Gesundheitsförderung, insbesondere in ambulanten Einrichtungen des Gesundheitswesens, erschließen.

Literatur

Antonovsky, Aaron (1997): Salutogenese. Zur Entmystifizierung der Gesundheit. Deutsche Übersetzung von Alexa Franke. (Original: Unraveling the Mystery of Health. How People manage Stress and stay well. 1987). Deutsche Gesellschaft für Verhaltenstherapie, Tübingen

BMBF Bundesministerium für Bildung, Wissenschaft, Forschung und Technologie (Hg.) (1997): Gesundheit und allgemeine Weiterbildung: Beitrag zu einer neuen Perspektive der Gesundheitsförderung. BMBF, Referat für Öffentlichkeitsarbeit, Bonn

Brieskorn-Zinke, Marianne (2004): Gesundheitsförderung in der Pflege. Ein Lehr- und Lernbuch zur Gesundheit. Kohlhammer, Stuttgart

Capra, Fritjof (1996): Lebensnetz. Ein neues Verständnis der lebendigen Welt. Scherz, Bern

Erben, Rosmarie / Franzkowiak, Peter & Wenzel, Eberhard (1986): Die Ökologie des Körpers. Konzeptionelle Überlegungen zur Gesundheitsförderung. In: Wenzel, Eberhard (Hg.): Die Ökologie des Körpers. Suhrkamp, Frankfurt am Main: 13-120

Faltermaier, Toni / Kühnlein, Irene & Burda-Viering, Martina (1998): Gesundheit im Alltag. Laienkompetenz in Gesundheitshandeln und Gesundheitsförderung. Juventa, Weinheim

Franzkowiak, Peter & Sabo, Peter (Hg.) (1998): Dokumente der Gesundheitsförderung. Internationale und nationale Dokumente und Grundlagentexte zur Entwicklung der Gesundheitsförderung im Wortlaut und mit Kommentierung. Peter Sabo, Mainz

Frick, Eckhard & Roser, Traugott (Hg.) (2009): Spiritualität und Medizin. Gemeinsame Sorge für den kranken Menschen. Kohlhammer, Stuttgart

Fröschl, Monika (2010): Gesund durch Vertrauen – ein Lebensprinzip. Don Bosco, München

Fröschl, Monika (2009): Die heilende Kraft des Labyrinths. Don Bosco, München

Fröschl, Monika (2000): Gesund-Sein. Integrative Gesund-Seins-Förderung als Ansatz für Pflege, Soziale Arbeit und Medizin. Lucius & Lucius, Stuttgart

Haslinger-Baumann, Elisabeth & Mayer, Hanna (2009): Gesundheitsförderung als Aufgabe der professionellen Pflege. In: Spicker, Ingrid & Lang, Gert (Hg.): Gesundheitsförderung auf Zeitreise. Herausforderungen und Innovationspotenziale auf dem Weg in die Zukunft. Facultas, Wien: 240-250

Paulus, Peter (Hg.) (1992): Prävention und Gesundheitsförderung. Perspektiven für die psychosoziale Praxis. GwG, Köln

Schaefer, Gerhard (1998): Balanceakt Gesundheit. Die Kunst, richtig zu leben. WBG, Darmstadt

Schiffer, Eckhard (2001): Wie Gesundheit entsteht. Salutogenese: Schatzsuche statt Fehlerfahndung. Beltz, Weinheim

Schipperges, Heinrich (1982): Der Arzt von morgen. Von der Heiltechnik zur Heilkunde. Severin & Siedler, Berlin

SGB V (1998): § 20a Betriebliche Gesundheitsförderung. In: BGBl. I: 2477

Weizsäcker, Viktor von (1955): Soziale Krankheit und soziale Gesundung. (2. Auflage bearbeitet von Rolf Piehler). Vandenhoeck & Ruprecht, Göttingen

WHO Weltgesundheitsorganisation (2006): Constitution of the World Health Organization. http://www.who.int/governance/eb/who_constitution_en.pdf (31.07.2012)

WHO Weltgesundheitsorganisation (1998): Glossar Gesundheitsförderung. Gesundheitsförderung, Genf

WHO Weltgesundheitsorganisation (1986): Ottawa-Charta zur Gesundheitsförderung. (Ottawa Charta for Health Promotion). http://www.euro.who.int/__data/assets/pdf_file/0006/129534/Ottawa_Charter_G.pdf (31.07.2012)

Beratung lehren. Grundsätze, Didaktik und Praxis

Peter Hammerschmid

1. Gesetzlicher Rahmen

Durch die Vorgabe des Krankenpflegegesetzes sowie der Ausbildungs- und Prüfungsverordnung werden neue Anforderungen an die Ausbildung in der Gesundheits- und Krankenpflege gestellt. Im § 3 Abs. 2 des Krankenpflegegesetzes werden erstmals eigenverantwortliche Aufgaben der Pflege festgelegt. Demnach soll die Ausbildung für die Pflege dazu befähigen, Patientinnen und Patienten und ihre Bezugspersonen in der individuellen Auseinandersetzung mit Gesundheit und Krankheit zu unterstützen, zu beraten und anzuleiten (KrPflG 2003). Damit sind diese Handlungsfelder erstmals explizit gesetzlich verankert, und es kommt diesem Thema ein besonderer und innovativer Stellenwert in der Ausbildung zu. Um die gesetzlich definierte eigenverantwortliche Aufgabe professionell auszufüllen, gibt es in der Ausbildungs- und Prüfungsverordnung für Berufe in der Krankenpflege (KrPflAPrV 2003) einen dafür speziell zugewiesenen Themenbereich. Dieser Themenbereich 3 legt folgende differenzierte Ziele fest:

„Themenbereich 3: Unterstützung, Beratung und Anleitung in gesundheits- und pflegerelevanten Fragen fachkundig gewährleisten. Die Schülerinnen und Schüler sind zu befähigen,

- Pflegebedürftige aller Altersgruppen bei der Bewältigung vital oder existenziell bedrohlicher Situationen, die aus Krankheit, Unfall, Behinderung oder im Zusammenhang mit Lebens- und Entwicklungsphasen entstehen, zu unterstützen,
- zu Maßnahmen der Gesundheitsfürsorge, zur Erhaltung, Förderung und Wiederherstellung von Gesundheit anzuregen und hierfür angemessene Hilfe und Begleitung anzubieten,
- Angehörige und Bezugspersonen zu beraten, anzuleiten und in das Pflegehandeln zu integrieren,
- die Überleitung von Patientinnen und Patienten in andere Einrichtungen oder Bereiche in Zusammenarbeit mit anderen Berufsgruppen kompetent durchzuführen sowie die Beratung für Patientinnen und Patienten und Angehörige oder Bezugspersonen in diesem Zusammenhang sicherzustellen."
(KrPflAPrV, Anlage 1 zu § 1 Abs. 1)

Die besondere Bedeutung der Pflegeinterventionen *Unterstützen, Anleiten, Beraten* wird zusätzlich dadurch unterstrichen, dass der Themenbereich 3 in der Ausbildungs- und Prüfungsverordnung zum Prüfungsgegenstand des praktischen und mündlichen Teils der Prüfung erklärt wurde (KrPflAPrV 2003, § 14). Für die Ausbildung ergibt sich hieraus die Konsequenz, dass die Lernenden mit besonderer Sorgfalt auf diesen neu definierten Aufgabenbereich vorbereitet werden müssen. In der theoretischen und praktischen Ausbildung wird diesem Themenbereich deshalb ein entsprechend großer Raum zugewiesen.

Das neue Krankenpflegegesetz löst sich von reiner Wissensvermittlung – Wissen ist nicht gleich Können – und fokussiert das Entwickeln von Handlungskompetenzen. Diese stehen im Zentrum aller Bildungsaktivitäten. Dadurch verändern sich die Lernzugänge enorm. Statt über Beratung und Beratungstheorien theoretisch zu reden, eignen sich die Auszubildenden Beratung als Handlungskompetenz an. Sie machen sie sich also zu Eigen, üben und vertiefen sie.

Das neue Krankenpflegegesetz und die Ausbildungs- und Prüfungsverordnung weisen explizit darauf hin, dass sich Pflege und – bezogen auf den Themenbereich 3 – Beratung auf alle Lebenssituationen und Lebensphasen erstrecken. Beratung ist in allen beruflichen Feldern von Bedeutung. Deshalb sollte in der Ausbildung stets das ganze Spektrum pflegerischen Handelns einbezogen werden. Hauptfokus der Pflege in allen Sektoren und Settings ist die Erhaltung und Wiederherstellung der Selbstständigkeit und Lebensqualität. Dabei werden gleichermaßen physische, psychische, soziale und spirituelle Bedürfnisse angesprochen. Pflegehandeln ist somit eine Kombination aus leibnahen, sozialen, pädagogischen und psychologischen Interventionen. Dies wird im Rahmen von Beratung besonders deutlich. Beratung kann (und soll) somit bereits während der Ausbildung nicht mehr nur dem Zufall überlassen sein, sondern einen bewussten Baustein der beruflichen Sozialisation darstellen. Für die Lehrkräfte, die sich dieser Tatsache stellen, bleibt nun die Aufgabe, wie sie sich dieser Herausforderung annehmen. Viele Fragen, sowohl theoretischer als auch praktischer Art, sind zu klären, bevor die Auszubildenden an diese Thematik herangeführt werden können. Dabei geht es um die Fragen: Was ist Beratung? Wie erfolgt sie im beruflichen Setting? Welche Kompetenzen sind dabei zwingend notwendig? Und wie sollte ein Curriculum aufgebaut sein, damit die nötigen Kompetenzen erworben und trainiert werden können?

2. Beratung in der Pflege: Begriffsdefinition

Bei der Formulierung des Themenbereichs 3 *Unterstützung, Beratung und Anleitung in gesundheits- und pflegerelevanten Fragen fachkundig gewährleisten* und der Umsetzung der Inhalte in den Rahmenlehrplänen wird die Schwierigkeit deutlich, eine klar umrissene Begrifflichkeit zu verwenden, die pädagogische Interventionen von Pflegekräften beschreibt. Der Begriff ‚unterstützen' ist so allgemein gehalten, dass im Grunde genommen jegliches pflegerisches Handeln darunter verstanden werden kann.

Beratung ist, wie in allen Professionen des Gesundheitsbereichs, ein nicht eindeutig geklärter und umrissener Begriff. Er wird häufig uneinheitlich gebraucht. Im pflegerischen Zusammenhang werden ganz unterschiedliche Termini wie Pflegeberatung, Beratungspflege, pflegerische Beratung, Patientenberatung, Beratung durch Pflegende bzw. Beratung in der Pflege benutzt. Beratung ist somit ein multifunktionaler und schillernder Begriff, der auch im Alltag vom Verkauf eines Möbels in einem Warenhaus bis zur Beratung eines Ehepaares in der Familienberatungsstelle reicht. Selbst im privaten Raum, z.B. bei der Wahl der Bekleidung, lassen wir uns unter Umständen von Freunden beraten. Aber in der Pflege wollen wir weder Gesundheit, Altersfreuden oder gute Verbände verkaufen noch Eheprobleme lösen oder die Frage nach blauem oder schwarzem Kleid als eine spezifische professionelle Tätigkeit annehmen.

Professionelle Beratung setzt ein oder ist erforderlich, wenn die individuelle Kompetenz oder das informelle Hilfenetz für die Lösung oder die Bewältigung einer krisenhaften Situation nicht mehr ausreicht oder überfordert ist. Professionelle Beratung ist also eine die allgemein menschliche Fähigkeit zur Unterstützung, zur Hilfe, zum Beistand ergänzende Tätigkeit. Der Berater kann seinen Klienten befähigen, seine Gefühle und Gedanken bezüglich einer Erfahrung oder einer Situation in einer vertraulichen Atmosphäre zu erkunden und zu verstehen.

Die British Association of Counselling (BAC) beschreibt Beratung folgendermaßen: „Das übergeordnete Ziel der Beratung ist es, dem Klienten eine befriedigende und erfülltere Lebensweise zu ermöglichen. Der Begriff Beratung umfasst das Arbeiten mit Individuen, Paaren oder Gruppen, die oft, aber nicht immer als ‚Klient' bezeichnet werden. Die Ziele der jeweiligen Beratungsbeziehungen variieren je nach den Bedürfnissen der Klienten. Beratung beschäftigt sich mit Entwicklungsprozessen und kann darin spezifische Probleme ansprechen und lösen, Klienten darin unterstützen, Entscheidungen zu treffen, Krisen zu bewältigen, Einsicht und Wissen zu gewinnen, innere Konflikte zu bearbeiten, Beziehungen zu anderen zu verbessern. Die Rolle des Beraters ist es, die Arbeit des Klienten dergestalt zu erleichtern, dass die Werte des Klienten, seine persönlichen Ressourcen und die Fähigkeit zur Selbstbestimmung respektiert werden." (Tschudin 1998: 30)[1] Einfacher erscheint es Verena Tschudin festzulegen, was Beratung *nicht* ist: „Ratschläge geben, Informationen geben, Training, Disziplinierungen,

---

[1] Übersetzung aus dem Englischen: Peter Hammerschmid.

Leiten, Empfehlungen, Überzeugen bzw. Überreden, Instruieren, analysieren."
(Tschudin 1998: 33)[2]

Aus der Sicht eines traditionellen Verständnisses von Beratung (in der Pflege) wären noch Beruhigen, Trösten, Beschwichtigen anzuführen. Alle diese Aktivitäten sind nicht Beratung, können gegebenenfalls zur Beratung führen, manche von ihnen, wie z.B. Informieren oder Beruhigen, haben einen begrenzten Stellenwert innerhalb der Beratung (Koch-Straube 2001b: 65).

3. Beratung – Therapie – Alltagsberatung – Schulung

Die Abgrenzung zwischen *Beratung* und *Therapie* ist nicht einfach, da beide eine institutionell verankerte Hilfeleistung darstellen, die zielorientiert und methodengeleitet den Prozess der Intervention gestalten. Die Grenzen bezüglich Klientel, Zielen und Methoden sind fließend. In der Therapie werden eher Menschen mit deutlichen Erlebens- und Verhaltensstörungen, die in der Persönlichkeitsstruktur verankert sind, behandelt. In der Beratung geht es eher um die begrenzten Problemsituationen einer ansonsten ‚gesunden' Persönlichkeit, die in der Überwindung oder Bewältigung dieser Probleme unterstützt wird. Beratung zielt stärker als Therapie auf die Veränderung der Umweltbedingungen des Individuums und seiner Interaktionen darin und weniger auf die Auflösung innerpsychischer Konflikte. Beide, Therapie und Beratung, haben das Ziel und die Möglichkeit (nicht Gewissheit), das Wohlbefinden, die Liebes- und Arbeitsfähigkeit des Klienten zu fördern oder wiederherzustellen. Voraussetzung dafür ist jedoch die Einwilligung des Klienten und seine aktive Teilnahme im Prozess der Interventionen.

Alltagsberatungen dagegen geschehen eher situativ und ungeplant. Sie drücken sich sowohl im Ratgeben von Freunden oder z.B. Verkäuferinnen als auch in hilfreichen Gesprächen unter vertrauten Menschen außerhalb eines professionellen und institutionellen Rahmens aus. Sie dienen dem Austausch von Erfahrungen, von Ratschlägen, von nützlichen Informationen. Sie sind nicht selten von der unreflektierten subjektiven Sichtweise und den Interessen des Ratgebenden geprägt. Sie fokussieren nicht ausschließlich auf die Situation des Ratsuchenden und provozieren dadurch oft seinen Widerstand: ‚Du hast gut reden, bei dir ist ja alles ganz anders!'

Auch wenn ihre Wirksamkeit begrenzt ist, ist Alltagsberatung aus unserem Leben nicht wegzudenken. Sie hat kontinuierlichen und wohltuenden Einfluss auf die Gestaltung des Alltags mit allen seinen Unsicherheiten und unlösbar erscheinenden Konflikten. Sie vermittelt das entlastende Gefühl, mit dem Problem nicht alleine zu sein.

---

[2] Übersetzung aus dem Englischen: Peter Hammerschmid.

Alltagsberatung finden wir jedoch nicht nur im privaten Raum. Sie gehört zum Verhaltensrepertoire der Angehörigen aller sozialen und pädagogischen Berufe, also auch der professionell Pflegenden. Auch an deren Arbeitsorten ist Alltagsberatung von Bedeutung, sie vermittelt Anteilnahme, Trost und Zugewandtheit.

Alltagsberatung birgt jedoch die Gefahr in sich, den Patienten letztlich in seiner spezifischen Problematik nicht zu erreichen und das eigene Unvermögen, eine schwierige Situation nicht lösen zu können, zu vertuschen (‚Ich habe doch mit ihm gesprochen und mir Zeit genommen, doch der ist in sein Leid verliebt!'). Alltagsberatung – besser *hilfeorientierte Alltagsgespräche* – sollten nicht mit Beratung verwechselt werden, die zielorientiert und methodisch professionell gestaltet werden muss. Dennoch ist es möglich und wünschenswert, dass sich beiläufig entstandene Gespräche im professionellen Rahmen zu Beratung entwickeln, vorausgesetzt, dass beide Parteien darüber eine dezidierte oder auch unausgesprochene, jedoch bewusste Einigung erzielen.

Wichtig erscheint noch, Beratung von *Schulung* zu trennen, gerade weil eine solche Verwechslung im Bereich des Gesundheitswesens häufig zu beobachten ist. *Patientenschulung* als Tätigkeitsbeschreibung ist in weiten Bereichen des Gesundheitswesens die Regel. Hier geht es darum, das Verhalten des Menschen an die Erfordernisse seiner Krankheit anzupassen, weitgehend ohne Berücksichtigung seiner spezifischen Persönlichkeit, seiner psychosozialen Lebenslage und seiner materiellen Voraussetzungen. Im Gegensatz zur Beratung wird in der Patientenschulung das Ziel oft individuenübergreifend für eine Gruppe von Menschen festgelegt, wie z.B. bei einer (Gruppen)Schulung von Menschen mit Diabetes.

Mit dem Begriff *Patientenedukation* wurde von Angelika Abt-Zegelin (2000) der Versuch unternommen, die pädagogischen Aufgaben von Pflegekräften unter einem Oberbegriff zusammenzufassen. Sie versteht darunter Information, Schulung und Beratung von Betroffenen und Angehörigen. Andere Autoren sprechen in diesem Zusammenhang auch von Unterweisung und Anleitung (Koch-Straube 2001b: 66 ff.).

4. Was ist dann ‚Beratung in der Pflege'?

Im allgemeinen Verständnis gehört Beratung schon immer zu den Aufgaben der Pflegenden. Sie informieren Patienten über Verläufe von Krankheiten, über Pflegehandlungen, über Möglichkeiten der Schmerzlinderung, sie führen sie in die organisatorischen Belange der Institution ein, sie leisten Übersetzungsdienste aus der medizinischen Fachsprache usw. Sie leiten Patienten oder Bewohner an, wie sie sich wieder selbst versorgen können, welche Tricks dafür hilfreich sind, wie sie z.B. wieder auf die Beine kommen, selbst Verbände wechseln und trainieren es mit ihnen. Sie wenden sich aufmerksam Patienten, Bewohnern und deren

Angehörigen zu, begegnen ihnen mit Verständnis, teilen ihre Sorgen, trösten sie, sprechen ihnen Mut zu, geben Anregungen und Ratschläge.

Informieren, Anleiten, Aufmerksam-Sein sind wichtige und für die Patienten, Bewohner und deren Angehörige höchst hilfreiche Tätigkeiten. Doch machen Informationen, Anleitungen und aufmerksames Zuhören nicht Beratung aus! Sie können Anteile eines Beratungsprozesses sein oder zu dezidierten Beratungsprozessen überleiten. Die angefragte oder gegebene Information kann der Einstieg in eine Problembehandlung sein, erschöpft sich jedoch nicht darin. Was fehlt, ist die explizite und geplante Einbettung des kognitiven Verstehens von Krankheit und Behinderung und die körperbezogene Veränderungsunterstützung in ihren emotionalen und sozialen Dimensionen und Entwicklungschancen.

Beratung in der Pflege kann somit folgendermaßen definiert werden: „Beratung in der Pflege ist ein Beziehungsprozess zwischen Pflegekräften und Patienten bzw. seinen Bezugspersonen (Familienangehörige und/oder Freunde) mit dem Ziel, sie bei der Krankheits- und Krisenbewältigung zu unterstützen. Dies geschieht durch:

- unterstützen beim Bewältigen von Problemen
- unterstützen beim Finden von Entscheidungen
- fördern, entdecken und erhalten von Ressourcen
- unterstützen beim Auseinandersetzen mit veränderten Lebensumständen und den daraus resultierenden Emotionen." (Hummel-Gaatz & Doll 2007: 16)

Beratung im Bereich der Sozialarbeit/Sozialpädagogik wird mit dem Kennzeichen ‚psychosozial' ausgestattet. Im Zentrum der Beratung steht das Individuum mit seinen psychischen, sozialen (einschließlich materiellen) Belastungen und Einschränkungen, die in der Auseinandersetzung mit sozialen Lebens- und Umweltbedingungen entstehen können. Das Unterstützungsrepertoire konzentriert sich auf Interventionen in diesem Bereich. Ausgangspunkt der pflegerischen Interventionen sind dagegen die gesundheitlichen Einschränkungen der Patienten/Bewohner, die in einem ganzheitlichen Verständnis Konflikte und Beeinträchtigungen in allen Dimensionen menschlichen Seins einschließen können.

Das Ziel der pflegerischen Beratung ist daher nicht die „Entfaltung des Einzelnen in formellen und informellen sozialen Systemen, sondern Heilung. Indem wir jedoch Heilung nicht als Reparaturleistung am Körper der Menschen verstehen, sondern als ein ganzheitliches leiborientiertes Geschehen, werden Pflegende in der Beratung – ob sie diesen Faden aufnehmen oder nicht – mit der psychosozialen Situation ihres Klientels konfrontiert. Die Chance der Pflege wird zum Auftrag der Pflege, eine leiborientierte Wahrnehmung und Beratung der Patienten zu übernehmen." (Koch-Straube 2001b: 85-86)

5. Beratungskonzepte – Beratungsmodelle

Eigene Beratungskonzepte der Pflege im engeren Sinne liegen noch wenig und nur in Ansätzen vor (Huber 2005; Beier 2005; Koch-Straube 2001a u.a.). Derzeit wird in unterschiedlichen Veröffentlichungen auf die Beratungstraditionen in Psychologie, Sozialarbeit und Pädagogik verwiesen. Auf der Suche nach geeigneten Beratungskonzepten für die Pflege sollten die Beratungskonzepte anderer Professionen jedoch nicht unkritisch ‚eins zu eins' in die Pflege übertragen werden. Wichtig ist vielmehr, pflegewissenschaftlich fundiert das Spezifische von Beratung in der Pflege herauszuarbeiten und an die Kontextbedingungen der Pflege anzupassen. Allerdings ist auch zu vermeiden, das ‚Rad neu zu erfinden'. Es wird eher darum gehen, Schnittstellen und interdisziplinäre Überschneidungen zu definieren. Im Sinne einer ganzheitlichen Patientenorientierung ist es sinnvoll, kooperativ mit anderen beratenden Disziplinen zusammenzuarbeiten und sich sowohl bei Beratungsinhalten als auch Beratungsmethoden zu ergänzen (Hummel-Gaatz & Doll 2007: 17).

Damit der Transfer dieser gewünschten Ausbildungsinhalte in den beruflichen Alltag gelingt, muss zuvor die Schule als theoretische Ausbildungsstätte zu einer Beratungsmethode Stellung nehmen. So sollte sie in der Regel die Beratungsmethode übernehmen, die in der Institution, der sie angegliedert ist, Grundlage ist. Sollte hier keine explizit benannt sein, so ist es sinnvoll und unerlässlich, dass praktische Ebene (Organisation) und theoretische Ebene (Schule) sich auf eine gemeinsame Beratungsmethode einigen. Nur so können sowohl der theoretisch-didaktische Aufbau als auch der Transfer in den Alltag gesichert werden. Finden die Auszubildenden vor Ort keine oder eine andere Ausrichtung innerhalb der Beratungsmethode vor, kann ein Praxistransfer nicht erfüllt werden; die Beratung(ssituation) bleibt (wieder) dem Zufall überlassen. Praxis und Theorie erleben eine mehr oder minder große Störung, die eher weniger zur Akzeptanz dieses beruflichen Bausteins beiträgt. Professionelle Beratung lehren heißt somit auch, sich einer beschriebenen Beratungsmethode zu bedienen, gleich welcher Ausrichtung. Sie sollte allen Rollenträgern, den Lehrenden wie auch den Auszubildenden, und letztlich auch der Praxis bekannt sein und von diesen auch akzeptiert werden.

Tabelle: Fünf zentrale Beratungstraditionen verschiedener Bezugswissenschaften

Theoretischer Ansatz	Problemverständnis	Beratungsziel	Haltung des Beraters	Beratungsmethodik	Rollenverständnis
Psychoanalytischer Beratungsansatz	Der zu Beratende hat einen psychischen Defekt	Der zu Beratende erfährt eine korrigierende Erfahrung	Aufmerksamkeit, Zurückhaltung	Deutung und Konstruktionen der individuellen Einstellungen und des Verhaltens durch den Berater; Assoziation, Traumdeutung	Berater ist Projektionsfläche für zu Beratenden; Fokus ist nur die zu beratende Person
Verhaltenstherapeutischer Beratungsansatz	Beim zu Beratenden existiert eine Lernstörung bzw. ein Lerndefizit	Der zu Beratende erfährt ein Um- bzw. Verlernen seines bisherigen Denkens und Handelns, lernt Anpassung an ›gesundes‹ Verhalten, neue Verhaltensmuster	Der Berater ist aktiv und transparent in seiner Haltung und unterstützt dadurch den zu Beratenden; Verstärkung	Der Berater unterstützt neue Erfahrungen, die ein erklärtes Lernziel erreichen	Berater stellt direktiv Ziele und Verhaltensmodifikationen auf; Fokus sind das Verhalten und die Handlungen der zu beratenden Person
Humanistischer Beratungsansatz	Der zu Beratende hat ein blockiertes Selbstpotential	Der zu Beratende soll lernen, sich selbst zu entfalten, seine eigene Situation (neu) zu verstehen, um anders damit umzugehen	Zuwendung, Echtheit, Respekt	Der Berater verbalisiert und aktualisiert das Potential des zu Beratenden	Berater geht Beziehung zum Beratenden ein und begleitet nicht direktiv, Fokus sind das Verhalten und die Emotionen der zu beratenden Person

Theoretischer Ansatz	Problemverständnis	Beratungsziel	Haltung des Beraters	Beratungsmethodik	Rollenverständnis
Familientherapeutischer/ systemischer Beratungsansatz	Es existiert eine Fehlfunktion in der Situation des Beratenden mit seinen Mitmenschen. Das Symptom hat eine Funktion im System	Durch Veränderung der Konstellationen und Riten entsteht ein funktionierendes, stabiles System. Durch Systemänderung kommt es zur Symptombeseitigung	Der Berater betrachtet mit den Beteiligten die unterschiedlichen Standpunkte und verhält sich neutral	Der Berater unterstützt gezielt Veränderungen in den Beziehungen durch Schaffung neuer Ansichten und Riten; zirkuläres Fragen	Berater modifiziert systemische Konstellationen. Fokus sind das System und die Funktion von Verhalten im System des zu Beratenden
Lösungsorientierter Beratungsansatz	Der zu Beratende hat keinen Zugang zu seinen Lösungen und Ressourcen	Der zu Beratende entdeckt neue und unbewusste Lösungsmöglichkeiten in sich und im System	Wertschätzung der personen- und systemimmanenten Ressourcen	Durch Fokussierung auf Lösungs- und Ressourcenräume im Klienten werden neue Lösungsmöglichkeiten und Lösungswege ermöglicht	Berater ‚lenkt' durch Pacing und Leading[3] die Lösungssuche. Fokus sind die Lösungen und Ressourcen der zu beratenden Person und ihrem System

(Hummel-Gaatz & Doll 2007: 16-17)

---

[3] ‚Pacing and Leading' ist ein Fachterminus aus dem Neurolinguistischen Programmieren (NLP) und bedeutet, sich zunächst auf die Ebene des zu Beratenden zu begeben, um eine Vertrauensbeziehung aufzubauen; sodann wird mittels ‚Leading' der zu Beratende zu seinen Lösungen ‚geführt'.

6. Rahmenbedingungen von Beratung in der Pflege

Ein großer Unterschied zwischen Beratungsgesprächen in der Pflege und Beratungsangeboten anderer Berufsgruppen, wie z.B. der Therapeuten oder Psychologen, ist darin zu sehen, dass es häufig kein klar definiertes Beratungssetting (Beratungsraum, klare Terminvereinbarung und abgesteckter Zeitrahmen) gibt. Dieser Umstand beinhaltet sowohl Vor- als auch Nachteile. So besteht die große Chance der Pflege darin, alltagsnah beraten zu können und zwar immer dann, wenn vom Patienten/Bewohner oder seinen Bezugspersonen Signale zu einem Beratungsbedürfnis ausgesendet werden. Beratung in der Pflege findet überall dort statt, wo sich Anlässe bieten. Dass sich Beratungsgespräche in der Pflege ungeplant, unstrukturiert, unvorhersehbar und ad hoc entwickeln, hängt zum einen damit zusammen, dass Patienten in ihrer Not mit Fragen und Anliegen sozusagen ‚herausplatzen' und einer zeitnahen Zuwendung bedürfen. Zum anderen kommt der Pflege die besondere Aufgabe zu, pädagogisch günstige Momente zu erkennen und sie ‚am Schopf' zu packen. Sie müssen auch indirekte und implizite Anspielungen als Beratungsbedürfnis identifizieren und angemessen darauf reagieren. Die Pflegekraft beobachtet die Patienten fortlaufend, um den Zeitpunkt zu erfassen, an dem sich der Patient auf neue Erfahrungen einlassen kann, er offen für Informationen ist und Entscheidungen fällen kann (Koch-Straube 2001b: 66-67).

Die Verknüpfung von Beratungsgespräch mit pflegerischem Handeln schafft zwar eine besondere Intimsphäre, kann aber auch zu einer Doppelbelastung bei den Pflegenden führen. Das spontane Beratungsgespräch, das für den pflegebedürftigen Menschen eine zeitnahe und bedürfnisorientierte Pflegemaßnahme darstellt, führt bei Pflegenden zu Rollenkonflikten. Diese resultieren daraus, dass Pflegende unter Zeitdruck stehen, noch andere Patienten versorgen und unterschiedlichen Erwartungen gerecht werden müssen. Dies kann dazu führen, dass sie signalisierte Beratungsbedürfnisse des Patienten, des Bewohners und deren Bezugspersonen nicht aufgreifen.

Im Pflegealltag kann Beratung dadurch erschwert werden, dass kein definierter Zeitrahmen und keine definierte Räumlichkeit zur Verfügung stehen. Um diesem Defizit zu begegnen, wird von einigen Experten (Koch-Straube 2001a; Hummel-Gaatz & Doll 2007) gefordert, gezielt geplante und strukturierte Beratungsangebote zu schaffen. Diese finden dann z.B. in Pflegebüros oder Patienteninformationszentralen oder als geplante, eher alltagsdistanzierte Beratungsgespräche in einem separaten Raum statt. Mit einem klaren zeitlichen Rahmen und einem geschützten Raum kann dem Beratungsbedarf von Patienten ganz anders entsprochen werden.

Viele Vorteile von formellen, institutionalisierten Angeboten bestehen darin, dass alle Beteiligten ausreichend Zeit haben. Außerdem können die Vorbedingungen wie Kenntnisse und Motivation des Patienten oder auch der individuelle Stand der Krankheitsbewältigung geplant mit in die Beratung einbezogen werden. Es können gezielt unterstützende Medien, z.B. Broschüren, Infoblätter und Modelle, hinzugezogen werden. Die Wahrscheinlichkeit erhöht sich, dass ein umfassendes und vollständiges Beratungsgespräch zwischen Patient und Pflegekraft stattfindet.

Dies alles erhöht die Chance, dass der Patient/Bewohner oder seine Bezugspersonen offen über seine/ihre persönlichen Probleme und Gefühle reden. Besonders in der stationären Pflege ermöglicht ein separater Raum, dass ein Beratungsgespräch ungestört stattfinden kann und nicht wie ein spontanes Gespräch durch Patientenklingel oder andere Personen gestört wird. Allerdings ist ein geplantes Beratungsgespräch unter den derzeitigen Bedingungen räumlich und zeitlich sehr weit vom Alltag und dem konkreten Beratungsanlass entfernt. Diese Tatsache gilt es auch mit den Auszubildenden in der schulischen Begleitung zu reflektieren, damit diese, durch die evtl. Praxiserfahrungen frustriert, Beratung nicht als eine rein theoretisch wichtige, im Alltag jedoch nicht lebbare berufliche Kompetenz erleben und verstehen (lernen).

7. Beratung als Prozess

Beratung wird immer als Prozess verstanden (Hummel-Gaatz & Doll 2007: 26). Der Begriff Prozess bezieht sich dabei sowohl auf die Abfolge mehrerer Gespräche hintereinander, in denen sich die Problemlösung schrittweise vollzieht, als auch auf den prozesshaften Charakter eines einzelnen Gesprächs. Diesen Beratungsprozess den Auszubildenden aufzuzeigen und in didaktischen Einheiten innerhalb der Ausbildungszeit zu vermitteln, ist wichtiger Baustein der Thematik Beratung lehren.

Beratungsprozesse gliedern sich dabei in verschiedene einzelne *Phasen*, die aufeinander aufbauen. Zu Beginn des Beratungsprozesses (Phase 1) stellen die *Kontaktaufnahme* und der *Aufbau einer symmetrischen Beziehungs- und Vertrauensbasis* eine Grundvoraussetzung für eine gelingende Beratung dar. Erst diese Beziehungsebene ermöglicht es dem Patienten und seiner Bezugsperson, ihre Anliegen und Probleme vorzubringen und sich zu öffnen. Abhängig davon, ob die Beratung eingebettet in eine bereits bestehende Pflegebeziehung oder losgelöst in einem strukturierten, geplanten Beratungsangebot stattfindet, muss diese Phase unterschiedlich intensiv und bewusst gestaltet werden.

In Phase 2 ist *das diagnostische Denken des Beraters* von zentraler Bedeutung. Hier gilt es, sowohl den objektiven Beratungsbedarf als auch das subjektive Beratungsbedürfnis gemeinsam mit dem Patienten herauszufiltern. Durch strukturiertes Beobachten, waches Analysieren der Gesamtsituation, z.B. durch Fragen und Spiegeln sowie gemeinsames Bewerten, kann das Problem als Ausgangspunkt der Beratung identifiziert und korrekt benannt werden. Je nach Beratungsansatz wird dabei auf unterschiedliche Schwerpunkte Wert gelegt:

- Probleme aus der individuellen Patientensicht erfassen
- Einflussfaktoren, Ursachen und Symptome des Problems erheben
- Gefühle des zu Beratenden klären, wahrnehmen und in den Prozess einbauen

Vor allem diejenigen Beratungsmodelle, denen ein systemisches Beratungsverständnis zu Grunde liegt, beziehen die Ressourcen des Patienten und seines sozialen Systems in diese Phase der Erhebung des Beratungsbedarfs bzw. der Beratungsbedürfnisse mit ein. Subjektive Begründungen für ein bestimmtes Verhalten sowie bereits erprobte Lösungsansätze werden ebenfalls berücksichtigt. Wird die Beratung eher als ein verhaltensorientierter Lernprozess verstanden, werden in dieser Phase auch die Erhebung der Lernvoraussetzungen, Lernbedürfnisse und Lernmotivationen gezielt erfragt. Wichtig zu wissen ist, dass es zwischen Beratungsbedarf und Beratungsbedürfnis einen Unterschied gibt. Wenn beides nicht zusammenfällt, kann es passieren, dass ein Beratungsgespräch gar nicht erst zustande kommt. Bei einem Beratungsbedarf geht es darum, dass die Pflegkraft einen bestimmten Pflegebedarf vorhersieht und Beratung aus präventiven Gründen für sinnvoll erachtet, der pflegebedürftige Mensch jedoch nicht zwingend einen Beratungswunsch, also ein Beratungsbedürfnis empfindet. Im umgekehrten Fall haben Patienten ein Beratungsbedürfnis. Wenn sie dieses nicht eindeutig oder nur subtil signalisieren, kann es passieren, dass die Pflegekraft den Beratungsanlass nicht als solchen wahrnimmt und die Signale nicht aufgreift.

In der Phase 3 wird mit dem Patienten zusammen ein *gemeinsames Ziel* ausgehandelt. Dies ist wiederum abhängig vom bestehenden Beratungsansatz. Humanistische Ansätze zielen auf das psychosoziale Coping und die Integration von Emotionen. Der verhaltensorientierte Ansatz hat die Anpassungsprozesse im Bereich der Alltagskompetenz zum Ziel und leistet damit einen wichtigen Beitrag in der konkreten Auseinandersetzung mit Krankheits- und Therapiefolgen. Ergänzt werden diese beiden Ansätze durch den systemischen Blickwinkel, der besonders bei chronischen Erkrankungen an Bedeutung gewinnt. Alle Menschen im sozialen bzw. familiären Netz sind nämlich von Rollenveränderungen, der eigenen Krisenbewältigung und dem neuen (pflegerischen) Aufwand betroffen. Der Berater fasst in dieser Phase die Erkenntnisse zusammen und stellt verschiedene Optionen dar, um zu klären, was in der Beratung erreicht werden soll.

Diese Phase verschmilzt eng mit Phase 4, in der es um das *Entwickeln von Lösungen oder Bewältigungsmustern* geht. Dieses findet sowohl auf der Beziehungs- als auch auf der Inhaltsebene statt und kann als eine Verschränkung von Beziehungs- und Problemlösungsprozessen verstanden werden. Die Beziehungsebene ist geeignet, Patienten und ihre Bezugspersonen in ihrem Bewältigungsprozess zu begleiten, Gefühle zu explorieren und subjektive Deutungen nachzuvollziehen. Die Problemlösungsebene unterstützt diesen Prozess und ermöglicht – unter Einbeziehung der Ressourcen und biographischen Kontexte – konkrete Handlungsmöglichkeiten zu erkennen. Der Berater wendet Techniken des Fragens an, hört dem Patienten aktiv zu und entwickelt gemeinsam mit dem Patienten Alternativen. Je nach Beratungsansatz ist auch hier ein Kontinuum von eher direktivem bis hin zu non-direktivem Beraterverhalten zu beobachten. Generell gilt es aber, die Wünsche des Patienten in die Lösungssuche mit einzubeziehen und abzuwägen.

Die abschließende Reflexion in Phase 5 dient der *Bewertung des Gesprächsverlaufs*, der *Zusammenfassung der Erkenntnisse* und der *Vereinbarung von konkreten Handlungsschritten*. An dieser Stelle hat der Patient die Möglichkeit, sich darüber zu äußern, wie zufrieden er mit dem Verlauf und den Ergebnissen des Gesprächs ist. Auch der Berater sollte für sich Zeit einräumen, das Gespräch auf der Metaebene zu betrachten und dabei sein eigenes Verhalten zu reflektieren und zu hinterfragen. Diese Selbstreflexion der Beraterrolle findet zwar außerhalb des konkreten Gesprächs statt, gehört aber zu einem professionellen Beratungsprozess.

Am Ende des Beratungszyklus (Phase 6) sollte das *Gespräch bewusst beendet und dokumentiert* werden. Wichtig ist es, dem Patienten die Möglichkeit aufzuzeigen, wie sein Veränderungsprozess weiterhin begleitet werden und wer ihn darin unterstützen kann, immer selbstständiger zu werden. Häufig ist es so, dass der Beratungsprozess mit einem Beratungsgespräch nicht abgeschlossen ist, sondern sich ein neuer Zyklus anschließt. (Hummel-Gaatz & Doll 2007: 26 ff.)

8. Didaktische Analyse

Das Erlernen und Aneignen von komplexen beruflichen Handlungen wie Beratung von Patienten, Bewohnern und deren Bezugspersonen kann nur ermöglicht werden, wenn die theoretische Ausbildung gezielt mit der praktischen Ausbildung abgestimmt und vernetzt wird. Über den theoretischen Unterricht und simulierte Übungen (Rollenspiele) kann in der Gesundheits- und Krankenpflegeschule/Altenpflegeschule ein Bewusstsein für die Bedeutung von Beratung angebahnt und erste Erfahrungen mit den Beratungsphasen gemacht werden. Damit sich eine professionelle Handlungskompetenz in diesem Bereich entwickeln kann, muss Beratung in der Praxis in realen komplexen Pflegesituationen an individuellen Patienten, Bewohnern oder deren Bezugspersonen weiter vertieft und geübt werden. Dabei können jedoch einige Einschränkungen und Schwierigkeiten beim Lernen im Praxisfeld entstehen, die durch gezielte Praxisbegleitung durch die Schule aufgefangen werden müssen. Es ist wichtig, den Lernenden explizite Praxisaufträge und Praxisaufgaben zum Themenbereich Beratung zu geben. Das führt zu einer gezielten Verknüpfung von Theorie und Praxis. Dabei ist es von Bedeutung, dass sich der Schwierigkeitsgrad langsam über die Dauer der Ausbildung steigert. Zu Beginn üben die Lernenden nur Teilbereiche der vollständigen beruflichen Handlung, die dann zu immer komplexer werdenden Handlungsbezügen aufgebaut werden:

1. Üben und schulen der Wahrnehmung und Beobachtung bezogen auf bestimmte Situationen, Bedürfnisse und Wünsche, ATLs oder Pflegephänomene

2. Beschreiben und analysieren bestimmter Gesprächssituationen

3. Üben von Erstgesprächen, pflegebegleitender Gespräche, Gespräche mit Angehörigen

4. Beratungsbedarf und Beratungsbedürfnisse bei Patienten und Bezugspersonen identifizieren

5. Beratungsschwerpunkte für bestimmte Patientengruppen oder individuelle Patienten planen

6. Beratungsgespräche hospitieren, beschreiben, bewerten und eigene Erkenntnisse daraus ziehen

7. Anleitungssequenz schriftlich planen (unter Einbeziehung der Lernvoraussetzungen, Lernbedürfnisse, motivationalen Voraussetzungen und individuell angepassten Lernschritten)

8. Beratungsleitfaden für eine bestimmte Patientengruppe entwickeln

9. Beratungsgespräch selbst führen und reflektieren

10. Entlassungsmanagement beschreiben und reflektieren

11. Entlassungsplanung mit entwickeln und Entlassungsberatung und -anleitung mit Praxisanleiter durchführen.

Im Rahmen der Kompetenzvermittlung zum Themenbereich 3 wird vorgeschlagen, dass am Ende des ersten Ausbildungsjahres – aufbauend auf ein dreitägiges Gesprächsführungsseminar im Einführungsblock – ein Basisseminar zu Beratung und Anleitung angeboten wird. Danach folgen in den nächsten Ausbildungsjahren weitere aufbauende Module, wie sie Sonja Hummel-Gaatz & Axel Doll (2007) in ihren didaktischen Modellen sehr gut darstellen.

Damit Beratung lehren gelingen kann, müssen die Lehrenden zuvor verschiedene Aufgaben erfüllen: Beratungsmethode festlegen, eine Definition von Beratung fixieren, Praxisfelder auf die bestehende Beratungskultur überprüfen und ein praxisorientiertes Curriculum erstellen, das den Transfer von den theoretisch gelernten Inhalten in den Pflege- und damit auch in den Beratungsalltag schafft.

Literatur

Abt-Zegelin, Angelika (2000): Neue Aufgabe für die Pflege. Patientenedukation. Information, Schulung und Beratung von Betroffenen und Angehörigen. In: Die Schwester Der Pfleger, Jg. 39, 1: 56-59

Beier, Jutta (2005): Prinzipien patientenorientierter Information und Beratung. Pädagogische Strategien situationsgerecht anwenden. In: Pflegezeitschrift, Jg. 58, 10: 636-639

KrPflAPrV (2003): Ausbildungs- und Prüfungsverordnung für die Berufe in der Krankenpflege. In: BGBl. I: 2263

KrPflG (2003): Krankenpflegegesetz. In: BGBl. I: 1442

Hummel-Gaatz, Sonja & Doll, Axel (2007): Unterstützung, Beratung und Anleitung in gesundheits- und pflegerelevanten Fragen fachkundig gewährleisten. Elsevier Urban & Fischer, München

Koch-Straube, Ursula (Hg.) (2001a): Beratung in der Pflege. Hans Huber, Bern

Koch-Straube, Ursula (2001b): Beratung in der Pflege. In: Koch-Straube, Ursula (Hg.): Beratung in der Pflege. Hans Huber, Bern: 63-92

Tschudin, Verena (1998): Counselling Skills for Nurses. Baillière Tindall, London

Weiterführende Literatur

Bachmair, Sabine (Hg.) (1999): Beraten will gelernt sein. Ein praktisches Lehrbuch für Anfänger und Fortgeschrittene. Beltz, Weinheim

Berger, Bettina (2003): Patientenberatung in Deutschland. In: Dr. med. Mabuse, Jg. 28, 145: 50-53

Buijssen, Huub (1997): Die Beratung von pflegenden Angehörigen. Beltz, Weinheim

Bürgi, Andreas & Eberhart, Hermann (Hg.) (2004): Beratung als strukturierter und kreativer Prozess. Ein Lehrbuch für die ressourcenorientierte Praxis. Vandenhoeck & Ruprecht, Göttingen

Canobbio, Mary M. (1998): Praxishandbuch Patientenschulung und -beratung. (Deutsche Ausgabe hrsg. von Angelika Abt-Zegelin). Ullstein Medical, Wiesbaden

Culley, Sue (2002): Beratung als Prozeß. Lehrbuch kommunikativer Fertigkeiten. Beltz, Weinheim

Engel, Frank & Sickendiek, Ursel (2005): Beratung – ein eigenständiges Handlungsfeld mit neuen Herausforderungen. In: Pflege & Gesellschaft, Jg. 10, 4: 163-171

Feldhaus-Plumin, Erika (2005): Beratung in der Pflege. Grundlagen in der Ausbildung legen. In: Pflegezeitschrift, Jg. 58, 10: 640-642

Herold, Gabriele (2002): Förderung der Beratungskompetenz. In: Unterricht Pflege, Jg. 7, 4: 9-17

Kleve, Heiko (2005): Beratung im Pflegesystem – eine systemtheoretische Perspektive. In: Pflege & Gesellschaft, Jg. 10, 4: 172-181

Knelange, Christel & Schieron, Martin (2000): Beratung in der Pflege – als Aufgabe erkannt und professionell ausgeübt? Darstellung zweier qualitativer Studien aus stationären Bereichen der psychiatrischen und somatischen Krankenpflege. In: Pflege & Gesellschaft, Jg. 5, 1: 4-11

Lay, Reinhard (2001): Beratungskompetenz in der Pflege. In: PrInterNet – Zeitschrift für Pflegewissenschaft, Jg. 3, 9: 195-200

Müller-Mundt, Gabriele / Schaeffer, Doris / Pleschberger, Sabine & Brinkhoff, Petra (2000): Patientenedukation – (k)ein zentrales Thema in der deutschen Pflege? In: Pflege & Gesellschaft, Jg. 5, 2: 42-52

Olbrich, Christa (1995): Patientenberatung. Ein neues Aufgabenfeld in der Pflege. In: Pflege aktuell, Jg. 49, 6: 428-430

Petermann, Franz (Hg.) (1997): Patientenschulung und Patientenberatung. Ein Lehrbuch. Hogrefe, Göttingen

Rogers, Carl R. (2010): Die nicht-direktive Beratung. Fischer, Frankfurt am Main

Schlippe, Arist von (1996): Lehrbuch der systemischen Therapie und Beratung. Vandenhoeck & Ruprecht, Göttingen

Schröck, Ruth & Drerup, Elisabeth (Hg.) (2002): Der informierte Patient. Beraten, Bilden, Anleiten als pflegerisches Handlungsfeld. Lambertus, Freiburg im Breisgau

Tschudin, Verena (1990): Helfen im Gespräch. Eine Anleitung für Pflegepersonen. (Übersetzung aus dem Englischen: Dorothee Mäder). RECOM, Basel

Abt-Zegelin, Angelika & Huneke, Michael J. (1999): Grundzüge einer systematischen Pflegeberatung. In: PrInterNet – Zeitschrift für Pflegewissenschaft, 1: 11-8

Räume zum Lernen – Räume zum Lehren? Über atmosphärische Einflüsse und Gestaltungsmöglichkeiten

Charlotte Uzarewicz

1. Einführung

Räume und ihre Atmosphären haben immer Einfluss auf den Menschen und seine Befindlichkeit. Im privaten Bereich gestalten die meisten Menschen ihre Wohnung und ihr Wohnumfeld so, dass sie sich wohl fühlen, dass sie heimisch werden können. Auch im beruflichen Bereich finden wir an fast jedem Arbeitsplatz individuelle Gestaltungselemente. Das machen die Menschen nicht aus Langeweile, sondern sie versuchen ihrem Arbeitsplatz (ihrem Büro, im Großraumbüro ihrem Schreibtisch, im Stationszimmer ihrem Pausenbereich) ihre je persönliche Note zu geben – ‚ihre' Atmosphäre herzustellen: ‚Hier gehöre ich hin, das ist mein Platz'. Wie sieht es in Schulräumen bzw. Klassenzimmern aus? Sicherlich muss man zwischen privaten und öffentlichen Räumen unterscheiden. Zu Hause wohnen wir.[1] Einen Großteil der Zeit unseres erwachsenen Daseins verbringen wir jedoch am Arbeitsplatz – sei es nun ein Büro oder ein Seminarraum. Daher möchte ich im Folgenden einige Betrachtungen über die Atmosphären in Bildungsräumen anstellen: Warum kann man sich nur in bestimmten Räumen konzentrieren? Welche pädagogisch-didaktischen Konzepte kann man von der Anordnung und Beschaffenheit der Möbel in einem Schulraum ablesen? Warum fühlen sich einige Menschen in einer mir sehr unangenehmen Atmosphäre wohl und können sich entspannen oder konzentrieren?

Es gibt bereits eine Vielzahl von Publikationen zum Thema Atmosphäre in Erziehungsprozessen, Atmosphäre in erwachsenenpädagogischen Lernsituationen (Hövel & Schüßler 2005). Ich werde hier das Thema Atmosphäre in Lernräumen fokussieren. Ausgehend von theoretischen Ansätzen aus der Neuen Ästhetik sowie der Neuen Phänomenologie werde ich versuchen, eine Sensibilisierung für den Zusammenhang der Raumwirkung auf Verhaltensweisen von Schülern/innen und Lehrern/innen zu erzeugen und dann Möglichkeiten zur Analyse und konzeptionellen Gestaltung von Lehr-Lern-Räumen aufzeigen. Diese theoretische Auswahl hat Gründe. Die Neue Ästhetik hat sich zum Ziel gesetzt, die Beziehungen zwischen Umgebungsqualitäten und menschlichem Befinden zu untersuchen. Damit ist eine kritische Aufgabe verbunden, nämlich die Kritik der

---

[1] Zum Wohnen können vgl. Uzarewicz (2009).

Lebensverhältnisse im Kontext der Wechselwirkungs- und Kommunikationszusammenhänge zwischen Menschen und Umwelt (Böhme 1995; Welsch 1998). Die Neue Phänomenologie nimmt zum Ausgangspunkt all ihrer Betrachtungen das eigenleibliche Spüren. Menschen sind zuallererst leiblich verfasste Wesen und können auch über diese leibliche Struktur kommunizieren (Schmitz 1998; Uzarewicz & Uzarewicz 2005).

2. Was sind Atmosphären?

Der Begriff Atmosphäre stammt aus dem Griechischen und setzt sich zusammen aus ‚atmos' (= Dunst) und ‚sphaira' (= Scheibe, Kugel). Er taucht häufig im Kontext der Meteorologie und der Physik auf, aber auch in der Philosophie und in der Alltagssprache. Atmosphäre bezeichnet Unbestimmtes, Diffuses, das jedoch immer mit einem bestimmten Charakter versehen ist: die düster-drückende Atmosphäre im Sommer vor einem Gewitter; die entspannte Atmosphäre im Urlaub oder die Achtung gebietende Atmosphäre, die von einem Menschen ausgehen kann. Es gibt sehr viele Adjektive, die verschiedene Atmosphären genau bezeichnen, selbst wenn sie nie konkret zu fassen sind. Grundsätzlich können sie kulturell und natürlich sein. Sie lassen sich auf Menschen, Landschaften, Dinge, Tiere, Kunstwerke usw. beziehen und sind räumlich wie zeitlich immer von einer bestimmten Dauer.

Was sind also Atmosphären und wo gehören sie hin? Gibt es Objekte oder Umgebungen, von denen sie ausgehen oder gehören sie zu den Subjekten, die die Atmosphären erfahren? Wo befinden sich Atmosphären? Nebelhaft im Raum, wie die Etymologie es nahe legt, oder sind sie in einem Gefühlston enthalten? Ein uns allen bekannter Vorläuferbegriff ist der der Aura von Walter Benjamin: „Was ist eigentlich Aura? Ein sonderbares Gespinst aus Raum und Zeit: einmalige Erscheinung einer Ferne, so nah sie sein mag." (Benjamin 1974: 440) Aura bezieht sich also auf eine gewisse Naturstimmung als Hintergrund und auf eine gewisse Gestimmtheit beim Betrachter. Sie erscheint an Naturdingen, geht von diesen aus und ist etwas räumlich Ergossenes (ein Hauch, Dunst, Atmosphäre). „Die Aura spüren heißt, sie in die eigene leibliche Befindlichkeit aufzunehmen." (Böhme 1995: 27)

Hermann Schmitz (1998: 343) bezeichnet Atmosphären als „ortlos (d.h. nicht lokalisierbar) ergossene" Gefühlsmächte, die den Leib „in der Weise des affektiven Betroffenseins heimsuchen". Das heißt, sie ergreifen die Menschen aktiv und umhüllen sie. Sie sind räumliche Träger von Stimmungen und das, was in leiblicher Anwesenheit bei Menschen und Dingen bzw. in Räumen erfahren wird (Mahayni 2002: 10). Gefühle werden hier als von außen kommend erlebt und sind keine Projektionen innerer, mentaler Zustände! Säuglinge beispielsweise spüren auch Gefühle, obgleich sie noch nicht in der Lage sind, irgendetwas zu projizieren. Vielmehr werden sie von der Atmosphäre, die ein lächelndes Gesicht ausstrahlt, ergriffen. Die passivischen Redewendungen in unserer Sprache weisen darauf hin, dass Gefühle etwas dem Menschen äußeres sind: er-griffen sein, be-troffen sein, hin-gerissen sein, über-wältigt sein. Sicherlich kennen viele das Phänomen, dass man auch in eine Atmosphäre eintreten kann, in einer mit dieser Atmosphäre konträren Gestimmtheit. Es dauert nicht lange, dann ergreift mich die herrschende Atmosphäre und stimmt mich um. Derartiges geschieht oft im beruflichen Alltag: Man wacht morgens durch das Klingeln des Weckers auf, weil die Frühschicht ruft. Man hat überhaupt keine Lust (aus welchen Gründen auch immer), ist ausgesprochen müde, schlecht gelaunt und möchte heute am liebsten niemandem begegnen. Doch die Pflicht ruft, man schleppt sich auf Station mit mürrischem Gesicht, dort herrscht bereits reges Treiben und eine ausgelassene Stimmung, weil z.B. eine Kollegin Geburtstag hat und ein schönes Frühstück für alle spendiert. In der Pause sitzt man zusammen und spürt allmählich, wie die eigene schlechte Laune verschwindet; man ist angesteckt worden, macht mit und bei Dienstschluss geht es einem wieder richtig gut.

Atmosphären sind frei schwebend im Raum und werden von der jeweiligen Umgebung erzeugt. Das Konzept der *Ekstase der Dinge* nach Gernot Böhme (1995: 155 ff.) besagt, dass jedes Ding, jeder Gegenstand über seine materielle Basis hinaus in den Raum hinein steht und wirkt bzw. diesen beeinflusst. Ex stasis bedeutet ‚aus sich heraus treten'. Man stelle sich drei verschiedenfarbige Wände vor: eine blaue, eine rote und eine gelbe Wand. Alle drei Wände sind aus gleichem Material, die Farbe ist in der gleich großen Fläche und in der gleichen Farbdichte aufgetragen. Wenn man diese nun aus der gleichen Entfernung betrachtet, so wird auffallen, dass diese drei verschiedenen Wände eine unterschiedliche Wirkweise haben; sie strahlen Unterschiedliches aus, weil sie in unterschiedlicher Weise aus sich heraus treten. Dieses Konzept ist der Schlüssel und die Grundvoraussetzung für den Ansatz der Neuen Ästhetik. Die Anerkennung des Ekstatischen am Seienden liefert einen neuen Weg, sinnliche Wahrnehmung neu zu thematisieren (Böhme 2001). René Descartes hat von der res extensa gesprochen, von der ausgedehnten Sache, die alles Materielle bezeichnen soll. Ihr stellt er die res cogitans gegenüber, die denkende Sache, die alles Immaterielle bezeichnet. Die Dimension der res exstasis, die aus sich heraustretende Sache, wird nicht thematisiert. Diese res exstasis bezieht sich auf das, was das Wahrgenommene ausstrahlt, auf die spezifischen Qualitäten, die in der Ex-stase (im Heraustreten) liegen. Das Zusammenwirken aller Ekstasen erzeugt die Atmosphäre eines Raumes oder auch der Zeit.

Atmosphäre ist die gemeinsame Wirklichkeit des Wahrnehmenden und des Wahrgenommenen. Wenn Atmosphären erzeugt werden können, dann haben auch die Schaffensleistungen der Menschen daran Anteil. Es gibt eine Reihe von Berufen, die damit befasst sind, Atmosphären herzustellen: Bühnenbildner/innen, Dekorateure/innen, Künstler/innen, Kosmetiker/innen, Architekten/innen usw., also ästhetische Arbeiter/innen. Sie schaffen durch Arbeit am ‚Gegenstand' Atmosphären und zwar sowohl im Bereich des Alltäglichen als auch im Bereich der Kunst. Ob ein ästhetisch Arbeitender erfolgreich ist, hängt im Wesentlichen von seinem *tacit knowledge* ab; dies ist ein implizites Wissen auch zu der Frage, wie man am besten Atmosphären herstellt. Jeder Mensch besitzt derartiges verborgenes Wissen. Wenn man umzieht, die Wohnung wechselt, dann werden nicht nur die Möbel nach ihren Funktionen in die zugeordneten Räume wie Bad, Küche, Esszimmer, Schlafzimmer gestellt. Vielmehr dauert es eine Zeit lang, bis man sich in der neuen Wohnung heimisch fühlt, bis sie zu den ‚eigenen vier Wänden' geworden ist. In dieser Zeit wird oft noch umgeräumt, werden Bilder an den Wänden angebracht, werden Zimmerpflanzen drapiert und mehr oder weniger kleine Accessoires platziert, die bezeugen, dass man sich nun seine Atmosphäre geschaffen hat. Das ist ästhetische Arbeit. Atmosphären wirken auf das Gemüt, manipulieren Stimmungen, evozieren Emotionen. Sie greifen in die Befindlichkeit der Menschen ein. Ein Mensch kann durch ästhetische Arbeit Macht über jemanden ausüben, indem spezifische Stimmungen bzw. Atmosphären erzeugt werden (Böhme 1995: 39 ff.).

Atmosphären sind überall und werden gemacht. Voraussetzung für bewusste ästhetische Arbeit ist jedoch zunächst eine Sensibilisierung der eigenen Wahrnehmung. Wie wirkt z.B. ein Seminarraum oder ein Büro auf mich?

3. Wie und wo spüren wir Atmosphären? – Leib und leibliche Kommunikation

Atmosphären spüren wir immer – auch wenn sie uns nicht immer bewusst sind. Wenn Sie jetzt innehalten und überlegen, in welcher Atmosphäre Sie sich beim Lesen dieser Zeilen befinden, welche Atmosphäre Sie umgibt, dann werden Sie nach einiger Überlegung der Atmosphäre bestimmte Merkmal zuordnen können; eine ruhige, entspannte Atmosphäre oder eine eher hektische Feierabendatmosphäre, weil Sie sich vorgenommen hatten, den Artikel schnell noch zu lesen, bevor Sie nach Hause fahren? ...

Was Sie gerade eben gemacht haben, ist, über das Gespürte nachzudenken. So unterschiedlich die Antworten auf die Frage ‚In welcher Atmosphäre befinden Sie sich beim Lesen dieser Zeilen?' ausfallen mögen, gemeinsam ist allen, dass Sie etwas gespürt haben. Dieses Spüren am eigenen Leib ist eine zentrale Kategorie der Leibphänomenologie nach Schmitz. Bevor man die Atmosphäre zergliedernd beschreibt, wie z.B. ich habe dieses und jenes gesehen, ich habe Geräusche gehört und in der Luft liegt ein komischer Geruch, hat man schon längst etwas gespürt als entspannte, einengende, unruhige, heitere usw. Atmosphäre. Spüren ist also zu unterscheiden vom (sinnlichen) Wahrnehmen.

Wir sind gewohnt, den Menschen aufzuteilen in Körper, Geist und Seele. Darüber hinaus gibt es aber auch den Leib. Die Leiblichkeit gibt Auskunft über uns und unsere Lebendigkeit. Diese ist ständig in Bewegung. Leib bezeichnet eine spezifische dynamische Struktur des Lebendigen.[2] Die Kategorie, mit der man diese Leiblichkeit erfassen kann, ist das Spüren, genauer gesagt: das eigenleibliche Spüren. Wir sind mit und durch unsere Leiblichkeit permanent in Kontakt mit Anderen und Anderem: z.B. mit der Atmosphäre eines Raumes, den man betritt; oder mit der Atmosphäre einer Landschaft, eines sonnigen Frühlingsmorgens, eines verregneten Novemberabends. Wir können verschiedene Qualitäten von Atmosphären spüren: solche, die uns eher beengen, einengen (z.B. Prüfungssituationen), solche, die uns unter Spannung setzen (z.B. Kriminalfilme), solche, die uns entspannen und ein Gefühl der Weitung geben (z.B. im Urlaub, sofern es kein Abenteuerurlaub ist). Wichtig ist die Unterscheidung zwischen (sinnlicher) Wahrnehmung und Spüren. Es gibt Sinnestäuschungen, das (eigenleibliche) Spüren kann uns nicht täuschen! Die leibliche Ökonomie gibt Auskunft über die gespürten Qualitäten der Atmosphäre. Hiermit ist das Wechselwirkungsverhältnis von Umgebungsqualität und leiblicher Befindlichkeit angesprochen, so dass man sagen kann, die Leiblichkeit geht weit über die Körpergrenzen hinaus in den Raum.[3] Atmosphärisches Ergiffensein z.B. „vereint Subjekt und Objekt in einem vordichotomen Zustand, aus dem sich erst allmählich das Ich und die konkret gegebenen Dinge herauskristallisieren" (Mahayni 2002: 10). So etwas kennen viele Menschen als bleibende Eindrücke von einmaligen Erlebnissen (sei es eine religiöse Ergriffenheit, sei es ein Moment der tiefen Zuneigung zu einem anderen Menschen, der nicht reproduzierbar ist, der aber auf Dauer für die Beziehung prägend bleibt), welche sich im Leibgedächtnis eingebrannt haben. Die Frage nach dem ‚Wie' des Spürens von Atmosphären kann also mit den Phänomenen der leiblichen Kommunikation[4] beantwortet werden. Wir sind aufgrund der La-

---

[2] Das Kategoriensystem, welches Schmitz (1998) entwickelt hat und als Alphabet der Leiblichkeit bezeichnet, habe ich in einer anderen Publikation für die Pflege ausgeführt (Uzarewicz & Uzarewicz 2005).

[3] Die Vorstellung davon, dass der Mensch eine in sich abgeschlossene Einheit sei, dem die Umwelt gegenüber steht und zwischen diesen beiden Entitäten Kommunikation und Interaktion (z.B. über die Sinneswahrnehmung) stattfinde, ist eine reduzierte Vorstellung. Sie blendet die vorsinnlichen Interaktions- und Kommunikationsverhältnisse aus.

[4] Verbale Kommunikation: Sprache als Zeichensystem, welches gedeutet werden muss (historisch und kulturell variabel, Sprachfamilien); nonverbale Kommunikation: Körpersprache, Gestik, Mimik. Körpersprache (wie auch verbale Sprache) beruht auf der Deutung von Zeichen, die *äußerlich gegeben* sind. (Insofern sind diese auch kulturgebunden). Leibliche Kommunikation: basiert auf

bilität[5] der leiblichen Ökonomie, der Fähigkeit und Möglichkeit zur Teilhabe an der Leiblichkeit Anderer zur Kommunikation auf leiblicher Ebene fähig. „Von leiblicher Kommunikation will ich immer dann sprechen, wenn jemand von etwas in einer für ihn leiblich spürbaren Weise so betroffen und heimgesucht wird, dass er mehr oder weniger in dessen Bann gerät und [...] in Versuchung ist, sich unwillkürlich danach zu richten [...]." (Schmitz 1989: 31 f.)[6]

Von besonderer Bedeutung für die Kommunikationsverhältnisse sind neben den Atmosphären die Bewegungssuggestionen und Gestaltverläufe. Dies sind Vorzeichnungen von Bewegungen, ohne selbst Bewegung zu sein (Als-ob-Bewegungen). Diese können von Menschen und Tieren (vom Lebendigen) ausgehen, von Musik, aber auch von leiblosen Gegenständen wie Häuser, Bäume, Wege, Tische, Stühle. Die Körperhaltung eines Menschen, der uns gegenüber steht, hat Einfluss auf uns und unsere eigene Körperhaltung. Rein von der von ihm ausstrahlenden Bewegungssuggestion zieht uns ein sehr gerader, aufrechter Mensch entweder förmlich mit nach oben, oder aber wir haben das Gefühl, wir werden kleiner und fühlen uns in seiner Gegenwart eher niedergedrückt. Jeder Mensch bewegt sich fast automatisch, wenn er Musik hört – besonders, wenn sie einem vertrauten Rhythmus folgt. Welch suggestive Kraft von der Musik ausgeht, kann jede/r an sich selbst ausprobieren, wenn er einmal versucht, zu einem Wiener Walzerrhythmus Discofox zu tanzen. Das gelingt nicht, weil die Musik eine bestimmte Bewegungsgestalt vorgibt, die kaum zu durchbrechen ist. Auch leiblose Gegenstände greifen in unsere leibliche Befindlichkeit ein. An einem Zaun schauen wir unwillkürlich entlang, einen Weg gehen wir üblicherweise und ohne darüber nachzudenken der Wegführung entlang und nicht im Zickzack hin und her (Ausnahmen gibt es sicherlich). Auf einen Stuhl setzen wir uns, einen Tisch benutzen wir als Ablagefläche. Bewegungssuggestionen lenken oder steuern unser Verhalten und unsere Stimmungen.[7]

---

leiblichen Regungen; sie beruht auf dem eigenleiblichen Spüren, sei es nun bewusst oder bewusstlos! Dieses Spüren, festgemacht am Leiblichkeitsalphabet, ist ‚kulturübergreifend', quasi eine transkulturelle ‚Sprache'.

[5] Etymologisch hängt der Leib eng mit dem Leben zusammen und Leben ist Bewegung. Die leibliche Ökonomie, also das, was wir am eigenen Leibe spüren, ist ständig in Veränderung: Müdigkeit, Hunger, Freude usw. fühlen sich unterschiedlich an. Das meint die Labilität der leiblichen Ökonomie.

[6] Zur leiblichen Kommunikation im Kontext der Pflege siehe Uzarewicz & Uzarewicz (2005: 144-168).

[7] Zur Orientierung im Raum vgl. auch Zec (2002).

4. Grundlagen für die Gestaltung von Lehr-Lernräumen

Grundsätzlich sind drei Ebenen des Raumerlebens für eine Raumgestaltung zu beachten: die leibliche Ebene des Spürens, die sinnliche Ebene des Wahrnehmens und die kognitive Ebene des Nach-Denkens. Atmosphären werden nicht nur durch einzelne Sinne oder durch das Zusammenspiel dieser wahrgenommen (dieser Prozess setzt erst später ein). Indem ich in einem Raum anwesend bin, spüre ich, in welcher Art Umgebung ich mich befinde. Diese sinnliche Wahrnehmungsebene, die immer auch die kognitive Ebene tangiert, wenn man darüber nachdenkt, wird flankiert von der leiblich-spürbaren Ebene, die den beiden anderen vorgängig ist. Denn bevor ich irgendetwas sinnlich wahrgenommen habe und mir das dann bewusst gemacht habe, habe ich es schon gespürt und das hat etwas mit meiner Stimmung gemacht. Dabei sind zwei Seiten zu beachten: die Umgebung, die eine Stimmungsqualität, eine Atmosphäre ausstrahlt (Präsentation) und meine Befindlichkeit, mit der ich an dieser Stimmung teilhabe (spürbare Präsenz). Daraus ergeben sich die *Ambivalenzen* der Atmosphären. Diese Ambivalenzen sind interindividuell, bestehen also zwischen Individuen bezogen auf ihre jeweilige Reaktion; aber auch innerindividuell bezogen auf die Dimensionen Kognition, sinnliches Erleben, leibliches Spüren. Diese Ambivalenzen zeigen u.a. eine Grundstruktur unseres Daseins, nämlich die, dass es nichts Eindeutiges gibt. Ein-Deutigkeit ist eine wissenschaftlich legitimierte Reduktion des Lebens; sie ist die Ausblendung entscheidender Dimensionen aus unserer Wahrnehmung (z.B. des sinnlichen Erlebens). Die erfahrene, erlebte Ambivalenz verweist auf das Leben selbst, auf die Art und Weise, wie wir in der Welt sind, diese wahrnehmen und diese Wahrnehmung wiederum unser Welt-Bild macht. Diese Wahrnehmung ist nicht nur Wahrnehmung der ‚äußeren' Welt, sondern immer auch gleichzeitig Wahrnehmung und Kommunikation auf leiblicher Ebene. Auch die Dimension der Zeit spielt eine wichtige Rolle: Je länger man sich auf eine Atmosphäre einlässt, sich dieser überlässt, desto deutlicher spürt man, wie sich die Stimmungen, Atmosphären verändern. Nichts bleibt konstant.

Räume bzw. Gebäude sind Inszenierungen in zeitlich-räumlichen Lebenszusammenhängen, an denen sich soziale (Macht)Verhältnisse manifestieren (Welsch 1998; Böhme 2006). Wolfgang Welsch (1998) spricht von einem manifesten, das heißt offensichtlichen Sinnangebot von Gebäuden oder Räumen. Das ist nachvollziehbar: In einer Schule bzw. einem Seminarraum soll einerseits Bildung vermittelt werden und andererseits sollen die Lehrkräfte auch erzieherisch tätig sein können. Vom latenten Sinnangebot spricht Welsch, wenn es um die verborgenen Sinnstrukturen geht, die man eben nicht unmittelbar erkennen kann. Hier ist der Zusammenhang von pädagogischen Konzepten und Raumgestaltung angesprochen. Durch eine Analyse der Anordnung des Inventars kann man die impliziten pädagogischen Vorstellungen erkennen. Stehen z.B. in einer

Schule in jedem Raum die Tische in Reihen in der gleichen Richtung und ein einzelner Tisch frontal in Gegenrichtung zu den Tischreihen, so ist Frontalunterricht das pädagogische Grundkonzept. Die manifeste Sinnstruktur lautet: Der Lehrer hat das Wissen, das er an die Schüler weiter gibt. Diese haben aufmerksam zuzuhören, dann lernen sie etwas. Die latenten Sinnstrukturen können wie folgt umschrieben werden: ‚Ich (der Lehrer) habe hier etwas zu sagen und nur ich! Ihr müsst auf mich hören, ihr müsst mir gehorchen! Ich habe die Sanktionsmacht, denn ich sehe alles (ihr seht ja nur den Rücken eures Vordermanns), obwohl ich alleine bin und ihr viele seid!' Die Disziplinierung der Schüler, die nebeneinander sitzen und nicht unbemerkt Blicke tauschen können, ist ein Indiz für die Machtstruktur, die in der Anordnung der Möbel versteckt ist. Die Kommunikationsrichtung ist kanalisiert, nach vorne zum Lehrer. Seitliche Ausrutscher sind von vorne sofort identifizierbar. Wer hat den Überblick? Die Distanz zwischen Lehrerpult (welches in alten Schulräumen auch noch auf einem Podest steht) und Schülertischen verdeutlicht einmal mehr das hierarchische Gefälle, welches zwischen den Personengruppen (Lehrer – Schüler) aufgebaut wird.

Hat der Lehrer eine Sonderstellung, einen eigenen Platz, oder gar keinen Platz, hat er die Möglichkeit, sich jedes Mal woanders zu platzieren oder ist ihr Platz fest gelegt? Sind die Stühle und die Tische aus leichtem Material, so dass sie schnell umgestellt werden können, oder sind sie am Fußboden fest montiert? All das gibt Auskunft über die pädagogischen Vorstellungen, die einer Institution zu Grunde liegen. Diese beinhalten nicht nur ein Verständnis von Lehr-Lernsituationen, sondern gleichermaßen ein grundlegendes Menschenbild und Selbstverständnis von Lehrern/innen und Schülern/innen. Was ist überhaupt Lernen und wie funktioniert das am besten? Zu diesen Fragen gibt es viel interessante Literatur (Bollnow 1964; Düttmann 2000; Ortmann 1997; Schubert 2004; Spitzer 2006). Ich möchte daher nicht die verschiedenen pädagogischen Theorien wiedergeben, sondern den Blick auf die Möglichkeiten konkreter Raumgestaltung richten: Wie kann man Lernatmosphären erzeugen? Wie geht man bei einer Raumplanung vor?

5. Konzept für Raumanalysen und Raumgestaltung
5.1 Explorieren der Möglichkeitsräume

Will man nun einen vorhandenen Raum gestalten oder einen neuen Raum planen, so sollte man zuallererst eine Analyse durchführen. Dafür ist die Bildung einer kleinen Arbeitsgruppe ratsam. Da wir alle dieses tacit knowledge haben, wie man am besten einen Raum gestaltet, und wir alle ästhetische Arbeiter/innen sind, weil wir unsere je eigenen vier Wände ja auch immer irgendwie gestalten, ist es wichtig, hier ein Korrektiv in Gestalt anderer Kollegen/innen einzubauen.

Sonst erschöpft man sich leicht in persönlichen Vorlieben oder Abneigungen und ist Kritiken und Widersprüchen ausgeliefert. Zudem fehlt die Argumentationsbasis für Begründungszusammenhänge. Darüber hinaus können in einer Gruppe wesentlich schneller alle möglichen Spielarten von Gestimmtheiten, Erwartungshaltungen, Intentionen usw. exploriert werden. Voraussetzung dafür ist jedoch, dass man die Ebene des ‚was ist richtig' oder ‚ich habe recht' verlässt und erst einmal alle Äußerungen als Optionen gleichermaßen zulässt. Mit einer solchen Grundhaltung kommt man schnell von der subjektiven Ebene der persönlichen Vorlieben oder Abneigungen zur intersubjektiven Ebene, die die Basis für das weitere Vorgehen bildet.

Jedes Gebäude, jeder Raum, jedes Zimmer hat bestimmte Funktionen, soll einen Zweck erfüllen. Das ist die *Raumintention*. Es gilt also zu klären, welche Raumintention vorliegt. Bei einem Seminarraum scheint es offensichtlich zu sein: Hier soll gelernt werden! Aber es soll auch gelehrt werden. Soll der Raum eher einem theoretischen Unterricht dienen, oder einem fachpraktischen Unterricht? Also ist die Intention des Raumes als Lehr-Lernraum schon nicht mehr eindeutig. Das ‚Was' wird hier ergänzt durch das ‚Wie'; damit ist die theoretische (anthropologische und pädagogische) Grundhaltung angesprochen: Welche Vorstellungen, Vorurteile habe ich von Lehrenden und von Lernenden? Welche pädagogischen Ideen entsprechen meinen Vorstellungen? Bin ich Anhängerin der klassischen Reformpädagogik in der Variante freie Waldorfpädagogik, Freinetpädagogik oder Montessoripädagogik (Hellmich et al. 2007)? Steht die kritisch-konstruktive Didaktik im Leitbild der Schule oder die Gestaltpädagogik? Die Bestimmung der Raumintention ist alles andere als einfach, wird darin doch das Selbstverständnis der Bildungseinrichtung deutlich. Ist die Raumintention umrissen, wird als nächstes die *Situationserwartung* zu klären sein: Mit welcher Erwartung betreten die Menschen diesen Raum. Das ist zugegebenermaßen eine spekulative Ebene; dennoch können hier ganz allgemeine Aussagen getroffen werden. Dies ist wichtig, um die anderen Kategorien (Raumintention, Gestimmtheit usw.) zu überprüfen. Wenn eine Schülerin einen Unterrichtsraum betritt, wird sie die soziokulturell geprägte und historisch gewachsene Erwartung haben, dass sie etwas lernt. Das ‚Wie' ist variationsreich: ‚Ich lasse mich bespaßen, wozu habe ich Studiengebühren bezahlt?' oder: ‚Endlich ist die Schule vorbei und ich kann das lernen, was mich wirklich interessiert!' Auch bezogen auf die Lehrenden haben die Lernenden unausgesprochene Erwartungshaltungen. Während der Analyse ist es hilfreich, seine Phantasie spielen zu lassen und alle möglichen Erwartungshaltungen zu explorieren; das geht am besten im Team und auch mit biografischen Rückgriffen. Schließlich hat jede/r einmal eine Schulbank gedrückt. Bis hierher hat man dann schon zwei Listen von Möglichkeiten der Raumintention und der Situationserwartungen erstellt. Da Atmosphären immer ambivalent in ihrer Wirkung sind und es keine Möglichkeit der genormten und normierenden Reduktion gibt (auch wenn das manche Farbpsychologien suggerieren, wie z.B. gelbe Wände erhöhen die Konzentration!), ist es wichtig, zunächst die Vielfalt heraus zu arbeiten. In einem nächsten Schritt gilt es, den ‚kleinsten gemeinsamer Nenner' zu finden. Auch bezogen auf die mögliche *Gestimmheit*, mit der Lehrende und Lernende den Seminarraum betreten, wird schnell eine Liste von Möglichkeiten entstehen. Hier helfen Überlegungen, wie z.B. ‚Wie sind Frühaufsteher in der ersten Stunde drauf und wie viele Spätaufsteher habe ich in meiner Klasse?' Oder: ‚Wie viele Studenten/innen kommen nach der Nachtschicht noch schnell zum Seminar?' Es gibt interessierte, aufgeweckte, lebendige, hektische, träge, uninteressierte, spät pubertierende Schüler/innen. Bei den Lehrenden ist die Vielfalt nicht geringer: vom (hyper)motivierten Neuling bis zum ab- und ausgebrannten Oldie, der in uninteressierter Routine fast selbst ertrinkt.

In diesem ersten Schritt geht es darum, ein Gerüst für die Analyse zu erstellen. Als Ergebnis können die manifesten und die latenten Sinnstrukturen erkannt werden. Dann können die Fragen: ‚Was will ich in bzw. mit diesem Raum erreichen, bezwecken? Was soll in diesem Raum geschehen, das heißt möglich werden?' beantwortet werden.

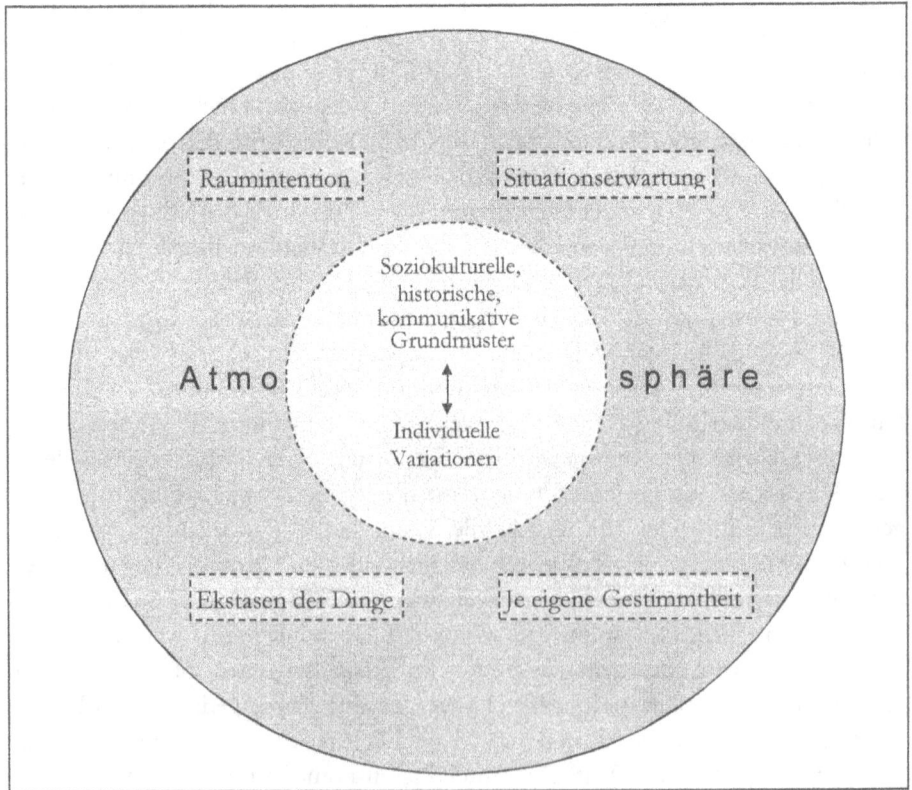

Abb. 1: Explorieren der Möglichkeitsräume (Charlotte Uzarewicz ©)

5.2 Ist-Analyse

Die Analyse kann im assoziativen Verfahren gemacht werden (überwiegend erfahrungsgeleitet) und/oder auch theoriegeleitet.[8] Optimal wäre eine Verschränkung der beiden Wege. Zunächst bietet sich eine Betrachtung der Immobilien des Raumes an, also die *Raumform* selbst. Eine gegebene Form wird unwillkürlich an der eigenen Körperlichkeit und der jeweiligen leiblichen Disposition gemessen. Die Deckenhöhe eines Raumes (das genormte Mindestmaß beträgt derzeit 2,40 m) hat erstaunlichen Einfluss auf unsere Befindlichkeit. So kann ein Raum mit einer Deckenhöhe von über 3 m (Altbauten) die Menschen dazu bewegen, sich aufzurichten, an der Höhe/Größe des Raumes teilzuhaben und damit die Gesamtatmosphäre als großartig, erhaben, weit, offen, transparent, mächtig erscheinen lassen. Auch das Gegenteil kann eintreten (das ist eben die zu beachtende Ambivalenz bei jeglicher Raumgestaltung): Ein hoher Raum kann mich klein machen, ich verschwinde zwischen den Wänden, bin klein, werde kleinlich … . Die Raumform kann also Gefühle hervorrufen, wie z.B. ‚das ist ja zum an die Wand laufen'; ein Gefühl der Unveränderlichkeit, des Eingesperrtseins, des sich Im-Kreise-Drehens usw. Ein geschlossener Raum vermittelt andere Atmosphären – etwa die der Geborgenheit oder Intimität – als ein offener, von allen Seiten zugänglicher Raum. Zusammen mit der Deckenhöhe können sehr unterschiedliche Gesamtatmosphären entstehen; niedrige Decken in kleinen, geschlossenen Räumen lassen eine als eng oder bedrückend empfundene Atmosphäre entstehen, während die gleiche niedrige Deckenhöhe in einem sehr großen, rechteckigen Raum die Weite minimiert und das Gefühl des Verloren-Gehen-Könnens mindern kann. Kleine Räume mit einer etwas höheren Decke können anheimelnd wirken und Geborgenheit vermitteln. Wie wirken die Eingangs- und Ausgangssituationen des Raumes insgesamt (wird man durch zu große Fensterfronten geblendet, gibt es ausreichend Abschattungsmöglichkeiten, sind die Türen versperrt, oder lassen sie Freiräume zum Kommen und Gehen...)? Die Größe und Gestalt der Fenster lassen erahnen, ob es und wenn ja welche Ausblicke, Auswege, Fluchtpunkte es gibt. Ein hoher, lichter Raum mit vielen Fenstern kann das Gefühl der Freiheit oder der Weite auslösen. Wie sind die Ekstasen der Wände zu beschreiben? Aus welchem Material bestehen sie und was strahlt dieses aus (grober Rauputz, Holzverkleidung, Milchglas)? Wirken sie eher dicht wie undurchdringliche Mauern oder eher leicht und weich, so dass sie einen Schutz, aber kein Hindernis darstellen? Ebenso spielt die Beschaffenheit des Fußbodens eine Rolle: massiv, filigran, transparent … . Was erzeugt Standfestigkeit, was lässt einen ins Wanken geraten? Zu guter Letzt sind die Öffnungen und jeweiligen

---

[8] Je nach fachlicher Ausrichtung bietet sich hierfür eine Vielzahl von Theorien an. Ich persönlich fundiere meine Überlegungen architekturtheoretisch (Meisenheimer 2006), ethnologisch (van Gennep 1986), neophänomenologisch (Schmitz 2009) und neoästhetisch (Böhme 2001; Welsch 1998).

Eingangssituationen eines Raumes zu betrachten: Ob man einen Raum durch einen gewaltigen, aufwändig verzierten Torbogen oder eine Drehtür betritt, ob eine Tür im Raum geschlossen oder geöffnet ist, ob ein Raum durch Vorhänge oder Säulen und Pfeiler zu betreten ist, stets erzeugt er unterschiedliche atmosphärische Wirkungen.

Die *Raumausstattung*, das betrifft alles Mobile in einem Raum, kommt als nächstes in den Blick. Ein unmöblierter, leerer oder nur sparsam ausgestatteter Raum kann möglicherweise selbst einem kleinen Raum den Charakter von Offenheit und Klarheit verleihen, während ein mit Dingen (oder mit Menschen) zugestellter oder überfüllter Raum immer an Höhe und Bewegungsfreiheit einbüßt.[9] Die Befüllung eines Raumes, die Anordnung der Objekte, die Farb-, Form- und Lichtgestaltung bilden Bewegungssuggestionen, die unser Verhalten steuern. Ein Flur steuert die Blickführung und letztlich unsere Art, sich in diesem Flur zu bewegen: Ist er lang und gerade, schmal oder breit, hat er Kurven bzw. Krümmungen, gibt es visuelle Fluchtpunkte, Auswege, oder ist am Ende des Tunnels kein Licht zu sehen? Flure können wie Aus-Wege wirken, aber auch wie Einbahnstraßen (ohne Wendemöglichkeit). Die Anordnung der Möbel lässt bestimmte Bewegungsmuster zu. Ich beobachte regelmäßig, wie sich Studenten/innen in die Seminarräume bewegen. Die durch die Anordnung der Tische und Stühle geschaffenen Wege werden benutzt, um zu seinem Platz zu kommen; auf einen Stuhl wird sich gesetzt, auf den Tisch werden die Utensilien für das Seminar gelegt. Man läuft nicht über Tische und Bänke, um zu seinem Platz zu kommen, obwohl es der kürzere Weg wäre (das tat man nur in Zeiten des Aufbruchs, der Studentenrevolte – und ein bisschen danach – um gegen alles Herrschende und Etablierte aufzubegehren. Letztlich waren das auch Versuche, sich über die Macht der Architektur hinweg zu setzen und eigene Akzente zu kreieren). Hier wird noch einmal die Manifestation von Machtansprüchen deutlich, und die Latenzen der ambivalenten Sinnangebote scheinen durch. Wie kann man denn auf die Idee kommen, dass der Körper still gestellt sein muss, wenn sich der Geist bewegen soll? Die inzwischen vielen flexiblen Schulmöbel (v.a. in der Grundschule) zeigen durch die Benutzer/innen deutlich, wie problematisch die pädagogischen Konzepte umzusetzen sind, die auf einem Menschenbild beruhen, welches den Menschen einteilt in Körper, Geist und Seele als getrennte Entitäten, und von denen man nicht wirklich weiß, wie sie zusammenhängen.

Die Anordnung der Objekte wie Tische, Stühle, Tafeln, Flipcharts und anderen didaktischen Materialien, Topfpflanzen, Bilder, Vorhänge usw. sowie die Farbgebung und die Materialbeschaffenheiten führen zu einer Choreographie des Raumes, die jeweils spezifische Atmosphären artikuliert. Raumstruktur und We-

---

[9] Vgl. hierzu auch Lorenz (o.J.) sowie Böhme (2006).

ge- bzw. Blickführungen sind dabei dominant: Linear angeordnete Räume mit geraden Fluchten betonen oft die Strenge, indem sie nur eine Bewegungs- und Wahrnehmungsrichtung zulassen, wohingegen geschwungene Wege oder Möbel ein vielfältiges Erschließen des Ortes ermöglichen. Ich habe die Erfahrung gemacht, dass die Ausrichtung eines Beamers als Festinstallation in einem Seminarraum zentralen Einfluss auf die Bewegungsfreiheiten und -richtungen hat. Die heimliche Macht wirkt umso deutlicher, je weniger man dieses technische Gerät sieht. Oft wird er an der Decke (weit oberhalb der Köpfe und damit außerhalb des gewohnten Blickfeldes) angebracht. Wie von unsichtbarer Hand werden die Menschen gelenkt, denn sobald dieses Gerät eingeschaltet wird, synchronisieren sich die evtl. vorher noch vorhandenen unterschiedlichen Bewegungsmuster und -ausrichtungen. So kann z.B. eine gruppenorientierte Anordnung von Tischen und Stühlen mit diesem Detail konterkariert werden; selbst wenn der Beamer nicht verwendet wird, ist die suggestive Kraft des Gestaltverlaufs so dominant, dass sich Lehrer und Schüler nach diesem imaginären ‚nach vorne' ausrichten.[10]

Die Materialbeschaffenheiten (Oberflächen, Formen, Farben und Licht) ergänzen durch ihre synästhetischen Charaktere die atmosphärische Gesamtwirkung. Synästhesien sind Brückenqualitäten, die aus der unmittelbaren Lebenserfahrung entstehen und diese genauer beschreiben können als eine Wissenschaftssprache. Wenn man sagt, jemand habe ein kaltes Herz, so weiß jeder, was gemeint ist – und das hat nichts mit Anatomie (Herz) und physikalischen Größen (Temperatur) zu tun; ebenso wissen wir, was gemeint ist, wenn wir von kaltem Beton oder warmen Holztönen sprechen. Hier werden Merkmale, die aus verschiedenen sinnesphysiologischen Bereichen stammen, zusammengebunden, um eine bestimmte Qualität zu beschreiben, die für jedermann spürbar ist (warm ist ein Begriff aus der Physik und bezieht sich auf Temperatur; Holz ist die Bezeichnung des Materials – es ist ja nur wirklich warm, wenn es fast brennt! Und ein Ton ist eine Qualität aus der Akustik, der hier an die Materialität und die Temperaturqualität gebunden wird, so dass wir von einem warmen Holzton sprechen können) (Uzarewicz & Uzarewicz 2005: 158 ff.). Wie ist z.B. der Fußboden des

---

[10] Ich habe es einmal ausprobiert und mich in einem Seminarraum, in dem die Tische als großes Viereck angeordnet waren, damit sich jeder sehen kann, absichtlich in Gegenrichtung der Beamerausrichtung gesetzt. So konnte ich alle Teilnehmer/innen sehen, nicht aber eine evtl. Präsentation. In der Seminarstunde wurden beide Methoden gleichzeitig angewendet: Diskussion und Powerpointpräsentation. Es gab Erstaunen und Irritation auf beiden Seiten: Ich wurde permanent irritiert angesehen, weil ich mit dem Rücken zum präsentierten Bild saß. Um den Inhalt zu erfassen, musste ich mich um 180 Grad drehen, was ich auch tat, aber jeweils nur kurz, um mich dann wieder den Seminarteilnehmern/innen zuzuwenden und zu diskutieren. Alle auf mich gerichteten Blicke schienen zu fragen: „Warum setzen Sie sich nicht einfach um, haben Sie nicht gesehen, dass es heute eine Präsentation gibt?" Gleichzeitig fiel mir auf, dass die Diskutanten/innen während ihrer Wortbeiträge mehr auf das Bild an der Wand blickten als in die Gruppe, zu der sie eigentlich sprachen. Wie fühlt man sich, wenn jemand mit einem spricht, der dabei aber in eine ganz andere Richtung blickt?

Seminarraums beschaffen? Aus der Perspektive der Funktionalität muss er strapazierfähig und gut zu reinigen sein. Soll es ein Holzfußboden, Steinboden, Keramikboden, Teppichboden oder PVC-Boden sein? Das Gehgefühl ist jeweils ein anderes, fühlt sich härter oder weicher an. Welche Ekstase geht von welchem Fußbodenbelag aus, was soll erreicht werden? Als ich das erste Mal einen Seminarraum betrat, der mit einem hellblau melierten Linoleumboden ausgelegt war, schwankte ich im ersten Augenblick leicht und das irritierte mich. Dann erst nahm ich dieses Blau wahr und meine erste Assoziation war ‚Meer'. So konnte ich mir dann auch mein Schwanken erklären.[11]

Das Licht spielt eine ganz besondere Rolle in Seminarräumen. Neonröhren produzieren beispielsweise andere Stimmungen als Glühlampen. Wir sprechen von kaltem oder warmem Licht, von blendendem Licht oder indirekter Beleuchtung. Frontales Licht schafft andere Räume als diffuses Seitenlicht.

Auch Farben sind immer ein sehr heikles Thema bei einer Raumgestaltung. Es gibt unzählige Abhandlungen im Rahmen der Farbpsychologie über die Wirkungsweisen von Farben, die sich zum Teil widersprechen. Einig ist man sich aber darüber, dass Farben eine nicht zu unterschätzende Wirkung auf die Befindlichkeit von Menschen haben (vgl. exemplarisch Aull 2004). Einen guten Einstieg und Überblick in die Wirkungsweisen von Farben für bestimmte Zwecke bieten Martin Benad (2010) sowie Axel Venn et al. (2011). Aus zahlreichen empirischen Befunden haben sie eine Systematik für die Gestaltung von Innenräumen entwickelt und liefern sehr anschauliche Beispiele für mögliche Farbkombinationen und Wirkungen.

Die Anwesenheit von Menschen hat ebenfalls Einfluss auf die Raumatmosphäre. Niemand wird bestreiten, dass ein leerer Unterrichtsraum eine andere Atmosphäre hat als ein ‚belebter'. Menschen entfalten mit ihrem Handeln an ihren Plätzen ebenfalls atmosphärische Wirkung. Eine große Anzahl von Menschen im Raum kann z.B. den Eindruck des Geschlossenen oder der Enge vermitteln. Sie kann aber auch – abhängig vom wahrnehmenden Subjekt – etwas Anheimelndes ausstrahlen. Entscheidend für den ersten Eindruck sind auch das Alter, das Geschlecht oder die Kleidung der anwesenden Menschen. Neben Gerüchen und Geräuschen kann ebenfalls die Sprache, im Sinne etwa von Mundarten oder Dialekten, verschiedene Raumeindrücke konstituieren (Lorenz o.J.; Böhme 2006).

---

[11] An diesem Beispiel werden die drei Ebenen des Raumerlebens in ihrer Priorität deutlich: Erst spüren, dann sinnlich wahrnehmen und beim Assoziieren kommt die kognitive Ebene mit ins Spiel. Das läuft alles in Sekundenbruchteilen ab.

Die Raumform und die Raumausstattung zusammen genommen haben Einfluss auf die Akustik des Raumes: Ist sie gedämpft, hallend, Geräusche verschluckend usw.? Ebenso sind Gerüche für ein Klima der Konzentration nicht zu unterschätzen: Riecht es nach Kunststoffen, neuen Farben, abgestandenen Möbeln, alten Bücher, Putzmitteln usw.?

Als Ergebnis der Ist-Analyse erhält man den Rhythmus des Raumes, der durch die Anordnung der Objekte, das Verhältnis von unbeweglichen und beweglichen Elementen in einem Raum sowie das Zusammenspiel aller anderen Faktoren entsteht. Die Proportionen sowie die begrenzenden Faktoren kommen ins Blickfeld. Die Ekstasen der einzelnen Dinge können analytisch benannt werden.

Nach der *Auswertung* einer solchen ausführlichen Analyse können zunächst die Ressourcen des Raumes klar benannt werden und zwar im Hinblick auf die Raumintention, die Situationserwartung der Menschen, die sich in diesem Raum aufhalten, und die möglichen Stimmungen, die er erzeugen bzw. zulassen kann. Ebenfalls können auf diese Aspekte bezogen auch die Defizite des Raumes klar erkannt und begründet werden. An dieser Stelle ist es sinnvoll, die manifesten und latenten Sinnstrukturen noch einmal zusammen zu fassen und zu überlegen, ob diese gewünscht sind, oder ob diese modifiziert werden sollen. Als Ergebnis erhält man ein differenziertes Bild von den Gegebenheiten. Daraus lassen sich nun die einzelnen Gestaltungswünsche entwickeln.

5.3 Soll-Konzept

Nach der Auswertung der Ist-Analyse wird ein Soll-Konzept erstellt, welches die Defizite ausgleicht und die Ressourcen nutzt. Im Soll-Konzept werden die Themen aus den voran gegangenen Kapiteln noch einmal aufgegriffen und genauso systematisch bearbeitet. Leitend kann dabei eine Differenzierung in Variablen und Invariablen sein – also, was ist veränderbar in einem gegebenem Raum (Mobiliar, Farben, Licht) und was ist unveränderbar (Wände, Fenster, Türen). Ist die Analyse im ersten Punkt geglückt, kann hier nun das gewünschte Möglichkeitsspektrum in der Planung fokussiert werden. Es wird an dieser Stelle klar gelegt, welche Angebote ‚gemacht' werden sollen, das heißt auch, welche pädagogischen Aspekte/Werte zum Ausdruck kommen, welche Didaktiken ermöglicht werden sollen. Wie will die Bildungseinrichtung ihr Leitbild leben? Diese Frage entspricht der Frage: Welche Atmosphäre soll in der Einrichtung, im Klassenzimmer vorherrschend sein? Ganz entscheidend für die Sollkonzeption ist die Gestaltung von Übergängen. Das sind die Räume vom Flur zum Zimmer, vom Schülerplatz zum Lehrerpult, vom Zimmer zum Fenster. Welche Bewegungssuggestionen liegen hier vor: Stolpersteine, Widerstände oder Barrierefreiheit? Es gilt hier, Entscheidungen zu treffen und Möglichkeitsräume zu eröffnen. Besonderes Augenmerk sollte auch auf die begrenzenden Faktoren gelegt werden, wie sie beschaffen sind und welche Ausstrahlung sie haben: Man kann sich in einem kleinen Klassenzimmer eingesperrt fühlen oder aber auch geborgen.

Die einzelnen Gestaltungselemente haben – wie oben aufgeführt – immer ambivalente Wirkungen. Um sich nicht in unnötigen und zeitraubenden Diskussionen zu verfangen, bietet es sich an, immer wieder die subjektive und die intersubjektive Ebene zu trennen. Dabei kann man zunächst von der subjektiven Ebene ausgehen (das, was mir gefällt), um dann, wenn man genügend unterschiedliche ‚subjektive Meinungen' hat, auf eine intersubjektive Ebene zu gelangen, indem man sich fragt: ‚Was ist nun der kleinste gemeinsame Nenner all dieser Meinungen und wie lautet unser Sachziel?' Schnell kann man sich dann auf eine Farbgebung, auf Materialien usw. einigen, die man verwenden möchte.

Zum Soll-Konzept gehört natürlich auch ein Finanzierungsplan, der möglichst realistisch die Sach- und Personalkosten benennen soll; ein Umsetzungsplan, der vom Modellbau ausgeht und die konkreten Umsetzungsschritte sowie die Organisation und die Verantwortlichkeiten festlegt; zu guter Letzt ist die Evaluation der Raumgestaltung zu nennen. Ich empfehle eine zeitlich abgestufte Evaluation: direkt nach der Fertigstellung im Abgleich mit den Vorstellungen, dem Konzept und dem Modell; sodann nach einem halben Jahr, nach einem Jahr und nach zwei Jahren des Projektabschlusses eine weitere Evaluation, um zu sehen, ob die intendierten Ziele (Möglichkeitsräume) dauerhaft erreicht worden sind, ob sich etwas geändert hat in Bezug auf die Situationserwartungen der Lehrer/innen und Schüler/innen und auch in Bezug auf die möglichen Gestimmtheiten, mit denen der Raum betreten wird. Denn Räume sind lebendig wie Menschen und ändern sich mit ihnen.

6. Abschluss: Überblick über die Stufen der Raumanalyse und -gestaltung

Nachstehende Tabelle stellt die Zusammenfassung des vorherigen Textes aus Kapitel 5 dar. Sie soll eine Hilfestellung für ästhetische Arbeiter/innen sein, die planen, ihren Seminarraum umzugestalten. Aber auch, wenn eine Bildungseinrichtung einen Neubau oder eine grundlegende Modernisierung des bestehenden Gebäudes plant, kann diese Übersicht dazu dienen, sich im Team gemeinsam Gedanken zu machen, um dann strukturiert und fundiert mit Architekten/innen und Bauherren/innen in den inhaltlichen Austausch zu gehen.

Stufen	Analysekategorien	Konkrete Bezüge für die Analyse
Stufe 1: Explorieren der Möglichkeitsräume	• Raumintention	• Zweck des Raumes • Pädagogisches Konzept • Leitbild der Schule
	• Situationserwartungen	• Der Lehrer/innen • Der Schüler/innen
	• Gestimmtheiten	• Der Lehrer/innen • Der Schüler/innen
	Ergebnis: ☑ Latente und manifeste Sinnstrukturen erkennen ☑ Beantwortung der Frage: Was will ich in/mit diesem Raum erreichen bzw. bezwecken? Was soll in diesem Raum möglich werden?	
Stufe 2: Ist-Analyse	• Raumform	• Decke (Deckenhöhe) • Boden • Wände • Größe des Raumes (qm Zahl) • Fenster • Türen

	• Raumausstattung	• Anordnung der Objekte im Raum, Bewegungssuggestionen, Gestaltverläufe
		• Materialitäten der Objekte, synästhetische Charaktere
		   ➢ Decke
		   ➢ Fußboden
		   ➢ Mobiliar, didaktische Materialien
		   ➢ Fensterrahmen, Glas
		• Farbe
		• Licht, Beleuchtung

	Ergebnis: ☑ Rhythmus des Raumes, Proportionen sowie begrenzende Faktoren erkennen ☑ Die Ekstasen der einzelnen Dinge analytisch benennen	

Stufe 3: Auswertung der Ist-Analyse	• Ressourcen des Raumes	• Explikation der Ressourcen des Raumes in Bezug auf die
		   ➢ Raumintention
		   ➢ Situationserwartung der Menschen, die sich in diesem Raum aufhalten
		   ➢ Angebote an die Leiblichkeit (die Gestimmtheiten)

	• Defizite des Raumes	• Explikation der Defizite des Raumes in Bezug auf die
		   ➢ Raumintention
		   ➢ Situationserwartung der Menschen, die sich in diesem Raum aufhalten
		   ➢ Angebote an die Leiblichkeit (die Gestimmtheiten)

	Ergebnis: ☑ Differenziertes Bild von den Gegebenheiten erstellen ☑ Einzelne Gestaltungswünsche prüfen und begründen	

Stufen	Analysekategorien	Konkrete Bezüge für die Analyse
Stufe 4: Soll-Konzept	• Fokussierung des gewünschten Möglichkeitsspektrums	• Raumintention • Situationserwartungen • Gestimmtheiten (siehe Stufe 1)
	• Invariablen: Was kann nicht geändert werden?	• Raumform • Raumausstattung (siehe Stufe 2)
	• Variablen: Was ist veränderbar und wie soll es verändert werden?	• Raumform • Raumausstattung (siehe Stufe 2)
Stufe 5: Finanzplan	• Finanzierungsplan	• Sachkosten • Personalkosten
	Ergebnis: ☑ Finanzierungsplan detailliert und realistisch erstellen	
Stufe 6: Umsetzungsplan	• Modellerstellung	• Ein maßstabgetreues Modell hilft, die Vorher-Nachher-Situation zu erfahren und ggf. Korrekturen vorzunehmen
	• Kritische Prüfung des Soll-Konzepts anhand des Modells	• Als Ergebnis entsteht ein koordiniertes Projekt zur Erschaffung/Veränderung eines Raumes und am Ende ein veränderter Raum
	• Umsetzung konkret	• Reihenfolge der Maßnahmen festlegen • Verantwortliche für die Maßnahmen festlegen • Verantwortliche für die Dokumentation festlegen (schriftlich, fotografisch) • Organisation der notwendigen Ressourcen
	Ergebnis: ☑ Ein Projekt zur Erschaffung/Veränderung eines Raumes koordinieren ☑ Einen Raum neu gestalten bzw. verändern	
Stufe 7: Evaluation	• Direkt nach der Umsetzung	• Abgleich mit den Vorstellungen/ dem Konzept und mit dem Modell
	• In regelmäßigen Zeitabständen	• Zunächst nach einem halben Jahr, nach einem Jahr, nach zwei Jahren
	Ergebnis: ☑ Ein Bild darüber, ob der gewünschte Möglichkeitsraum (Stufe 1) geschaffen worden ist, erstellen	

Abb. 2: Übersicht: Raumanalyse und -gestaltung (Charlotte Uzarewicz ©)

Literatur

Aull, Roland (Hg.) (2004): Farbe & Gesundheit. Die Aufgaben der Farbe als Therapie- und Gestaltungsmittel. Callwey, München

Benad, Martin (2010): Farbgestaltung Innenraum. Deutsche Verlagsanstalt, München

Benjamin, Walter (1974): Das Kunstwerk im Zeitalter seiner technischen Reproduzierbarkeit. In: Benjamin, Walter: Abhandlungen. Gesammelte Schriften. Bd. I, Teil 2. Suhrkamp, Frankfurt am Main: 431-508

Böhme, Gernot (2006): Architektur und Atmosphäre. Wilhelm Fink, München

Böhme, Gernot (2001): Aisthetik. Vorlesungen über Ästhetik als allgemeine Wahrnehmungslehre. Wilhelm Fink, München

Böhme, Gernot (1995): Atmosphäre. Essays zur neuen Ästhetik. Suhrkamp, Frankfurt am Main

Bollnow, Otto F. (1964): Die pädagogische Atmosphäre. Untersuchungen über die gefühlsmäßigen zwischenmenschlichen Voraussetzungen der Erziehung. Quelle & Meyer, Heidelberg

Düttmann, Susanne (2000): Ästhetische Lernprozesse. Annäherungen an atmosphärische Wahrnehmungen von LernRäumen. Tectum, Marburg

Hellmich, Achim & Teigeler, Peter (Hg.) (2007): Montessori-, Freinet-, Waldorfpädagogik. Konzeption und aktuelle Praxis. Beltz, Weinheim

Hövel, Erik vom & Schüßler, Ingeborg (2005): Die erwachsenenpädagogische Atmosphäre. (Wieder-)Entdeckung einer zentralen didaktischen Kategorie. In: REPORT: Literatur- und Forschungsreport Weiterbildung, Jg. 28, 4: 59-68. http://www.die-bonn.de/doks/report 0504.pdf (31.08.2012)

Lorenz, Claudia (o.J.): Atmosphäre. Eine praktische Annäherung an den ästhetischen Begriff Gernot Böhmes am Beispiel des Museums für Moderne Kunst Frankfurt am Main. http://web.archive.org/web/20040222132343/http://www2.rz.hu-berlin.de/museumspaedagogik/forschung/lorenz/atmosphaere.html (31.08.2012)

Mahayni, Ziad (2002): Einleitung. Zur Rolle der Kunst in der Neuen Ästhetik. In: Mahayni, Ziad (Hg.): Neue Ästhetik. Das Atmosphärische und die Kunst. Fink, München: 9-14

Meisenheimer, Wolfgang (2006): Das Denken des Leibes und der architektonische Raum. Walther König, Köln

Ortmann, Hedwig (1997): Lernatmosphären. Vorüberlegungen zu einer hochschuldidaktischen Raumtheorie – Ein Bericht. In: Bürmann, Jörg (Hg.): Humanistische Pädagogik in Schule, Hochschule und Weiterbildung. Lehren und Lernen in neuer Sicht. Klinkhardt, Bad Heilbrunn: 179-198

Schmitz, Hermann (2009): Kurze Einführung in die Neue Phänomenologie. Karl Alber, Freiburg im Breisgau

Schmitz, Hermann (1998): System der Philosophie. Bd. II, Teil 1: Der Leib. Bouvier, Bonn

Schmitz, Hermann (1989): System der Philosophie. Bd. III, Teil 5: Der Raum. Bouvier, Bonn

Schubert, Volker (2004): Die pädagogische Atmosphäre revisited. In: Schubert, Volker & Klika, Dorle (Hg.): Bildung und Gefühl. Schneider Hohengehren, Baltmannsweiler: 107-135

Spitzer, Manfred (2006): Lernen. Gehirnforschung und die Schule des Lebens. Spektrum, Heidelberg

Uzarewicz, Charlotte (2009): Kann man in einem Altenheim wohnen? http://www.gnp-online.de/fileadmin/media/Kann_man_in_einem_Altenheim_wohnen_Ch_Uzarewicz_09.pdf (31.08.2012)

Uzarewicz, Charlotte & Uzarewicz, Michael (2005): Das Weite suchen. Einführung in eine phänomenologische Anthropologie für Pflege. Lucius & Lucius, Stuttgart

Van Gennep, Arnold (1986): Übergangsriten. Les rites de passage. Campus, Frankfurt am Main

Venn, Axel / Schmitmeier, Herbert / Venn-Rosky, Janina & Karl, Wolf (Hg.) (2011): Farben der Gesundheit. Das Planungshandbuch für Gestalter im Gesundheitswesen. Callwey, München

Welsch, Wolfgang (1998): Ästhetisches Denken. Reclam, Stuttgart

Zec, Peter (2002): Orientierung im Raum. Eine Untersuchung zur Gestaltung von Orientierungs- und Leitsystemen. Red dot edition, Essen

Über die Autoren/innen

Michael Bossle, Prof. Dr. rer. cur., MScN, Krankenpfleger, Diplom Pflegepädagoge (FH), Pflegewissenschaftler (Univ.). Seit 2012 Professor und Leiter des Studiengangs Pflegepädagogik an der Hochschule Deggendorf, Leiter des Instituts für Pflege und Gesundheitswissenschaften am Schloss Mariakirchen, Außencampus der Hochschule Deggendorf im Rottal/Niederbayern, michael.bossle@hdu-deggendorf.de

Astrid Elsbernd, Prof. Dr., Professorin für Pflegewissenschaft, Dekanin der Fakultät Soziale Arbeit, Gesundheit und Pflege, Hochschule Esslingen, astrid.elsbernd@hs-esslingen.de

Monika Fröschl, Prof. Dr. med. Dr. med. habil., Professorin für Gesundheitswissenschaft und Medizin in der Sozialen Arbeit und Pflege an der Katholischen Stiftungsfachhochschule München, apl. Professorin an der Dermatologischen und Allergologischen Klinik der Technischen Universität München, geistliche Begleiterin, monika.froeschl@ksfh.de

Constanze Giese, Prof. Dr., Krankenschwester, Theologin und Pflegeethikerin (Dr. theol.), Professorin für Ethik und Anthropologie in der Pflege an der Katholischen Stiftungsfachhochschule München, constanze.giese@ksfh.de

Peter Hammerschmid, Dr. phil., Dipl. Päd. (Univ.). Seit 1990 Gründer und Leiter des Instituts für Bildung und Beratung Regensburg, seit 1990 Honorardozent an der Hochschule für angewandte Wissenschaften in Regensburg, Fachbereich angewandte Sozialwissenschaften, freiberuflicher Trainer, Coach und Supervisor, p.hammerschmid@t-online.de

Helen Kohlen, Dr. phil., Studium der Gesundheits- und Sozialwissenschaften, Medizin- und Pflegesoziologin, Juniorprofessorin für Care Policy und Ethik an der Philosophisch-Theologischen Hochschule Vallendar, hkohlen@pthv.de

Elisabeth Linseisen, MScN, Dipl.-Pflegewirtin (FH), Krankenschwester, Lehrbeauftragte an der Katholischen Stiftungsfachhochschule München, Fachbereich Pflege, elinseisen@web.de

Charlotte Uzarewicz, Prof. Dr., Krankenschwester, Ethnologin (M.A.), Soziologin (Dr. disc. pol.), Professorin für Pflegewissenschaft an der Katholischen Stiftungsfachhochschule München, Honorarprofessorin für Ästhetik und Kultur in der Pflege an der Philosophisch-Theologischen Hochschule Vallendar, pflegewissenschaftliche Fakultät, charlotte.uzarewicz@ksfh.de, www.raumerleben.net

Tilly Miller

Inklusion · Teilhabe · Lebensqualität

Tragfähige Beziehungen gestalten
Systemische Modellierung einer Kernbestimmung Sozialer Arbeit

Dimensionen Sozialer Arbeit und der Pflege Band 13
Herausgegeben von der Stiftungsfachhochschule München
2012. VIII/262 S., kt. € 29,80. ISBN 978-3-8282-0569-7

Ziel des Buches ist die Modellierung einer Kernbestimmung Sozialer Arbeit. Kernaufgabe Sozialer Arbeit ist es, im Rahmen des vorgelegten Konzepts, auf den unterschiedlichen Beziehungsebenen zu arbeiten, um Inklusion, Teilhabe und Lebensqualität zu erwirken. Es werden aktuelle gesellschaftliche Fragen und Herausforderungen reflektiert. Angesprochen sind Studierende, Lehrende und Forschende der Sozialen Arbeit, Professionelle in der Praxis und bezugswissenschaftliches Fachpublikum.

Inhaltsübersicht:

Teil I: Hinführung zur Thematik

1 Bedeutung einer Kernbestimmung Sozialer Arbeit
2 Einordnung der Kernbestimmung in ein Rahmenmodell
3 Beziehung als basale Kategorie einer Kernbestimmung Sozialer Arbeit
4 Bezug zu den Wurzeln Sozialer Arbeit

Teil II: Die Kernbestimmung Sozialer Arbeit

5 Ethische Leitlinien
5.1 Werte – Ethik – Prinzipien
5.2 Soziale Arbeit als praktische Ethik und Sozialethik
5.3 Personalität
5.4 Gerechtigkeit
5.5 Solidarität
5.6 Subsidiarität
5.7 Nachhaltigkeit

6 Gegenstandsbestimmung Sozialer Arbeit
6.1 Integrale Gegenstandsbestimmung Sozialer Arbeit
6.2 Inklusion / Exklusion
6.3 Zusammenhang von Inklusion, Teilhabe und Lebensqualität
6.4 Dimensionen von Beziehungen
6.5 Tragfähige Beziehungen
6.6 Inklusion – Teilhabe – Lebensqualität: bezogen auf das Subjekt und auf soziale Systeme

7 Theoretische Denkfiguren
7.1 Komplementäre Denkfigur
7.2 Systemisch-vernetzte Denkfigur
7.3 Konstruktivistische Denkfigur
7.4 Prozessual-entwicklungsorientierte Denkfigur
7.5. Disziplinäre, inter- und transdisziplinäre Denkfigur

8 Handlungsweisen
8.1 Kompetenzen und Handlungsprinzipien
8.2 Ausgewählte Handlungsweisen

9 Transfer
9.1 Beispiel 1: Familienhilfe
9.2 Beispiel 2: Bildungsarbeit
9.3 Beispiel 3: Vernetzung im sozialen Raum

10 Schluss

 Stuttgart

www.ingramcontent.com/pod-product-compliance
Lightning Source LLC
Chambersburg PA
CBHW061941220426
43662CB00012B/1991